METROPOLITAN

Balanced Scorecard

In der gleichen Reihe erschienen:

**Dale Carnegie-Management:
Durch Menschenführung zum
Erfolg**
ISBN 3-89623-182-0

**Mit Liebe, Lust und
Leidenschaft zum Erfolg**
ISBN 3-89623-187-1

**Das Enkelmann Seminar:
Power-Training**
ISBN 3-89623-173-1

Smart Choices
ISBN 3-89623-171-5

Was mein Leben wertvoll macht
ISBN 3-89623-169-3

Professional Politeness
ISBN 3-89623-183-9

Training zum Erfolg
ISBN 3-89623-186-3

Crazy Business
ISBN 3-89623-172-3

**Kraft ziehen aus der Stille:
Erkennen Sie Ihre Berufung**
ISBN 3-89623-174-X

Der Weg zur Persönlichkeit
ISBN 3-89623-170-7

Wir freuen uns über Ihr Interesse an diesem Buch. Gerne stellen wir Ihnen kostenlos zusätzliche Informationen zu diesem Programmsegment zur Verfügung. Bitte sprechen Sie uns an:

**E-Mail: metropolitan@walhalla.de
http://www.metropolitan.de**

Metropolitan Verlag, Uhlandstraße 44, 40237 Düsseldorf,
Telefon: 02 11 / 6 80 42 11, Telefax: 02 11 / 6 80 20 82

JOACHIM GEHRINGER
WALTER J. MICHEL

Frühwarnsystem Balanced Scorecard

UNTERNEHMEN ZUKUNFTSORIENTIERT STEUERN

MEHR LEISTUNG, MEHR MOTIVATION, MEHR GEWINN

Balanced Scorecard

Metropolitan Verlag

Die Deutsche Bibliothek – CIP-Einheitsaufnahme

Gehringer, Joachim:
Frühwarnsystem balanced scorecard : Unternehmen
zukunftsorientiert steuern ; mehr Leistung, mehr Motivation,
mehr Gewinn / Joachim Gehringer ; Walter J. Michel. –
Düsseldorf ; Berlin : Metropolitan-Verl., 2000
ISBN 3-89623-197-9 (Metropolitan-Verl.)
ISBN 3-8029-0197-5 (Walhalla-Fachverl.)

Zitiervorschlag:
Joachim Gehringer/Walter J. Michel,
Frühwarnsystem Balanced Scorecard,
Düsseldorf/Berlin 2000

Umschlaggestaltung: Gruber & König, Augsburg
Druck und Bindung: Westermann Druck Zwickau GmbH
Printed in Germany
ISBN 3-89623-197-9 (Metropolitan Verlag)
ISBN 3-8029-0197-5 (Walhalla Fachverlag)

Schnellübersicht

Schnellübersicht

Mit strategischer Unternehmensführung mehr Erfolg, mehr Motivation, mehr Gewinn

Der neue Trend in Sachen strategischer Unternehmensführung heißt Balanced Scorecard (BSC). Dieses Instrument, das die beiden Controllingexperten und Harvard-Professoren Robert S. Kaplan und David P. Norton Ende der 80er Jahre in den USA erfunden haben, könnte man deutsch etwa mit „gewichteter Zielekarte" übersetzen.

Was sich dahinter tatsächlich verbirgt, welche Chancen und Risiken sich bei der Einführung im Unternehmen verbergen, was man falsch, aber auch richtig machen kann – das wollen wir Ihnen in diesem Buch anschaulich erläutern. Unsere Intention ist, ein Buch für den Praktiker zu schreiben und akademische Diskussionen zu vermeiden.

Insbesondere zeigen wir Ihnen, welchen Einfluss das Instrument auf die Personalentwicklung nehmen kann.

Die Balanced Scorecard (BSC) macht als Instrument zur strategischen Unternehmenssteuerung und als innovatives Führungsinstrument auf sich aufmerksam. Insgesamt könnte man die BSC also auch als Managementmethode bezeichnen. Innovativ dabei ist, dass diese sich nicht wie bisher aus der Managementtheorie, sondern aus praktischen Controllingansätzen entwickelt hat.

Die Vorteile der Balanced Scorecard

Der Grundgedanke der BSC ist es, die Leitstrategie eines Unternehmens für die Führungskräfte und Mitarbeiter ebenso transparent wie verbindlich zu machen. Folgende Vorteile sind beispielsweise erkennbar:

- Die strategischen Kernabsichten der Unternehmensführung werden für alle im Unternehmen deutlich transparenter. Führungskräfte und Mitarbeiter erhalten eine Handlungsstruktur mit Maximen der Geschäftsleitung für eine festgelegte Zeitspanne und orientieren ihre Aktivitäten daran.

- Die BSC enthält Angaben zur Strategie, zu Maßnahmen und Messkriterien für das Erreichen aller wesentlichen Unternehmensziele. Diese Messkriterien, auch Kennzahlen genannt, bilden das Herz einer BSC.

- Die strategischen Absichten des Unternehmens werden nach den vier Kernperspektiven der BSC verdeutlicht:

  - Finanzorientierung

  - Markt- und Kundenorientierung

  - Prozessorientierung

  - Mitarbeiterorientierung

- Diese Einteilung erleichtert das Erkennen von Prioritäten und das Zuordnen von Budgets und Ressourcen.

- Die Unternehmensführung muss ebenso die so genannten weichen Faktoren, insbesondere die Unternehmenskultur und das Organisationsklima, beachten. Hierbei kommt insbesondere der Führungskultur und -qualität ein besonderes Augenmerk zu.

- Der größte Vorteil der BSC ergibt sich aus der Orientierung auf Werte über das gesamte Unternehmen in vier Kernperspektiven und die kontinuierliche Erfolgsmessung während des Ergebnisentstehungsprozesses – und nicht erst hinterher. So bietet zum Beispiel die unmittelbare Anbindung des Vergütungssystems an die BSC Führungskräften und Mitarbeitern mehr Orientierung über die Zusammensetzung leistungsbezogener Gehaltsteile.

■ Die BSC ist auch ein Instrument zur Organisationsentwicklung, d. h. Betroffene können frühzeitig zu Beteiligten gemacht werden.

■ Im Zusammenhang mit einer stimmig konstruierten Personalentwicklung eröffnet die BSC neue Chancen für die Entwicklung einer unternehmensweiten Kommunikationskultur und für eine werteorientierte Unternehmensentwicklung.

„Harte" Kennzahlen und „weiche" Erfolgsfaktoren

Bei der Einführung der BSC spielen neben den „harten" Kennzahlen auch die „weichen" Erfolgsfaktoren eine wesentliche Rolle. Denn Erfolg wird letztlich vom Menschen gemacht. In der BSC findet sich deshalb die Mitarbeiterorientierung als Perspektive wieder. Der Human-Ressource-Ansatz muss in jeder BSC enthalten sein. Spätestens bei der BSC auf Mitarbeiterebene, die im jährlichen Zielvereinbarungsgespräch mit der Führungskraft entsteht, sind die weichen Faktoren zu integrieren.

Der Veränderungsmanager ist gefragt!

Eine Ertragssteigerung ist nicht allein durch ein renditeorientiertes Finanzmanagement und innovative Strategien zur Marktdurchdringung möglich. Vielmehr müssen verstärkte Aktivitäten zur Kundengewinnung und -bindung sowie die Optimierung der Geschäftsprozesse mit einer strategieorientierten Personalentwicklung verbunden werden. Dies bedeutet, dass die Motivation, Leistungsfähigkeit und Serviceorientierung der Mitarbeiter nur durch das Führungsverhalten des Managements gesteigert werden kann. Eine Steigerung von Mitarbeiterzufriedenheit und Engagement ist aber nur möglich, wenn Führungskräfte die Werte und Führungsleitsätze des Unternehmens den Mitarbeitern vorleben. Denn in einem kooperativen Führungsstil sind die Mitarbeiter für die Vision und Ziele des Unternehmens zu begeistern.

Von den neuen Führungskräften (hier: Veränderungsmanager) wird erwartet:

- Wertschätzung

- Zielorientierung

- Glaubwürdigkeit

- Moderationsfähigkeit

- Integration

- Konfliktlösung

In der Arbeit mit der BSC wird dies durch ein möglichst hierarchiefreies und kundenorientiertes Zusammenarbeiten in Teams, Projekten und Arbeitsgruppen erreicht. Die Mitarbeiter sollen einen hohen Grad von Autonomie und Eigensteuerung mit weitgehender Ergebnisverantwortung erreichen.

Führungskraft als Lernprozessmanager

Mitarbeiter erwarten von ihren Führungskräften, dass sie ihnen im Tagesgeschäft den Rücken freihalten. Führungskräfte haben in der Zukunft ihren Blick nicht mehr nur auf die Sachebene zu richten, sondern werden in ihrer neuen Rolle des Veränderungsmanagers in der Rolle eines internen Organisations- und Personalentwicklers, eines Moderators und Lernprozessmanagers für die Mitarbeiter gefordert.

Die Erfahrenen im Unternehmen sind gefordert, den jüngeren Mitarbeitern ein möglichst großes Maß an Know-how mit auf den Weg zu geben. Ihre Rolle als „Königsmacher" soll dazu beitragen, dass die Besetzung von Schlüsselpositionen in den nächsten Unternehmensjahren frühzeitig gesichert ist.

Dies erfordert im Unternehmen eine starke Ausrichtung auf Potenziale, eine Intensivierung der Potenzialanalyse, eine konsequente engpassorientierte Personalentwicklung, eine rechtzeitige Nachfolgeplanung und eine interne, individuelle Entwicklung des Nachwuchses, so genannter High-Potentials.

BSC und die Gehaltsabrechnung

Der Veränderung und Gestaltung der Führungskultur kommt eine besondere Bedeutung zu. Nicht weniger bedeutsam ist eine entsprechende Anpassung des Anreiz- und Vergütungssystems. Diesem kommt eine besondere Steuerungsfunktion zu. Es reicht nicht, nur über das Thema Führungskultur und Mitarbeiterorientierung zu diskutieren und das eine oder andere Event einzuplanen. Vielmehr müssen, damit sich wirklich eine Veränderung einstellt, die Tantiemen und Bonifikationen, wenn nicht gar große Teile des Gehaltes – insbesondere bei den Führungskräften – in starkem Maße an ihre Leistung im zwischenmenschlichen Bereich gebunden werden.

Das bedeutet, dass zum Beispiel Ergebnisse aus Mitarbeiterbefragungen, Vorgesetzten-Einschätzungen und Organisationsklima-Analysen eine sichtbare finanzielle Auswirkung auf die Führungsarbeit haben sollen. Es ist jetzt möglich, dass besonders die Führungskräfte angesichts dieser Forderung mit Angst reagieren. Innovative Manager werden aber nicht davor zurückschrecken dürfen, auch für sich die Beurteilung und Leistungseinschätzung von unten zuzulassen. Dass dann die eigene Führungsqualität und das eigene Führungsverhalten eine Ausprägung im Finanziellen findet, ist nur gerecht. Letztlich erhält die Führungskraft damit auch wichtige Hinweise zur eigenen Weiterentwicklung.

Die Geschäftsleitung ist gefordert!

Das Gesagte gilt selbstverständlich auch für die höchste Hierarchieebene: die Geschäftsleitung. Hier liegt auch die Aufgabe, wichtige Personalentscheidungen zu treffen, auch wenn diese für die einzelne Führungskraft durchaus hart sein kann. So eine Entscheidung muss nicht immer gleich die Entlassung sein. Alternativ kann auch ein konsequentes Arbeiten am eigenen Führungsstil mit vielen Coaching-Sitzungen (auch vom Team) angeordnet werden. Hier ist ein ebenfalls am Messgrößen orientiertes Führungskräfteentwicklungsprogramm gefragt und die Hilfe externer Coaches Bedingung.

Letztendlich lebt jede Methode von dem, der sie anwendet. Die BSC lebt aber insbesondere vom festen Willen der Geschäftsleitung, ihr Unternehmen als kundenorientiertes Erfolgsunternehmen ganzheitlich in die Zukunft zu führen.

Deshalb ist dieses Buch für den Praktiker geschrieben, der genau das vorhat, und für jeden Mitarbeiter, in dessen Unternehmen die BSC eingeführt wurde oder wird. Wir werden die BSC dabei aus verschiedenen Blickwinkeln beleuchten und geben Instrumente an die Hand, die sich in unserer Praxis als Managementberater bewährt haben.

Wir wünschen Ihnen viel Erfolg!

Joachim Gehringer
Walter J. Michel

Kontaktadressen der Autoren:

Joachim H. Gehringer M.A., Fasanenstraße 14; D-96114 Hirschaid, E-Mail: j.Gehringer@t-online.de

Walter J. Michel, Tiefenbronner Straße 15; D-71292 Friolzheim, E-Mail: WJM@Management-Partner.de

Grundlagen der Balanced Scorecard

1

Grundlagen

1. Was ist Balanced Scorecard?

Definition

Balanced Scorecard (BSC) ist ein Management-Instrument zur strategischen Führung eines Unternehmens mit einem Kennzahlensystem.

Die BSC ist ein Ansatz, der von den amerikanischen Harvard-Professoren Kaplan und Norton bereits in den 80er Jahren entwickelt wurde. Dieser Ansatz wurde in den letzten Jahren zu einer Management-Methode erweitert, die Ihnen helfen soll, in Ihrem Unternehmen den Weg zu Ihren Zielen zu finden, diesen Weg effizient zu gehen und die Ziele zu erreichen. Mit folgenden Fragen können Sie erkennen, ob Balanced BSC das für Ihr Unternehmen geeignete Management-Instrument ist:

Intensionstest

- Sie stehen vor der Aufgabe, Ihrem Unternehmen neue Impulse zu geben?

- Sie wollen Richtlinien für die Arbeit der nächsten Jahre entwerfen, die es Ihrem Unternehmen ermöglichen, im Wettbewerb zu bestehen?

- Sie müssen steigende Kosten aufhalten? Ihre Aufgabe ist es, neue Märkte zu erschließen und Gewinne zu steigern?

- Sie wollen die Stärke Ihres Unternehmens finden und definieren?

- Sie wollen Ihre Mitarbeiter motivieren und führen? Sie wollen Veränderungsprozesse initiieren und überwachen?

- Sie denken daran, Ihre Kunden konsequent in den Mittelpunkt Ihres unternehmerischen Handelns zu stellen?

- Sie denken auch an die Qualität und Motivation Ihrer Mitarbeiter?

Wenn Sie eine oder mehrere dieser Fragen mit „Ja" beantwortet haben, dann ist die BSC für Sie ein geeignetes Instrument. Was leistet aber die BSC für Sie?

In aller Kürze

Mit Hilfe der BSC werden Sie in der Geschäftsleitung (Vorstand) zunächst Ihre Visionen entwickeln. Daraus werden Sie mit allen Managern Ihres Unternehmens Strategien erarbeiten. Für jede Strategie entwickeln Sie dann operative Ziele. Ihre Führungskräfte werden die Motoren bei der weiteren Umsetzung, sie werden kaskadenartig auf jeder Hierarchieebene, für jede Organisationseinheit und letztlich für jeden Mitarbeiter operative Ziele erarbeiten.

Entwicklung einer - Zielekaskade

Ein Beispiel einer BSC mit einem „Steuerungs-Radar"

„Steuerungs-Radar"

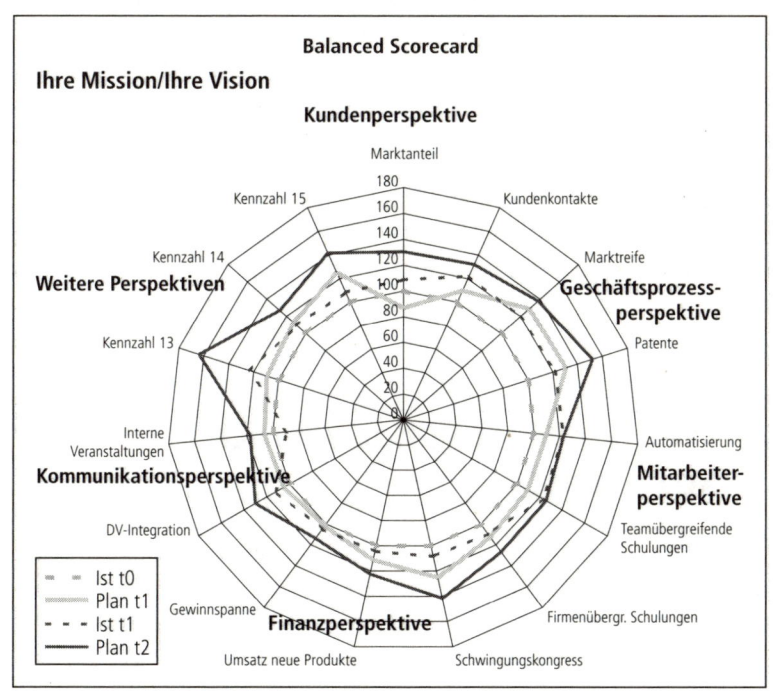

*Es herrscht
Aufbruch-
stimmung*

Sie haben nun begonnen, Ihre Visionen mit einem gesteuerten Veränderungsprozess für Ihr Unternehmen in eine neue Ausrichtung umzusetzen. Bereits die gemeinsame Arbeit an der BSC hat in Ihrem Unternehmen Veränderungen bewirkt. Es herrscht Aufbruchstimmung. Das Klima hat sich verändert. Die Geschäftsleitung ist zu einem Team herangewachsen. Die Motivation der Führungskräfte und Mitarbeiter ist gestiegen, da sie jetzt die Zusammenhänge zwischen ihren persönlichen Zielen, den Zielen der Abteilung und den Zielen und Strategien des Unternehmens verstehen; sie selbst sind einbezogen worden. Die ersten positiven Ergebnisse sind also schon da, bevor es begonnen hat.

So oder so ähnlich könnte es auch bei Ihnen aussehen. In vielen Unternehmen drängen sich Fragen mit strategischer Bedeutung, nicht nur bei Krisen, fast täglich in den Mittelpunkt der Überlegungen. Strategien werden häufig in der Geschäftsleitung angedacht, aber dann im operativen Tagesgeschäft stressbedingt nicht umgesetzt.

*Alltagshektik
nicht unter-
schätzen*

Achtung: Strategische Maßnahmen dürfen aber nicht in der operativen Hektik des Alltags untergehen. Die Methode der BSC kann in Ihrem Unternehmen ein Potenzial entfalten, das in dieser Form noch von keinem Management-System erreicht wurde.

2. Welchen Nutzen hat Balanced Scorecard?

Nutzen der BSC

Sie erhalten eine präzise, visionäre Zieldarstellung für die Gesamtorganisation Ihres Unternehmens, die kommuniziert auf allen Unternehmensebenen sowohl anspruchsvoll ist, aber zugleich sehr einprägsam und motivierend. Im folgenden erfahren Sie detailliert, wie groß Ihr persönlicher Nutzen sein kann.

Ihr persönlicher Nutzen

- Die Strategien und Ziele, die Sie aus der Vision ableiten und durch ein System von Kennzahlen unterlegen, werden für alle Mitarbeiter erkenn- und begreifbar. Wichtig dabei ist, dass alle Geschäftseinheiten die Erfolgsfaktoren dieser Strategie kennen und nachvollziehen können.
- Den Prozess der Zielerreichung werden Sie durch ein genau definiertes System von Kennzahlen sowohl im Nachhinein als Ergebnis messen (Spätindikatoren), als auch „just in time" die Qualität der Prozessgestaltung (Frühindikatoren) konkretisieren, um Richtungsänderungen schnellstmöglich einleiten zu können.
- Alle von Ihnen ausgewählten Kennzahlen werden zu einem System verknüpft, das insgesamt auf die Erreichung Ihres Hauptzieles fokussiert ist.
- Sie erhalten einen Plan, der alle Kennzahlen, Verantwortlichkeiten, Ziele, Maßnahmen und operativen Budgets festlegt.
- Ihre Führungskräfte werden – ggf. nach einer entsprechenden Ausbildung – „Top-Down" die BSC kaskadenartig auf die gesamte Organisation „herunterbrechen". Diese Zielekaskade richtet das gesamte Unternehmen, alle Organisationsteile und alle Mitarbeiter auf Ihre Strategie aus. Es entsteht eine größtmögliche Zielkongruenz.
- Jeder Mitarbeiter wird eine eigene BSC besitzen, die für ihn eine Zielvereinbarung darstellt, die nachvollziehbar mit den übergeordneten Zielen verbunden ist und anhand der Kennzahlen die Wertschöpfung des Mitarbeiters für das Unternehmen hinsichtlich der Unternehmensstrategie aufzeigt.
- Das Informations-, Berichts- und Controlling-System Ihres Unternehmens ist neu gestaltet und liefert Ihnen und Ihren Führungskräften alle erforderlichen Daten, um die Wirksamkeit des Zielerreichungsprozesses jederzeit zu überprüfen und einen kontinuierlichen Lernprozess in Gang zu setzen.

*Installation
einer Kommu-
nikationskultur*

Wichtig: Dabei ist die BSC kein planwirtschaftliches Instrument. Diese Methode funktioniert um so besser, je mehr es gelingt, eine Kommunikationskultur parallel zu installieren, die alle Mitarbeiter einschließt, die eine Kommunikation über die Visionen, Strategien und Ziele und die Umsetzung im operativen Geschäft in Gang setzt, die Lernprozesse auslöst, die Informationen transportiert, die Frustration verhindert und Motivation schafft.

Die Grundlage für die Förderung einer ebensolchen Kommunikationskultur schafft die BSC. Die Kennzahlen dienen dabei als Mittel zum Zweck, um komplexe Zusammenhänge konkret und nachvollziehbar aufzuzeigen. Dennoch sind für das Erreichen eines Maximums an Motivation bei Führungskräften und Mitarbeitern weitere Maßnahmen und Instrumente notwendig, die den Ansatz der BSC fördern und ergänzen (hierzu siehe Seite 122 ff.).

3. Ist Balanced Scorecard ein Führungs-Instrument?

*BSC ist
Führungs-
grundlage*

Die Frage ist sofort mit einem entschiedenen „ja" zu beantworten. Denn eine BSC dokumentiert die strategische Entwicklung eines Unternehmens mit Daten, die einen aussagekräftigen Informationsgehalt haben.

BSC liefert eine Verknüpfung zwischen dem Unternehmen, der Geschäftleitung, den Organisationseinheiten und jedem Mitarbeiter. Die Kommunikation ist der Treiber für die Entwicklung, die Veränderungsprozesse, die Lernprozesse und die Zielerreichung, da die Komplexität des Geschehens im Unternehmen dokumentiert wird und alle Mitarbeiter transparent ihren Beitrag in der Wertschöpfungskette erkennen können. Daraus werden durch Kommunikation individuelle Zielsetzungen abgeleitet, die mit den Kennzahlen ständig überprüft und über eine Feedback-Schleife ggf. zur Strategieanpassung benutzt werden.

Selbstverständlich müssen die Führungskräfte das notwendige Rüstzeug beherrschen. Wissen und Können aus folgenden Bereichen ist hierfür dringend erforderlich:

Notwendiges Rüstzeug für Führungskräfte

■ Führen mit Zielen

■ Kommunikation

■ Rhetorik

■ Präsentation

■ Training und Coaching

■ Psychologie des Veränderungsmanagements

Erfolgs-Tipp:

Warten Sie nicht darauf, dass Ihre Mannschaft den Reifegrad für die BSC erreicht hat, sondern starten Sie sofort. Lassen Sie die Reife, das Wissen und Können und auch das Wollen im Prozess entstehen. Das Lernen am Objekt BSC ist die beste und schnellste Methode. Allerdings benötigen Sie hierfür die Hilfe externer Spezialisten. Deren Einsatz ist aber immer noch preisgünstiger als die durch die Prozessverzögerung verloren gegangenen Wertschöpfungen für das Unternehmen.

4. Welche Bedeutung das Veränderungsmanagement hat

Gelten die Grundlagen des Veränderungsmanagements auch für die Einführung der BSC? Selbstverständlich. Insofern macht es Sinn, sich folgend nochmals kurz mit den sieben Phasen im Veränderungsprozess zu beschäftigen. Der Veränderungsprozess kann sowohl auf Personen als auch auf Organisationen und auf einzelne Aufgaben angewendet werden. Je nachdem, welche Aufgaben,

Veränderungs-management versus BSC?

Situationen oder Fähigkeiten betrachtet werden, kann sich eine Person zum gleichen Zeitpunkt in verschiedenen Phasen befinden. Dieser Veränderungsprozess wird mit einer Veränderungskurve dargestellt.

Das Hoch und Tief eines Veränderungs-prozesses

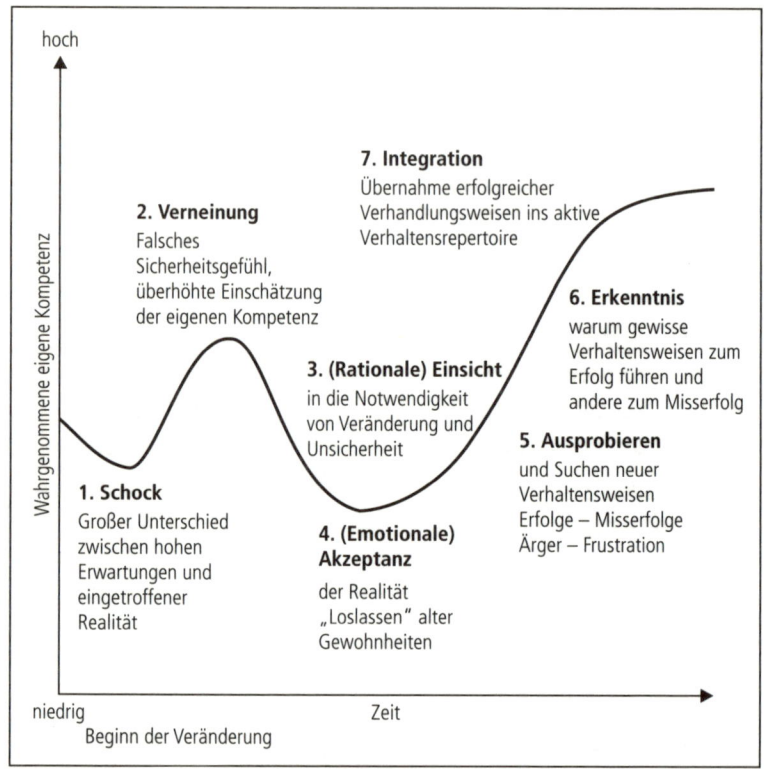

Phase 1: Schock/Überraschung

„Manchmal bricht auch eine Welt zusammen ..."

Die erste Phase beschreibt die Erfahrung, die erfolgt, wenn man zum ersten Mal mit der neuen Situation konfrontiert wird. Ein gutes Beispiel ist der Wechsel in eine neue Position, die sich wesentlich von der vorherigen unterscheidet. Die Reaktion auf die neue Situation wird meist als Überraschung oder gar als Schock empfunden und beschrieben. Schock oder Überraschung treten dann häufig als Reaktionen auf, wenn die Erwartungen einer Person bezüglich der neuen Situation nicht erfüllt werden. Es gibt immer gewisse Unterschiede zwischen den Vorstellungen einer Person, wie die neue Situation sein wird und wie sie dann tatsächlich ist und empfunden wird.

In dem Schaubild sind die vertikale Achse mit „Wahrgenommene Kompetenz" und die horizontale Achse mit „Zeit" bezeichnet. „Wahrgenommene Kompetenz" bezieht sich auf die Selbst-Einschätzung einer Person, wie gut sie sich für eine neue Rolle qualifiziert fühlt. Hier wird die Selbsteinschätzung bezüglich der eigenen Fähigkeiten ausgedrückt, d. h. die eigene Einschätzung des künftigen Erfolgs in der neuen Rolle.

In der Phase 1 drückt sich die erste Reaktion in einer Abnahme der wahrgenommenen Kompetenz aus. Diese Reaktion ist nicht überraschend, da die Erwartungen ja nicht eingetroffen sind. Die Dinge sind nicht so, wie man sie sich eigentlich vorgestellt hatte.

Die Größe der Abnahme der wahrgenommenen Kompetenz hängt vom Ausmaß des Unterschieds zwischen Erwartungen und eingetroffener Realität ab. Je größer also der Unterschied, desto weniger sind die ursprünglichen Erwartungen eingetroffen und desto größer ist die negative Auswirkung auf die wahrgenommene eigene Kompetenz. Ist der Unterschied zwischen Erwartungen und eingetroffener Wirklichkeit extrem groß, kann die Person wie „gelähmt" werden. Sie ist ganz plötzlich unfähig, Pläne zu machen oder logisch zu argumentieren. Dies erweckt dann oft den Eindruck, sie sei unfähig, mit der Situation zurechtzukommen und entsprechend zu handeln. Die vertikale Achse „Wahrgenommene Kompetenz" ist wichtig, da die Gefühle einer Person, die sie bezüglich ihrer Effektivität und Kompetenz bei der Arbeit hat, sich auf ihre tatsächliche Leistung auswirkt und diese beeinflusst.

Phase 2: Verneinung

Es ist schwierig, eine neue Rolle zu akzeptieren

Nach dem Schock oder der Überraschung der ersten Phase kommt die Phase 2, die mit Verneinung beschrieben wird. In dieser Phase hat das Gefühl, kompetent zu sein und mit der Situation fertig werden zu können, zugenommen. Und zwar vor allem, weil die Person sich selbst einredet, dass sich die neue Situation doch nicht wesentlich von der alten unterscheidet. Viele Führungskräfte erklären ihre Beförderung ja mit ihrem früheren Erfolg. So sind sie der festen Überzeugung, dass sie ihre bisherigen Praktiken, die in der alten Rolle zum Erfolg geführt haben, nur wiederholen müssen, um auch den gleichen Erfolg zu erlangen. Das Gleiche oder mehr vom Gleichen führt zum erwarteten und gewohnten Ergebnis.

Es ist manchmal äußerst schwierig, eine Person davon zu überzeugen, das sie nicht nur wegen ihres Erfolgs, sondern auch wegen ihres Potenzials befördert worden ist. Potenzial bezieht sich auf Fähigkeiten und Fertigkeiten, die in der Zukunft zum Tragen kommen. Dazu gehören vor allem Lernbereitschaft, Flexibilität und Kreativität, da sie dazu beitragen, zukünftig immer wieder neue Praktiken zu entwickeln und nicht nur einmal erfolgreiches Verhalten stur zu wiederholen. Denn in einer neuen Situation sind die früher erfolgreichen Verhaltensweisen nicht unbedingt angemessen, da sie vergangenheitsbezogen sind.

Überhöhte Einschätzung der eigenen Kompetenz

Achtung: Die Phase 2 ist die schwierigste im Veränderungsprozess, da die hier charakteristischen Überlegungen und Rationalisierungen zum Selbstschutz oft eine Weiterentwicklung verhindern. Personen verneinen hier, dass sie irgend etwas anders machen müssen. Sie verneinen die Notwendigkeit, sich gegenüber einer Person oder einer Arbeitssituation anders verhalten zu müssen, selbst wenn es die Situation erfordert. Eine typische Aussage in dieser Phase ist: „Wenn ich nicht so erfolgreich gewesen wäre, wäre ich heute nicht hier." Diese Phase ist grafisch zwar als kleiner Berg dargestellt, doch ist er für einige oft mehr ein Plateau. Zieht man einen Vergleich aus der Schule heran, so blockieren Schüler ihren Lernprozess genau an diesem Punkt, wenn sie darauf beharren, dass sie nichts mehr lernen brauchen oder sich nicht weiter entwickeln müssen. Aus der Grafik ist an der vertikalen Achse ablesbar, dass in dieser Phase die Selbsteinschätzung der eigenen Fähigkeiten und Kompetenz zugenommen hat. Diese Selbstbeschönigung beruht auf einer Wahrnehmungsverzerrung der neuen Situation:

Die neue Situation ist gar nicht so anders und man braucht nur die früher einmal erfolgreichen Verhaltensweisen zu wiederholen. In der Tat ist dies jedoch eine Verneinung der aktuellen Gegebenheiten. Die einzige Möglichkeit, aus dieser Phase herauszukommen, ist durch eine bewusste persönliche Entscheidung. Man kann die jeweilige Person zwar ermutigen, ihr gut zureden, sie trösten oder ihr drohen, doch sind das alles keine Garantien dafür, dass sie sich aus dieser Phase 2 weg bewegt. Erst wenn sich die Person bewusst wird, dass sie sich selbst anders verhalten muss, sich selbst ändern muss, wird sie sich in die Phase 3 bewegen.

Erfahrungen haben gezeigt, dass eine Entwicklung – sei sie im persönlichen oder im berufsbezogenen Bereich – immer dann erheblich blockiert wird, wenn jemand sich weigert, die Notwendigkeit einer persönlichen Veränderung einzusehen und zu akzeptieren. Dabei besteht meist zwischen der Selbsteinschätzung der eigenen Stärken, Schwächen und Potenziale und der Einschätzung bzw. Wahrnehmung durch andere ein großer Unterschied, und die Selbsteinschätzung muss entsprechend angepasst werden. Solch ein Verhalten kann auch zum Teil die Existenz so genannter „Dinosaurier" erklären: Organisationen, die ihre Lebensfähigkeit verloren haben, da sie rigide an ihren einmal bewährten Praktiken und Methoden festhalten und die Notwendigkeit für jegliche Art von Veränderung verneinen.

Die Dinosaurierzeiten sind längst vorbei

Phase 3: Einsicht

*„Selbst-
erkenntnis
ist der erste
Weg zur
Besserung"*

Phase 3 wird die Phase der Einsicht genannt, wobei die Einsicht in die eigene Unfähigkeit am wesentlichsten ist. Diese Unfähigkeit betrifft nicht die gesamte Arbeit oder sämtliche Verhaltensweisen, sondern nur Teilaspekte. Und zwar wird man sich spezifischer Bereiche bewusst, in denen man noch nicht das gewünschte Maß an Fertigkeiten und/oder Kompetenz erreicht hat. In dieser Phase treten häufig Frustrationsgefühle auf. Dabei ist die häufigste Ursache für solche Frustrationsgefühle die eigene Verwirrung und Unsicherheit darüber, wie man nun mit dem Veränderungsprozess fertig werden soll. Man weiß zum Beispiel nicht, wie man in den Teilbereichen, in denen man Defizite entdeckt hat, kompetenter und leistungsfähiger werden kann.

Phase 4: Akzeptanz

*Trennen
tut weh ...*

Der niedrigste Punkt in der Selbsteinschätzung der eigenen Fähigkeiten und Kompetenzen liegt in der Phase 4. Hier werden die Realität und Andersartigkeit der neuen Situation endlich akzeptiert. Diese neue Situation erfordert die Entwicklung von noch nicht bekannten oder unterentwickelten Fertigkeiten und Fähigkeiten einer Person. Hier muss man auch lieb gewonnene und gewohnte Einstellungen und Verhaltensweisen „loslassen", da diese zwar früher angemessen waren, doch nicht mehr in der neuen Situation passen.

In dieser Phase ist man häufig auch deprimiert und frustriert, da man noch nicht weiß, wie man aus dieser unangenehmen Phase wieder herauskommt. Diese Phase kann man mit dem Erlernen einer Sportart vergleichen. Wenn man zum Beispiel Golfspielen lernt, trifft man den Ball nur ab und zu richtig. Wenn man nun all jene Fähigkeiten entwickelt, die man braucht, um erfolgreich Golf zu spielen, so muss man ganz klar verschiedene Schläge erst einmal lernen und dann einüben. In Phase 5 erfolgt nun das Ausprobieren verschiedener Schläge. Es ist eine Experimentierphase, in der man lernt, wie man auch sonst noch an Probleme herangehen und sie in neuer Weise lösen kann. In dieser Phase werden neue Fähigkeiten und Fertigkeiten entwickelt, einschließlich neuen Führungsverhaltens.

Phase 5: Ausprobieren

In dieser Phase probiert man neue Verhaltensweisen aus, um in der neuen Situation kompetent zu werden. Dabei treten sowohl Fehler als auch Erfolge auf. Ausprobieren ist das beste Verhalten, um von der Phase 4 zur Phase 5 zu kommen. Dieses Ausprobieren erfolgt nach dem Versuchs- und Irrtumsprinzip, bei dem man ohne vorheriges Wissen, was wohl am Besten ist, mit verschiedenen Verhaltensweisen experimentiert.

Es ist noch kein Meister vom Himmel gefallen

Allerdings durchläuft man bei einer Veränderung nicht automatisch alle Phasen von links nach rechts auf der Veränderungskurve. So kann es vorkommen, dass die betreffende Person beim Erleben der unangenehmen Gefühle in Phase 4 wieder zurück in die Verneinung der Phase 2 geht. Nur durch Ausprobieren, Experimentieren, etwas Neues wagen, bewegt man sich in positiver und konstruktiver Weise aus der Phase 4 heraus.

Auf der Ebene von Organisationen ist diese Phase bezüglich organisatorischer Veränderungen äußerst wichtig. Genau in dieser Phase müssen Organisationen, die mit signifikant neuen, für sie wichtigen Gegebenheiten konfrontiert sind, neue Praktiken, Verhaltensweisen und Techniken einführen, praktizieren, aber auch erlauben. Fehler zu machen muss erlaubt sein, da sich sonst weder Mitarbeiter noch Führungskräfte auf das Risiko, das neue Praktiken und Verhaltensweisen mit sich bringen, einlassen. In dieser Phase werden zum Beispiel neue Strategien oder Praktiken eingeführt und umgesetzt.

Suchen nach neuen Verhaltensweisen

Eine Untersuchung erfolgreicher amerikanischer Firmen von Peters und Waterman (1982) hat gezeigt, dass diese Firmen ihren Mitarbeitern Freiräume zum Experimentieren und Ausprobieren geben.

Führungskräfte haben in diesen Firmen das Gefühl, dass sie die Möglichkeit haben, neue Techniken und Methoden innerhalb ihres Arbeitsbereichs auszuprobieren, ohne die Angst, bei einem Misserfolg bestraft zu werden.

Phase 6: Erkenntnis

Welches Verhalten passt in welcher Situation?

Wenn die betreffende Person nun in der Phase 5 über Feedback die Gründe für ihren Erfolg oder Misserfolg erfährt und verstehen lernt, bewegt sie sich zur Phase 6 weiter. Diese Phase wird Erkenntnis genannt. In dieser Phase gewinnt man Erkenntnis und Verständnis dafür, warum und wann bestimmte Verhaltensweisen zum gewünschten Erfolg geführt haben und wann und warum sie aber auch gelegentlich unwirksam waren und sind. Das heißt, erst durch die Rückmeldung wiederholter Anwendung unter verschiedenen Bedingungen und nachfolgende Reflektion lernt man, welches Verhalten in welchen Situationen am angemessensten sind. Zieht man wieder das Golfspielen zum Vergleich heran, so weiß die Person in dieser Phase, welche Verhaltensweisen dazu geführt haben, dass der Ball einmal daneben und einmal voll getroffen wurde. Solche Erkenntnisse bezüglich der Wirkungsweisen des eigenen Verhaltens ermöglichen erst deren situationsangemessenen Einsatz.

Phase 7: Integration

Aktives Verhaltensrepertoire auf die Beine stellen

Die letzte Phase in der Veränderungskurve wird Integration genannt. In dieser Phase werden jene Verhaltensweisen, die in der Phase 5 bei der Lösung bestimmter Probleme erfolgreich waren, in das aktive Verhaltensrepertoire fest übernommen. Solche, die nicht zum gewünschten Ergebnis führten, werden in Zukunft vermieden. Es bilden sich daher so genannte „Erfolgs-" und „Misserfolgsrezepte" aus, die fester Bestandteil des Verhaltensspielraums der betreffenden Person sind. Man fühlt sich in dieser Phase auch wesentlich kompetenter als am Ausgangspunkt der Veränderungskurve (zu Beginn der Phase 1).

Den Veränderungsprozess zeitlich minimieren

Aufgrund der Erfahrung in vielen Organisationen dauert der ganze Veränderungsprozess bei einer Person, die wesentliche Veränderungen in ihrer Arbeitsrolle durchläuft, zwischen 18 und 24 Monaten – vor allem, wenn sie von einem Fachspezialisten zu einer Führungskraft wechselt. Dieser Zeitraum ist um einiges länger als ein Jahr, das immer wieder als Dauer für die volle Einsatzfähigkeit eines neuen Mitarbeiters oder eines Mitarbeiters, der seinen Aufgabenbereich gewechselt hat, genannt wird. Es gibt jedoch Möglichkeiten, diese Zeitspanne des Veränderungsprozesses zu verringern. Dazu gehören:

Dauer des Veränderungsprozesses

- Verständnis der einzelnen Phasen in der Veränderungskurve

- Konkrete Erfahrungen des Durchlebens von Veränderungsprozessen: Dadurch weiß man, was auf einen zukommt und man kann sich besser auf die einzelnen Phasen einstellen

- Eine „unterstützende Atmosphäre", die den Übergang von Phase 4 zur Phase 5 erleichtert. Dies erfordert vor allem die Unterstützung vom direkten Vorgesetzten. Denn in dieser Phase fühlt man sich nicht nur deprimiert und inkompetent, sondern die Leistungen sind meist auch nicht besonders gut

Wichtig: Erfahrungen und Untersuchungen haben auch gezeigt, dass gute und leistungsfähige Führungskräfte von und aus ihren eigenen Erfahrungen lernen. Da die Veränderungskurve auf Seite 20 ein Modell ist, das die dem Lernen und der Weiterentwicklung zu Grunde liegenden Prozesse erklären und verstehen hilft, kann ihre Kenntnis den Umgang mit neuen, unbekannten Situationen erleichtern, beschleunigen und verbessern. So sind „Hochflieger" zum Beispiel Leute, die sehr schnell die Karriereleiter emporsteigen. Solche Leute wissen offensichtlich, dass neue Situationen neue und vielleicht sogar untypische und ungewohnte Reaktionen und Verhaltensweisen erfordern, und sie verhalten sich entsprechend. Die Akzeptanz, dass eine Situation neu und unbekannt ist,

Als „High Flyer" die Karriereleiter erklimmen

fördert das schnelle Durchlaufen der Phase 4 hin zur Phase 5. Das heißt, ohne sich mit Verneinung, Rationalisierungen und Selbstbeschönigungen aufzuhalten, werden gleich neue Verhaltensweisen und Praktiken ausprobiert und experimentiert.

Externe Berater einschalten

Erfolgs-Tipp:

Auch die BSC bringt Veränderung und ist somit den Gesetzmäßigkeiten des Veränderungsprozesses unterworfen. Beachten Sie das bitte bei der Einführung in Ihrem Unternehmen. Am Besten hat sich hier das Einschalten externer Berater und Moderatoren bewährt, um diese Phasen erfolgreich zu durchlaufen, da dafür eine hohe pädagogische und psychologische Kompetenz erforderlich ist.

5. Wie ein Scorecard-Konzept entwickelt wird

Das „besondere" Konzept der BSC

Ein Unternehmen hat so viele Seiten, dass man es aus ganz verschiedenen Seiten oder Perspektiven betrachten kann. Die Gefahr ist groß, bestimmte Perspektiven auszublenden oder in der Informationsflut zu versinken. Was bietet nun die BSC, um dieser Gefahr zu entgehen?

Zunächst einmal ist grundsätzlich eine ausgewogene Übersicht über die maßgeblichen Ziele im Unternehmen zu erlangen. Ausgewogen meint dabei zunächst drei Bereiche:

- Unternehmensdarstellung

- Einbeziehung aller Organisationseinheiten

- Kommunikation mit Führungskräften und Mitarbeitern

Unter diesen Gesichtspunkt ist die BSC nicht nur ein reines Controlling-Instrument mit einer beliebigen Anzahl von Kennzahlen, sondern ein Instrument, das es erlaubt, ein Unternehmen mittels Kennzahlen strategisch erfolgreich zu führen und die strategische Zielsetzung fest im operativen System des Unternehmens zu verankern.

Wichtig: Der erste Schritt besteht darin, dass sich die Geschäftsleitung eines Unternehmens klar wird, was für das Unternehmen und im Unternehmen wesentlich für prosperierende Entwicklung der nahen Zukunft sein wird. Die Vorstellungen des Managements sollen sich in drei Bereichen ausdrücken:

Wohin will das Unternehmen?

- In der Mission des Unternehmens: Eine Beschreibung, was das Unternehmen darstellen und wie es in der Öffentlichkeit gesehen werden soll

- In der Vision des Unternehmens: Der Formulierung eines Bildes, das wiedergibt, was letztlich erreicht werden soll

- In den Strategien des Unternehmens: Das sind Hypothesen über den wahrscheinlich erfolgreichsten Weg zur Durchführung des Unternehmensgegenstandes, also die Wege, die ein Unternehmen zum Erfolg leiten sollen

Die BSC hilft Ihnen, Ihre Mission, Vision und Strategien in allen Teilen des Unternehmens zu kommunizieren. Das muss in einer Art und Weise geschehen, die jedem Mitarbeiter klar macht, worin sein persönlicher Anteil im Wertschöpfungsprozess der Zielerreichung liegt.

Mit den Mitarbeitern Klartext sprechen

Visionen, die lediglich in den Köpfen des Top-Managements vorherrschen, sind überflüssig – vor allem dann, wenn man sich noch nicht einmal im Kreise der Geschäftsleitung einig ist. Der erste Schritt in der Arbeit mit der BSC muss also hier einsetzen (siehe auch Seite 125 ff.).

Perspektiven auswählen

Komplexität der betrieblichen Beziehungsnetzwerke erfassen

Es reicht also nicht aus, gelegentlich wohl verfasste Statements der Geschäftsleitung zu veröffentlichen und sporadisch Marktforschung zu betreiben. Meistens geschieht das losgelöst vom operativen Alltag im Unternehmen. Die Komplexität der betrieblichen Beziehungsnetzwerke werden oft nicht erfasst. Gerade hier setzt die BSC als Instrument an:

- Jedem Mitarbeiter die strategischen Zielsetzungen kommunizieren
- Die Komplexität des Betriebsgeschehens allen Mitarbeitern aufzeigen und den eigenen Beitrag als Prozess der Wertschöpfung in Zielvereinbarungen definieren
- Zielerreichung messbar machen
- Strategien im Unternehmensalltag verankern
- Strategien ständig anpassen

Der Mensch – als Mitarbeiter und Kunde – im Mittelpunkt

Achtung: Jedes Unternehmen stellt ein kompliziertes Geflecht von Beziehungen und Strukturen dar. Darauf wurde in bisherigen Management-Instrumenten wenig Rücksicht genommen. Eine Orientierung ausschließlich auf die finanzwirtschaftlichen Gegebenheiten ist auch heute noch verbreitet anzutreffen. Vergleichen Sie bitte die Zahl der finanzwirtschaftlichen Kennzahlen, die Sie monatlich geliefert bekommen, mit der Zahl der Informationen über andere wichtige strategische Bereiche Ihres Unternehmens, zum Beispiel Kunden, Lieferanten, Märkte, Mitarbeiter usw. Die Gefahr dabei liegt weniger in der einseitigen Ausrichtung der Informationen als in der einseitigen Ausprägung des Denkens im Management.

Erfolgs-Tipp:

Es gilt, das Augenmerk nicht nur auf den finanziellen Output zu richten, sondern insbesondere auf die kritischen Erfolgsursachen dieses Erfolges. Das sind vor allem die Mitarbeiter, die Kunden und die Aufbau- und Ablauforganisation Ihres Unternehmens.

Nachdem Mission und Vision gefunden wurden, müssen nun alle Perspektiven definiert werden, die für die Formulierung der strategischen Orientierung wichtig sind.

Perspektiven für eine strategische Unternehmens-orientierung

Die Standard-Perspektiven der BSC sind:

- Finanzen

- Aufbau- und Ablauforganisation

- Kunden und Märkte

- Mitarbeiter und Human Resources

Weitere Perspektiven sind denkbar:

- Lieferanten

- Zulieferer

- Kreditgeber

- Öffentlichkeit

- Kommunikation

- Einführung

- Organisation / Prozesse

- Interne Kunden

- Kooperationen

- Politik

- Internationalität

- Fusion

Wichtige Kriterien strategischer Unternehmens-führung

Perspektiven immer wieder den Verhältnissen anpassen

Für Ihr Unternehmen müssen Sie jede mögliche Perspektive heranziehen, die für Ihren Unternehmenserfolg als Ausschlag gebend bewertet wird. Die gefundenen Perspektiven sind zudem von Zeit zu Zeit zu überprüfen, da dies eine sich schnell ändernde Wirtschaft und Gesetzgebung erfordern kann.

Wichtig: Natürlich kann man die Komplexität der betrieblichen Leistungserstellung nicht in dieser Art und Weise zerlegen. Sie bildet eine Einheit. Für das strategische Denken ist dies jedoch äußerst sinnbringend, da durch die Perspektivensicht die Ganzheitlichkeit zum Ausgangspunkt aller Betrachtungen wird. Zugleich bleibt die praktische Umsetzung beherrschbar, da bestimmte Probleme gedanklich sofort den unterschiedlichen Perspektiven zugeordnet werden können.

Wichtig: Deklaration von Strategien und Zielen

Das besondere Konzept der BSC liegt aber weniger in der Deklaration von Strategien und Zielen; auch nicht in der kaskadischen Zieldurchdringung des gesamten Unternehmens. Würde es dabei bleiben, dann wären wir keinen Schritt weiter als bisher. Was also fehlt, ist die Messung.

Auch bisher wird in Unternehmen schon gemessen, werden Zielerreichungen überwacht, jedoch meistens im Nachhinein als Erfolgsmessung über Vergangenes. Die Messungen konzentrieren sich in der Regel auf finanzwirtschaftliche Parameter. Andere nicht monetäre Messgrößen sind erst in den letzten Jahren „in Mode gekommen". Durch Bewusstseinserweiterungen wurden zum einen qualitätsbezogene und zum anderen sozi-technische Systeme verstärkt betrachtet und auch gemessen. Die BSC knüpft hier an. Nachdem Sie in einem ersten Schritt die Perspektiven ausgewählt haben, die für Ihre Erfolgsbetrachtung notwendig sind, geht es nun darum, innerhalb der jeweiligen Perspektive die entscheidenden erfolgskritischen Prozesse ausfindig zu machen und diese mit geeigneten Messmethoden und Kennzahlen kontrollierbar zu machen (siehe insbesondere Seite 42 f.).

Haben Sie in Ihrer Geschäftsleitung Mission, Vision, Strategien und Ziele definiert und die dazugehörenden Messmethoden und Kennzahlen definiert, dann sind die wesentlichen Vorarbeiten zur Einführung der BSC gelaufen. Die konkrete Umsetzung ist in Kapitel 3, ab Seite 152 ff. zu finden.

6. Warum Kommunikation das Scorecard-Herz höher schlagen lässt

Die Kommunikation des Erarbeiteten zählt zu den wichtigsten Punkten in der Methode der BSC. Bereits vor über 30 Jahren wurde im allseits bekannten Management-Kreislauf die Kommunikation in den Mittelpunkt des Unternehmensalltags gesetzt. Um sie herum rankten sich

Kommunikation als Mittelpunkt des Management-Kreislaufs

- Planen

- Ziele setzen

- Kontrollieren

- Realisieren

- Entscheiden

Innovative Unternehmenskultur und offene Kommunikationskultur gehören zusammen

Heute ist der Manager in der Lage, durch den Einsatz modernsten Controllings und entsprechender Technik fast jeden Teilbereich des Unternehmens über Daten zu kontrollieren. Ausgeklügelte Systeme von Berichten und Reports ermöglichen einen hierarchiespezifischen Überblick, ohne auch nur mit einem Mitarbeiter persönlich gesprochen zu haben.

Führungscrew darf nicht die Bodenhaftung verlieren

Wo früher der Chef persönlich durch die Werkhallen ging und im Kontakt mit den Mitarbeitern die Sorgen, Nöte und Chancen im persönlichen Gespräch erfuhr, erleben die Mitarbeiter heute ihre Führung aus weitester Ferne. Was in vielen Firmen unterlassen wurde, ist die Ersatzstellung von Kommunikationsmöglichkeiten über Hierarchien hinweg. Es gibt viele Probleme in einem Unternehmen, die nicht automatisch erfasst werden können. Viele sensible Daten werden im Unternehmen vom Menschen erfasst und eingegeben. Damit sind sie auch manipulierbar, ob bewusst oder unbewusst. Kennzahlen alleine erzeugen Druck, der wiederum Gegendruck produziert. Der Satz: „Glaube nur der Statistik, die du selbst gefälscht hast", belegt, dass zu starkes Kontrollieren den Kontrollierten erfinderisch werden lässt.

Kreativität als Garant für Innovation

Wichtig: Eine innovative Unternehmenskultur und Misstrauen schließen sich aus, denn Misstrauen erzeugt Lethargie und Konformismus. Gefordert ist aber Kreativität, wenngleich sie die Gefahr von Fehlern und Unruhe in sich trägt. Sie ist aber Garant für die Innovation, ohne die kein Unternehmen heute mehr auf Dauer überleben kann.

Innovation ist dabei in erster Linie auf ein frühzeitiges Erkennen von Kundenwünschen und das Schaffen entsprechender Produkte und Dienstleistungen gerichtet, also erste Aufgabe des Unternehmens und aller Mitarbeiter. Ohne eine offene Kommunikationskultur mit den entsprechenden Instrumenten ist dabei kein Blumentopf zu gewinnen.

Mit der BSC haben Sie nun eine Methode, bei der bereits bei der Ausarbeitung der Strategien alle beteiligt sind, die Sie später im Unternehmen umsetzen müssen. Hier liegt ein wesentliches Potenzial hinsichtlich der kommunikativen Anforderungen.

Erfolgs-Tipp:

Die BSC bietet hervorragende Möglichkeiten, Ihre Strategien im Unternehmen bekannt zu machen. Die Gestaltung über die Perspektiven gibt den Mitarbeitern die Chance, sich selbst und die strategischen Unternehmensziele in Einklang zu bringen und ihren Nutzen darin zu erkennen. Die Sinnhaftigkeit des Tuns ist immer noch ein wesentlicher Erfolgsfaktor. Diese Prozesse sind ohne eine dauernde und offene Kommunikation nicht denkbar.

Auf die Sinnhaftigkeit des Tuns kommt es an!

Durch die Erarbeitung von Zielen, Maßnahmen und Kennzahlen für jede Organisationseinheit und für jeden Mitarbeiter entsteht ein in sich und an der Unternehmensstrategie ausgerichtetes Netz von BSCs. Innovatives Denken wird schon bei der Ausarbeitung gefordert, Verantwortung wird dort platziert, wo die zu verantwortenden Prozesse stattfinden. Vertrauen wird zur Grundlage eines kreativen, eigenverantwortlichen Handelns. Die Kultur des Unternehmens verändert sich langsam. Kontrolliert und gemessen werden nur noch die in den BSC verankerten Kennzahlen.

Wichtig: Das eigentliche Potenzial der BSC besteht nicht in einem noch besseren Kontroll- und Überwachungssystem, sondern in einer Plattform für ständige Kommunikation über strategische Ziele. Somit ist sie ein Instrument, um ein Unternehmen anhand weniger strategisch wichtiger Kennzahlen flexibel und effektiv im Dialog mit den Stakeholdern zu führen. Sie bietet die Basis dafür, innovatives und kreatives Denken als zentrales Element Ihrer Unternehmenskultur zu verankern.

BSC als Basis für innovatives und kreatives Denken

7. Was Balanced Scorecard mit Budgetfragen zu tun hat

BSC und Budgets

In jedem Unternehmen finden zumindest einmal im Jahr strategische Beratungen statt. In Workshops, oft in angenehmer Umgebung, werden mögliche Entwicklungen diskutiert und viele gute Ideen für die Zukunft gesammelt. Es entstehen durchaus brauchbare strategische Ansätze. Zurück im Unternehmen werden die Teilnehmer dann mit den täglichen Budgetfragen konfrontiert, die oftmals die guten Strategieansätze vergessen lassen. Warum ist das so?

Budgets werden aus den IST-Daten der Unternehmensvergangenheit abgeleitet. Sie sind quasi eine Fortschreibung der Vergangenheit in die Zukunft. Insofern können Sie keine Anwendbarkeit auf die neuen Strategien haben, die es ja in der Vergangenheit noch nicht gab. Budgets haben stets das Bestehende zum Inhalt mit harten Zahlen unterlegt, wogegen sich Strategien mit der Veränderung in der Zukunft beschäftigen und oftmals nur schwammige Angaben auf Grund der Unwägbarkeit der Zukunft enthalten. Zumindest im Denken gibt es hier oftmals einen Bruch.

Achtung: Insofern gibt es hier einen Gegensatz zwischen einem strategischen Zukunftsdenken und einem vergangenheitsorientierten Budgetdenken. Die diesbezüglich notwendige Veränderung der betriebswirtschaftlichen Unternehmenspraxis muss dem strategischen Denken zuarbeiten. Sie kann diese Arbeit leisten, in dem sie die Problematik des Messens mit neuen Kennzahlen erfolgreich bearbeitet. Bei der Überwindung dieses Problems hilft die BSC.

Die Kennzahlen müssen richtig kombiniert werden

So mixen Sie einen guten Kennzahlen-Cocktail

Die meisten bisherigen Kennzahlen, die das betriebliche Controlling erhebt, beruhen auf Daten, die nach dem Abschluss betriebswirtschaftlicher Prozesse gemessen werden. Sie sind Spätindikatoren; das heißt nicht, dass sie keine Projektionen auf die Zukunft erlauben. Dagegen sind die so genannten Frühindikatoren, die ein besonderes Kennzeichen der BSC sind, auf die frühen Phasen im Prozess orientiert. Diese Kombination erlaubt die Überwindung der Differenz zwischen vergangenheitsorientierter Budgetierung und strategischer Zukunftsorientierung. Es gilt also, über die Frühindikatoren Kennzahlen zu generieren, die genauso wie das zugehörige Budget die Gegenwart abbilden, also Informationen „just in time" liefern. Die Dimensionen der Kennzahlen werden neu definiert.

8. Warum das Kennzahlensystem passen muss

Sie haben bereits erkannt, dass die BSC ein gutes Kommunikationsinstrument für die Verbreitung Ihrer Strategie und der Zieldurchdringung Ihrer Mitarbeiter ist. Dazu gehört aber auch das passende Kennzahlensystem, das geeignet ist, Ihre Vorstellungen als Grundlage dieser Kommunikation zu transportieren. Ziel ist es, über eingebaute Feedback-Funktionen die Organisation lernfähig zu machen und flexible Veränderung zu erlauben.

Qualitäten sind messbar!

Kennzahlen geben in kompakter Form Auskunft über Stärken und Schwächen des Unternehmens und der in diesem ablaufenden Prozesse, über seine Situation und über Entwicklungen. Sie sind daher ein nützliches Instrument zur Planung und Steuerung und bereiten Entscheidungen vor.

Stärken und Schwächen des Unternehmens feststellen

Wichtig: Grundsätzlich geht es bei den Kennzahlen immer um die Frage nach Qualitäten. Betriebswirtschaftliche Kennzahlen spiegeln messbare Sachverhalte eines Unternehmens. Sie sollen über wesentliche Aspekte der betrieblichen Entwicklung konzentriert und kurz informieren. Sie ermöglichen Vergleiche zwischen unterschiedlichen zeitlichen Räumen und auch zwischen Unternehmen.

Kennzahlen sind wie Schuhe ...

Doch zunächst müssen Sie überprüfen, welche Kennzahlen für Ihr Unternehmen brauchbar sind, welche Ziele damit verfolgt werden sollen, wie viel Zahlen überhaupt benötigt werden und wer mit ihnen arbeiten soll. Es kostet viel Zeit, Zahlen zu erfassen, auszuwerten und zu überwachen. Wer sich mit den falschen Zahlen beschäftigt, verschwendet nicht nur Kapazitäten, sondern läuft auch Gefahr, die falsche Richtung einzuschlagen.

... wenn sie nicht passen, dann drücken sie

Jedes Unternehmen hat und benötigt aussagefähige Daten, die den Führungskräften und Mitarbeitern helfen sollen, die festgelegten Ziele zu verfolgen, die richtigen Entscheidungen zu treffen und für die Zukunft Verbesserungen anzusteuern. Die notwendigen Informationen können Kennzahlen liefern. Das sind Zahlen, die messbare, betriebswirtschaftliche relevante Daten zusammenfassen und in einen größeren Zusammenhang stellen. Wie in einem Brennglas bündeln sie dabei mehrere Daten zu überschaubaren Größen.

Kennzahlen-Arten

- Absolute Kennzahlen, das sind beispielsweise Stückzahlen oder Preise

- Gliederungskennzahlen, wie Anlagevermögen oder Gesamtvermögen

- Indexkennzahlen, zum Beispiel Index für Lebenshaltungskosten anhand des Warenkorbes

- Beziehungskennzahlen, wie Eigenkapital zu Fremdkapital

Sie benötigen zur Umsetzung Ihrer BSC Kennzahlen, um die entsprechenden Ergebnisse (Spätindikatoren) und Prozesse (Frühindikatoren) zu messen und darüber eine Kommunikation in Gang zu bringen.

Die verdichtete Information ist hier entscheidend. Dabei machen Kennzahlen häufig Sachverhalte sichtbar, die aus den üblichen Betriebsdaten nicht sofort zu erkennen sind. Was Kennzahlen also von anderen Daten im Unternehmen unterscheidet, ist, dass sie bestimmte Abhängigkeiten verdeutlichen, Informationen verdichten, Komplexität reduzieren und damit leichter überschaubar sind.

Erfolgs-Tipp:

Kennzahlen verdichten betriebliche Informationen zu einer aussagefähigen Zahl und verdeutlichen gleichzeitig größere Zusammenhänge im Unternehmen.

Wie werden Kennzahlen gebildet?

Kennzahlen stellen immer Messwerte dar:

Auf aussage-kräftige Kennzahlen kommt es an

- Absolute Kennzahlen lassen sich ohne weitere Berechnung der Betriebsdaten entnehmen

- Verhältniskennzahlen setzen mehrere Zahlen aus den Betriebsdaten ins Verhältnis

- Richtzahlen setzen Orientierungsgrößen außerhalb des Unternehmens mit Kennzahlen in Relation (Benchmarks)

Nach diesen Prinzipien werden nicht nur Finanzkennzahlen gebildet. Auch wenn Sie selber Kennzahlen entwickeln, sollten Sie immer auf Zusammenhänge achten und/oder Vergleichsgrößen heranziehen, damit Sie messbare und aussagekräftige Kennzahlen erhalten.

Für welche Bereiche lassen sich Kennzahlen erstellen?

Kennzahlen lassen Aussagen über ganz unterschiedliche Bereiche des Unternehmens zu. Dabei geht es bei weitem nicht immer nur um das Finanzwesen. Kennzahlen können auch gebildet werden, um Aussagen zu treffen über

- Finanzielle Ergebnisse

- Qualität der Produkte und der Serviceleistungen

- Den Ablauf betrieblicher Prozesse

- Kundenzufriedenheit

- Mitarbeiterzufriedenheit

- Innovationen

- Umweltschutz

Wichtig: Es empfiehlt sich, alle Bereiche zu berücksichtigen und ins Gleichgewicht zu bringen, also zu balancieren, die Balance halten. Bei der Auswahl der für Sie relevanten Kennzahlen sollten natürlich Ziel und Nutzen der Zahlen im Vordergrund stehen. Wenn Sie sich zum Beispiel noch besser auf die Bedürfnisse Ihrer Kunden einstellen wollen, genügt es sicher nicht, eine Kennzahl zur Qualität der Produkte zu erstellen; Sie sollten dann auch versuchen, eine aussagekräftige Größe zur Kundenzufriedenheit zu ermitteln.

Warum mit Kennzahlen arbeiten?

Kennzahlen bieten die Möglichkeit, bestimmte Informationen über Ihr Unternehmen zu erhalten, etwa zur betrieblichen Entwicklung. Viele der geläufigen Kennzahlen lassen sich dabei ganz rasch aus bestimmten Betriebsdaten erstellen. Dennoch genügt es nicht, Kennzahlen willkürlich, nur sporadisch oder unsystematisch zu erstellen und auszuwerten. Erst die kontinuierliche Beobachtung macht Kennzahlen auch zu einem brauchbaren Instrument. Wenn Sie Kennzahlen erstmalig erstellen, haben Sie zwar schon eine Vorstellung und eine Vergleichsmöglichkeit zu anderen Unternehmen, die diese Kennzahlen benutzen, über Entwicklungen in Ihren Unternehmen sagt die eine Zahl allein jedoch noch nichts aus. Sie sollten die Zahlen daher immer regelmäßig erstellen und überwachen.

Wozu dienen Kennzahlen?

Mit der Auswertung von Kennzahlen können Sie dann ganz unterschiedliche Aufgaben und Ziele verfolgen. Sie helfen Ihnen,

Wichtig: Kennzahlen richtig auswerten

- die wirtschaftliche Lage Ihres Unternehmens zu einem bestimmten Zeitpunkt oder über einen längeren Zeitraum hinweg zu beurteilen

- sich einen Überblick über die Gesamtsituation, aber auch über verschiedene Teilbereiche zu verschaffen

- zu erkennen, wo die Schwächen und die Stärken liegen

- bestimmte Entwicklungen zu beobachten

- rechtzeitig Signale für Fehlentwicklungen zu erkennen

- das Unternehmen mit anderen zu vergleichen.

Mit Kennzahlen können Sie entweder eine Momentaufnahme Ihres Unternehmens machen oder Betriebsergebnisse über einen bestimmten Zeitraum erfassen. Beides wird durch die BSC ermöglicht.

Wem nützen Kennzahlen?

Kennzahlen dienen bisher hauptsächlich dazu, Unternehmensleitung und Führungskräfte bei der Entscheidungsfindung zu unterstützen – sowohl was die kurzfristige als auch langfristige Planung, Kontrolle und Steuerung betrifft (operatives und strategisches Controlling).

Controlling-möglichkeiten für das Management

Aber auch für die Mitarbeiter, Kunden und Lieferanten bieten Kennzahlen interessante Informationen und Bewertungskriterien. Und schließlich haben bei großen Unternehmen natürlich die Gesellschafter, Aktionäre und die Öffentlichkeit Interesse an bestimmten Entwicklungen, die durch Kennzahlen transparent werden.

9. Ein Kennzahlensystem entwickeln – so geht's!

So filtern Sie die richtigen Kennzahlen heraus

Zunächst sollten Sie recherchieren, welche Kennzahlen Sie für Ihre Aufgaben und Ziele benötigen, und dann eine Auswahl treffen. Die Auswahl der richtigen Kennzahlen ist aber nicht einfach. Ein wichtiger Grundsatz ist, Größen für alle entscheidenden und kritischen Erfolgsfaktoren festzulegen. Es gilt also, die Meilensteine, die im Unternehmen und in Ihrer Strategie eine wichtige Rolle spielen, anhand von Kennzahlen klar herauszustellen. Das heißt, die Kennzahlen müssen sich von den unternehmerischen Zielen und Aufgaben ableiten.

Beschränkung auf Schlüssel- kennzahlen

In der Praxis arbeiten selbst große Unternehmen oft nur mit einer Auswahl von wenigen Kennzahlen. Tatsächlich kommt es insbesondere darauf an, sich auf bestimmte Schlüsselkennzahlen zu konzentrieren, wenn Sie die wirklich relevanten Informationen herausfiltern wollen.

Wichtig: Schlüsselkennzahlen sind die wichtigsten Messgrößen, die für den Erfolg Ihres Unternehmens und Ihrer Strategie maßgebend sind.

Es ist durchaus zweckmäßig, sich nur auf 10 bis 20 Kennzahlen zu beschränken. Dies macht zumindest dann Sinn, wenn die Kennzahlen für die Unternehmensleitung oder Gremien der höheren Führungsebene bestimmt sind. Auf unteren Hierarchien machen auch Kennzahlen Sinn, die die Geschäftsleitung nicht interessieren.

Erfolgs-Tipp:

Je schneller, kompakter und klarer die Information „ankommen" muss, desto kleiner sollte die Auswahl von Kennzahlen sein. Beschränken Sie sich auf wenige, aber aussagekräftige Kennzahlen. Bedenken Sie, dass die Zahlenberichte auch gelesen, beurteilt und überwacht werden müssen.

Ausgehend von diesen Schlüsselkennzahlen können dann noch eine Reihe weiterer untergeordneter Kennzahlen berücksichtigt werden, um einen detaillierten Einblick in die Stärken und Schwächen des Unternehmens zu ermöglichen. Dies kann mithilfe eines Kennzahlensystems erfolgen.

Mehrere Kennzahlen zu einem System zusammenfassen

Es genügt heute kaum mehr, mit isolierten Zahlen zu arbeiten. Viele Unternehmen erstellen ein System mit verschiedenen Schlüsselkennzahlen und dazu untergeordneten Kennzahlen. Solch ein System stellt das Unternehmen in seiner Gesamtheit dar.

Dieses System lässt Abhängigkeiten und Querverbindungen im Unternehmen besser erkennen. Kennzahlensysteme können aber auch in einem Bereich einzelne Zahlen, die miteinander in engem Zusammenhang stehen, verknüpfen. Sie werden entwickelt, um den Anforderungen der gewählten Perspektiven gerecht zu werden.

Kritische Erfolgsfaktoren unbedingt beachten!

Wichtig: Das Kennzahlensystem leitet sich aus den Zielen des Unternehmens ab. Es sollte die wichtigsten und kritischen Erfolgsfaktoren umfassen. Daher sollte recherchiert werden, welche Kennzahlen für Erfolge und Misserfolge in der Vergangenheit entscheidend waren und für die Zukunft von besonderer Bedeutung sind. Diese Überlegung ist für das gesamte Unternehmen, für jede Organisationseinheit und für jeden Mitarbeiter durchzuführen und in der entsprechenden BSC zu verankern. Ein einmal erstelltes System darf jedoch niemals zu einem unveränderlichen Gerüst erstarren; es muss flexibel und verbesserungsfähig bleiben, um an veränderte Bedingungen und Entwicklungen angepasst zu werden.

Beispiel eines Kennzahlensystems einer Bank

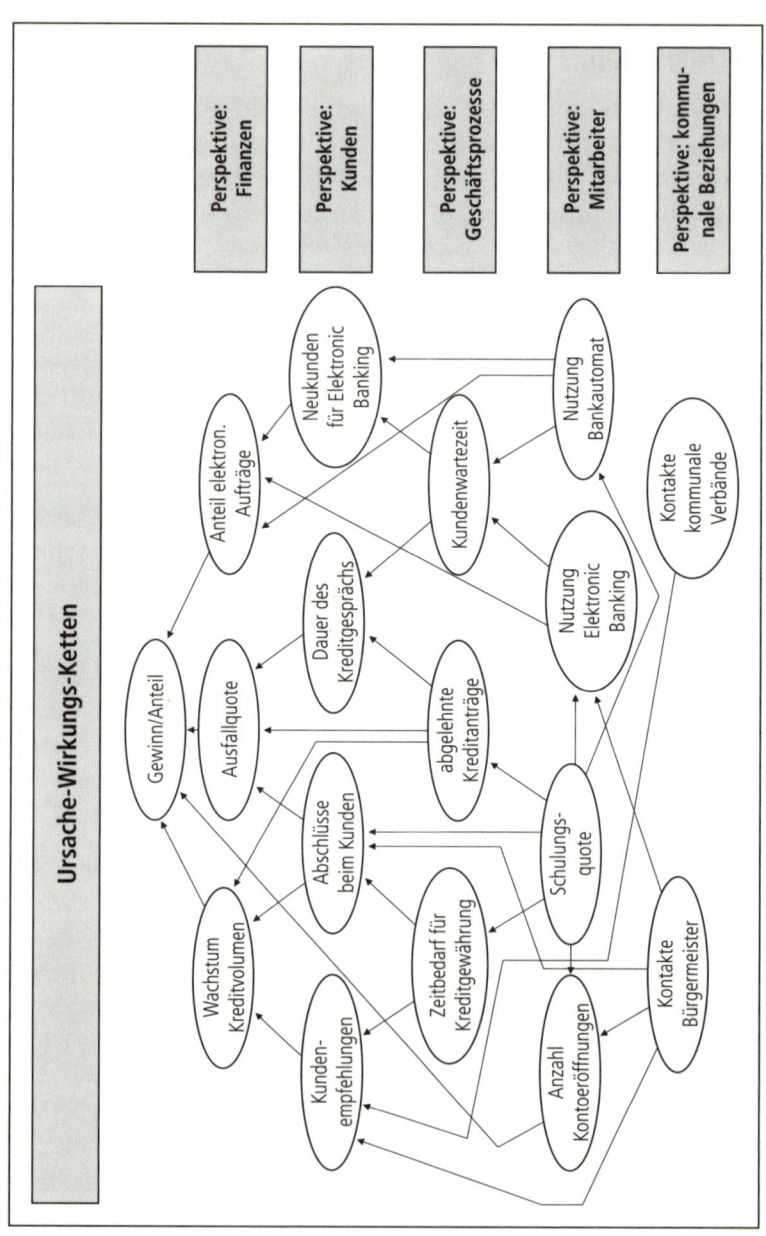

Erfolgs-Tipp:

Entscheidend ist nicht, möglichst viele Einzeldaten zu gewinnen, sondern ein aussagefähiges Kompendium an Zahlen zu erstellen, das überschaubar ist und den wichtigen Zielvorgaben entspricht.

Die Schlüsselkennzahlen ergeben sich aus den wichtigsten Zielen. In der Praxis wird dann oft so verfahren, dass aus den Vorgaben für die Schlüsselkennzahlen Detail-Kennzahlen abgeleitet werden, die ihrerseits dazu beitragen, Daten für die übergeordneten Kennzahlen zu liefern. Damit ist gewährleistet, dass die im Unternehmen verwendeten Zahlen einheitlich und durchgängig sind.

Von großen Zielen untergeordnete Kennzahlen ableiten

Bei diesem Top-down-Ansatz entwickelt die Unternehmensspitze die Schlüsselkennzahlen, auch Makrokennzahlen genannt, von denen weitere Kennzahlen für die untergeordneten Einheiten abgeleitet werden. Natürlich können in einzelnen Abteilungen oder sogar für einen einzelnen Mitarbeiter zusätzliche Kennzahlen abgeleitet werden, aber das Ziel der Schlüsselkennzahlen steht im Vordergrund.

Makrokennzahlen

Die Kennzahlen kontinuierlich verbessern!

Die ausgewählten Kennzahlen sollten zumindest jährlich überprüft und ggf. erweitert werden. So kann sich nach einiger Zeit über ständige Kommunikationsprozesse herausstellen, dass noch zusätzliche Zahlen in einzelnen Verantwortungsbereichen erforderlich sind. Die Erfahrungen, die Sie und Ihre Mitarbeiter beim täglichen Arbeiten mit Kennzahlen machen, können dazu genutzt werden, sie auf ihre Brauchbarkeit zu prüfen, um nach Bedarf das System zu erweitern, einzelne Zahlen weiter zu komprimieren oder neue Zahlen aufzunehmen. Ziel muss immer sein, die Unternehmensführung und die Mitarbeiter mit kompakten und wirklich brauchbaren Informationen zu versorgen, die einen kontinuierli-

Jährliche Prüfung notwendig

chen Kommunikationsprozess in Gang bringen und unterhalten. Nur so können die Aufgaben auch effizient erfüllt werden.

> **Erfolgs-Tipp:**
>
> Sie sollten die Qualität der Kennzahlen und des Systems laufend im Auge behalten. Notwendige Änderungen sind möglichst schnell umzusetzen.

Worauf ist zu achten?

Achtung: Kennzahlen müssen Ihnen und dem Unternehmen einen optimalen Nutzen bringen. Daten, deren Zweck niemandem so genau bekannt ist, sind wertlos. Dies gilt auch für Berechnungen, die nur von Spezialisten verstanden werden. Je eher Ihre Kennzahlen die in der folgenden Checkliste angeführten Anforderungen erfüllen, umso aussagefähiger sind sie, und umso effektiver können Sie mit Ihnen arbeiten.

Diese Prüfkriterien beachten!

> **Checkliste: Anforderungen an Kennzahlen**
>
> ■ Jede Kennzahl muss mit einer Vorgabe oder einem Ziel verbunden sein
>
> ■ Kennzahlen sollten komprimierte Informationen erhalten, dabei aber dennoch genau sein, um auch kleine Abweichungen aufdecken zu können
>
> ■ Die Daten müssen messbar sein, also Mengen oder Werte (auch Prozentwerte) ausdrücken
>
> ■ Die Zahlen müssen vollständig sein, damit sie zu den richtigen Ergebnissen kommen
>
> ■ Sie sollten vergleichbar sein; dazu gehört zum Beispiel auch, dass sie einheitlich bezeichnet sind
>
> ■ Sie sollten übersichtlich aufbereitet sein und Transparenz vermitteln

noch: Checkliste: Anforderungen an Kennzahlen

- Kennzahlen müssen verständlich und benutzerfreundlich sein, damit ihre Auswertung effektiv erfolgen kann

- Bei Erstellung und Auswertung sollten Sie auch auf wirtschaftliche Kriterien Rücksicht nehmen

Auch bei der Gestaltung eines Kennzahlensystems ist die Hauptanforderung, die Ziele des Unternehmens und der Strategie im Auge zu behalten. Folgende Checkliste kann Ihnen helfen, die Dinge im Blick zu behalten, die für ein System von Kennzahlen wichtig sind.

Was ist außerdem wichtig?

Checkliste: Anforderungen an Kennzahlensysteme

- Alle Kennzahlen müssen mit den wichtigen Werten und kritischen Erfolgsfaktoren, mit Nah- oder Fernzielen des Unternehmens verbunden sein

- Sie sollten Ausdruck von Prioritäten sein

- Weniger ist mehr

- Das System muss sowohl die Vergangenheit und die Gegenwart als auch die Zukunft berücksichtigen

- Es muss langfristige und kurzfristige Kennzahlen berücksichtigen

- Es sollte nicht nur Aussagen über Erfolg, betriebliche Prozesse oder finanzielle Lage enthalten, sondern auch die Bedürfnisse der Kunden, Mitarbeiter und Gesellschafter einbeziehen

- Das System muss durchgängig sein: Die Kennzahlen sollten zuerst für die oberste Organisationsebene definiert werden und dann die unteren Ebenen bis zum Mitarbeiter durchfließen

Diese Prüfkriterien beachten!

noch: Checkliste: Anforderungen an Kennzahlensysteme

- Nur ein flexibles Kennzahlensystem ermöglicht Anpassungen – wenn sich also Ziele, Strategien oder Rahmenbedingungen verändern, sollten Sie auch die Kennzahlen ändern

- Sind zu viele Zahlen vorhanden, empfiehlt es sich, mehrere Kennzahlen zu Index-Kennzahlen zu verdichten

- Alle Kennzahlen sollten quantitativ erfassbar sein

Die Kennzahlen in einem Team zusammenstellen

Durch Teamwork gemeinsam zum Ziel!

Wenn Sie sich nun an die Arbeit machen, ein neues Kennzahlensystem aufzustellen oder Ihr altes zu überarbeiten, empfehlen wir Ihnen dringend, mit dieser Aufgabe ein Team zu beauftragen. Es soll ermittelt werden, welche Kennzahlen geeignet und wichtig sind und welches System in Zukunft verwendet wird. Hierfür sind die notwendigen Maßnahmen und Aktionspläne zu erstellen. Ihr Team besteht idealerweise aus fünf bis zehn Führungskräften, die aus verschiedenen Verantwortungsbereichen kommen.

„Step by step" zum Ziel

Checkliste: Wie das Team vorgehen kann

An folgenden Fragen kann sich die Arbeit des Teams orientieren:

- Warum sind Kennzahlen wichtig und notwendig?

- Auf welche Kennzahlen kommt es an? Wie können die bedeutenden Ziele und Meilensteine des Unternehmens mit Kennzahlen erfasst werden?

- Welche Kennzahlen sind zur Kontrolle erforderlich?

- Welche Kennzahlen werden zur Steuerung benötigt?

- Wo kommen die Daten her?

noch: Checkliste: Wie das Team vorgehen kann

- Wie sind die Kennzahlen im Einzelnen zu berechnen?

- Wie müssen die Kennzahlen interpretiert werden?

- Sind alle wichtigen Kennzahlen festgelegt und genau definiert?

- Welche Verantwortungsbereiche benötigen welche Kennzahlen und wie häufig?

- Können die einzelnen Kennzahlen mit Hilfe der EDV ermittelt werden? Welche Veränderungen sind hier notwendig?

- Welche Kennzahlen sind für die Arbeit des einzelnen Mitarbeiters wichtig? Wie soll die Basisdatenerfassung erfolgen?

Ihr Kennzahlensystem können Sie nach dem oben benannten Schema Schritt für Schritt erarbeiten, wenn das Team die Fragen systematisch abarbeitet, diskutiert und die Ergebnisse dokumentiert. Wir empfehlen Ihnen, die Teamsitzungen durch einen externen Moderator begleiten zu lassen. Da es besonders auf die Anwendung der betriebswirtschaftlichen Kennzahlen in der Praxis ankommt, sollten Anregungen, Erfahrungen und kritische Bemerkungen der einzelnen Mitarbeiter im Team gewürdigt werden und Berücksichtigung finden.

Damit die Ergebnisse des Projekts auch von den Mitarbeitern des Unternehmens akzeptiert werden, sollten Sie während des Projektverlaufs Informationsmöglichkeiten und Diskussionsforen schaffen. Welche Instrumente hier zur Verfügung stehen, wird im weiteren Verlauf geklärt. Damit werden alle Mitarbeiter zu Beteiligten gemacht und die Akzeptanz in Zukunft deutlich erhöht.

Wichtig: Ideal wäre es, wenn Sie die ausgewählten Kennzahlen anschließend in einem Management-Informations-System zusammenfassen.

Wie Kennzahlen eingesetzt werden

*Vielseitige
Kontrolle
möglich*

Jedes Unternehmen setzt sich kurzfristige und längerfristige Ziele. So entwirft die Unternehmensleitung in der Regel in enger Abstimmung mit dem oberen Management Pläne, deren Vorgaben dann an die Führungskräfte der einzelnen Bereiche zur weiteren Ausgestaltung oder Erfüllung delegiert werden.

Die Verantwortlichen müssen die Pläne im Rahmen ihres Handlungsspielraumes umsetzen. Zur Erfüllung ihrer Aufgaben brauchen sie jedoch Orientierungshilfen. Dazu sind Kennzahlen gedacht. Bestimmte Ziele oder Vorgaben in den Plänen lassen sich mit ihnen ganz konkret formulieren. So kann die Unternehmensleitung die Zielvorgaben für das kommende Jahr, die nächsten fünf Jahre usw. an seine Führungskräfte und Mitarbeiter weiter geben. Die verantwortlichen Führungskräfte müssen dann in ihrem Verantwortungsbereich die Mitarbeiter informieren bzw. die individuellen Ziele mit jedem Mitarbeiter vereinbaren.

> **Erfolgs-Tipp:**
>
> Für alle Kennzahlen, die in die Planung für das kommende Geschäftsjahr aufgenommen werden, sollten Sie vorher möglichst Vergleichswerte aus der Vergangenheit oder, falls das nicht möglich ist, so genannte Benchmarks des Marktes oder anderer Unternehmen benutzen.

*Wie Sie
Kennzahlen für
die Kontrolle
einsetzen*

Kennzahlen ermöglichen eine effektive Kontrolle, wenn die vorgegebenen Planwerte während des Geschäftsjahres mit den effektiven Werten (Benchmarks) verglichen werden. Dazu können zum Beispiel monatliche Soll-Ist-Vergleiche durchgeführt werden. Selbstverständlich gehört dazu die entsprechende Kommunikation unter den Beteiligten. Auf diese Weise lassen sich die Aktivitäten in jedem Verantwortungsbereich (Abteilung, Arbeitsfeld des Mitarbeiters) überprüfen, eventuelle Schwachstellen entdecken, unerwünschte Entwicklungen aufdecken und entsprechende Maßnahmen ergreifen. Außerdem sollten die gemachten Erfahrungen in die Planung des nächsten Jahres einbezogen werden.

Achtung: Für eine effiziente Steuerung der Unternehmen bietet sich vor allem die Arbeit mit Schlüsselkennzahlen an. Die Auswahl muss ganz bewusst vorgenommen werden, um sich auf die wesentlichen Vorgänge im Unternehmen zu konzentrieren. Auch ein Kennzahlensystem, aus dem die Schlüsselkennzahlen und die untergeordneten Richtwerte hervorgehen, ist ein geeignetes Instrument, um sich einen Überblick über die Hierarchie der Vorgaben für die nähere oder weitere Zukunft zu verschaffen.

Kennzahlen für die Steuerung

Sobald die Unternehmensleitung und die Führungskräfte erkennen, dass sich Abweichungen in den einzelnen Verantwortungsbereichen ergeben, müssen sie steuernd eingreifen, damit die einmal beschlossenen Ziele doch noch erreicht werden können. Sollten Unterziele nicht verwirklicht werden, dann müssen die Führungskräfte der nächsthöheren Stufe im Unternehmen die Initiative ergreifen, um die entstandenen Probleme zu lösen. Je schneller Kurskorrekturen beschlossen, verkündet und durchgeführt werden, umso größere Chancen bestehen, das Ziel doch noch zu erreichen.

Informieren Sie die betroffenen Mitarbeiter, die mit den Kennzahlen arbeiten, über die Maßnahmen und Auswirkungen. Ihnen muss auch der Zusammenhang der einzelnen Aufgaben im Unternehmen deutlich sein; gerade das will die BSC erreichen. Sobald Koordinationsprobleme auftauchen, müssen die Führungskräfte einschreiten.

Koordinationsproblemen unbedingt vorbeugen!

Erfolgs-Tipp:

- Kennzahlen sind ein nützliches Instrument für das Controlling, da sie die Entwicklung im Unternehmen transparenter machen

- Kennzahlen sind besonders dafür geeignet, einzelne Entscheidungen vorzubereiten und die Auswirkungen der Entscheidungen zu überprüfen

Zudem helfen Kennzahlen den Informationsaustausch zwischen einzelnen Führungskräften und der Unternehmensleitung sowie den Mitarbeitern zu verbessern und effizienter zu gestalten.

Wichtig: Ein sorgfältig ausgearbeitetes Kennzahlensystem erlaubt in Zukunft eine bessere Planung, genauere Kontrolle, effizientere Steuerung, mehr Kommunikation und mehr Motivation.

Vergleichsrechnungen

Vergleichs-
rechnungen

Die so genannten Vergleichsrechnungen zählen zu den wichtigsten Instrumenten einer Führungskraft. Dabei werden die Ist-Daten bestimmten Vergleichsdaten gegenübergestellt. Aus den Übereinstimmungen oder Abweichungen lassen sich dann Erkenntnisse gewinnen. Wenn Vergleichsrechnungen angestellt werden, ist immer sicherzustellen, dass das vorliegende Zahlenmaterial auch eine objektive Vergleichbarkeit ermöglicht. Achten Sie darauf, dass

- die Zeiträume (Perioden) gleich sind und

- vergleichbare betriebliche Sachverhalte angegeben sind,

- die möglichst nach gleichen oder vergleichbaren Kriterien bewertet wurden.

Bei allen Vergleichsrechnungen ist sicherzustellen, dass das vorliegende Zahlenmaterial auch eine objektive Vergleichbarkeit ermöglicht.

Zeitvergleiche

Zeitvergleiche

Beachten Sie beim Vergleich zeitlicher Perioden die Vergleichbarkeit und Stetigkeit der Daten. Denken Sie daran, dass zum Beispiel Preissteigerungen während der einzelnen Jahre bestimmte Bestandsdaten oder Bewertungen verändern können. Wenn Sie dies nicht berücksichtigen, stimmt die Vergleichsbasis nicht. Bereinigen Sie Ihre Daten vor einem Vergleich von variablen Einflüssen und arbeiten Sie mit bereinigten Kennzahlen.

Benchmarks-Vergleiche

Benchmarks-Vergleiche

Sie haben noch zwei weitere Möglichkeiten, Ihre Kennzahlen zu vergleichen, einmal mit den Zahlen eines anderen Betriebes, vielleicht sogar Ihres stärksten Konkurrenten, wenn Sie sie erhalten können (Betriebsvergleich), und mit den Zahlen Ihrer Branche (Branchenvergleich).

Aus beiden Datenmaterialien können Sie für sich Normzahlen, so genannte Benchmarks, definieren, um schnell Stärken und Schwächen Ihres Unternehmens erkennen zu können.

Wie kommen Sie an externe Kennzahlen?

Bei Unternehmen stehen Jahresberichte zur Verfügung. Wenn Sie Branchenkennzahlen benötigen, sprechen Sie zunächst Ihren Verband an. Viele Verbände unterhalten betriebswirtschaftliche Abteilungen, die regelmäßig Kennzahlen errechnen. Aber auch Banken halten solche Kennzahlen vor.

Sprechen Sie Ihren Verband an

Achtung: Branchenkennzahlen stellen Durchschnittswerte dar, die keinen absoluten Vergleich ermöglichen. Dennoch erhalten Sie mit ihnen wertvolle Hinweise, wie Ihr Unternehmen im Vergleich zur Gesamtbranche steht. Branchenkennzahlen gibt es bei:

- Großbanken

- Sparkassen und Volksbanken

- Der Deutschen Bundesbank

- Dem statistischen Bundesamt

- Den Wirtschaftsverbänden

Benchmarking kann man kurz umreißen als das Lernen von den Besten. Dabei orientieren Sie sich systematisch an den führenden Unternehmen, die exzellent geführt werden und Spitzenleistungen erzielen. Sie versuchen dann, die Innovationen der Besten mög-

Benchmarking

lichst auch in Ihrem Unternehmen einzusetzen, soweit dies Ihre eigenen Bedingungen zulassen. In der Regel benötigen Sie hier die Hilfe externer Spezialisten. Ziel ist es immer, die Leistungsfähigkeit Ihres Unternehmens zu steigern und/oder die Kosten zu senken. Sie werden laufend Ihre Erfolgsfaktoren messen und mit den Ergebnissen des Spitzenunternehmens (Benchmarks) vergleichen. In einem kontinuierlichen Prozess werden insbesondere Effizienz, Effektivität, Qualität, Produktivität, Strukturen, Prozesse, Produkte und Dienstleistungen gemessen.

Das Lernen wird dabei ein fester Bestandteil Ihrer Unternehmenskultur werden. Es soll eine lernende Organisation entstehen, die eine permanente Weiterentwicklung möglich macht. Mit Hilfe von Benchmarking kann der Wille zu schnellen Veränderungen bei den Mitarbeitern im eigenen Unternehmen gestärkt werden. Denn ständige Vergleiche mit anderen, sehr gut geführten Unternehmen lassen neue Ideen entstehen, wie man sich verbessern und seine Wettbewerbsfähigkeit steigern kann.

Engagieren Sie externe Unternehmensberater/ Veränderungsmanager!

Erfolgs-Tipp:

Für eine ergebnisorientierte Durchführung des Benchmarking ist allerdings eine detaillierte Kenntnis der wesentlichen Punkte erforderlich, die die Besten in die Lage versetzen, Spitzenleistungen zu erbringen. Dieses Wissen erhalten Sie in der Regel nur von spezialisierten Unternehmensberatern. Auch die Vorgehensweise, diese Ideen im eigenen Unternehmen umzusetzen, muss natürlich erfolgversprechend sein und zu Ihrem Unternehmen passen. Besonders hierfür zahlt sich für Sie das Engagement externer Veränderungsmanager aus.

Erfahrungswerte anderer nutzen

Wichtig: Benchmarking ist ein umfassendes Führungskonzept, das sich an den Besten orientiert und eine lernende Organisation zum Ziel hat. Dabei werden die Erfahrungen der Spitzenunternehmen genutzt, um eigene Probleme systematisch zu lösen.

Wo auch weiche Daten zählen

Bei den wichtigsten Einsatzgebieten der Kennzahlen geht es fast ausschließlich um so genannte „harte Daten", also um die Verwertung von Zahlen aus der Betriebsstatistik.

Bestimmte Ziele können Sie aber nicht mit harten Daten allein erfassen. Natürlich können Sie versuchen, zum Beispiel die Motivation Ihrer Mitarbeiter mit einer Kennzahl über Fehlzeiten zu „messen", aber einen wirklichen Ansatzpunkt, um eine Motivation zu verbessern, haben Sie damit nicht. Welche Messgröße wollten Sie zum Beispiel festlegen, wenn Ihr Ziel „Verbesserung der Serviceleistung für den Kunden" heißt? Sicher kann die Anzahl der Reklamationen ein Indiz sein, aber sie trifft das Problem nicht vollständig.

Achtung: Mit ausschließlich harten Kennzahlen lassen sich bestimmte Entwicklungen im Unternehmen nicht darstellen oder analysieren.

Für solche Fälle müssen Sie die so genannten „weichen Kennzahlen" berücksichtigen. Weiche Daten geben zum Beispiel Auskunft über Gefühle, individuelle Bewertungen, Denkstrukturen. Sie werden benötigt, wenn die Zufriedenheit der Kunden oder der Mitarbeiter im Mittelpunkt steht. Sie können das Verhalten der Kunden oder Mitarbeiter transparenter machen.

Weiche Kennzahlen

Es würde den Rahmen sprengen, wenn hier auf alle Möglichkeiten der Erhebung weicher Daten eingegangen würde. Neben den üblichen Befragungen von Kunden und Mitarbeitern sind insbesondere die Potenzial-Analysen interessant.

Hierbei handelt es sich um Verfahren, bei Menschen bestimmte Verhaltensbereiche zu identifizieren und Verhaltenstypologien zu entwickeln. Eines der besten Verfahren ist das INSIGHTS®-Verfahren.

Potenzial-Analysen

*INSIGHTS –
eines der
besten
Verfahren*

INSIGHTS®-Potenzial-Analysen

- Das „Original INSIGHTS®", seit 1984 in 12 Sprachen und 16 Ländern.
  Der INSIGHTS® Report ist für den Einzelnen eine wertvolle Hilfe zur persönlichen Leistungssteigerung.

  Im Team multipliziert sich der Nutzen um die Zahl der Teilnehmer und aller Verhaltenskombinationen.

- Mit den bewährten INSIGHTS®-Management-Development-Instruments arbeiten weltweit rund 1 400 Berater, davon allein über 200 in Europa, erfolgreich in der Praxis. Weltweit sind bisher über 3 Millionen Analysen, darunter in den führenden Unternehmen der Wirtschaft, zur Erfolgssteigerung eingesetzt worden.

  Die INSIGHTS®-Potenzial-Analyse, ein 24-seitiger Report mit textlicher und grafischer Darstellung, ist eine Weiterentwicklung der Jung´schen Typenlehre und Dr. Marston. Mit einer 48-Felder-Skalierung (48 Typen oder 60 Typen) und 384 Basis-Verhaltens-Kombinationen bietet sie Personalberatern und -entwicklern eine fundierte, effektive und objektive Auswahl und Entwicklung von Probanden. Trainer erhalten ein Instrument für Kommunikations-, Verkaufs-, Team- und Führungstraining. Die INSIGHTS®-Potenzial-Analyse gibt es für Top-Manager, Manager-Mitarbeiter (Grundversionen), Verkäufer, Kundenservice, Team-Building und zur Erstellung von Soll-Profilen am Arbeitsplatz. Die Erfahrung basiert auf weltweit 3 Millionen Analysen in 16 Ländern.

- Die INSIGHTS®-Analyse Einstellungen, Werte, Interessen. Während die Potenzial-Analyse grundsätzliche Verhaltensweisen identifiziert, werden hier die Motive deutlich, warum ein Mensch so oder anders handelt. Mit dieser objektiven Einschätzung, basierend auf Edward Spranger, oft verborgener Motivatoren können Führungskräfte und Personalentwickler ihre Mitarbeiter schnell und sicher nach ihren individuellen Stärken und Motiven einsetzen, fördern und Konflikte eliminieren.

- Die INSIGHTS®-Stellen-Analyse. Zur neutralen Erfassung des Soll-Profils einer Stelle oder zum direkten Vergleich eines Probanden mit der Stelle.

- Die INSIGHTS®-Analyse Verkaufs-Strategien-Indikator. Mit diesem INSIGHTS®-Instrument erhalten Verkäufer ihren Sparring-Partner in Sachen Verkaufsstrategien. Die Auswertung seines Fragebogens gibt dem Teilnehmer wichtige Aufschlüsse über sein eigenes Vorgehen im Vergleich zu professionellen Verkäufern. Bezogen auf die sieben lebenswichtigen Funktionen im Verkauf mit detaillierter Schwachstellen-Analyse.

noch: INSIGHTS®-Potenzial-Analysen

- Die INSIGHTS®-Analysen eignen sich hervorragend für die Positionsbestimmung einer Mitarbeitergruppe und für den Einstieg in ein engpassorientiertes Training und Coaching.

  Der besondere Wert liegt im Auslösen von Erkenntnis- und Lernprozessen beim Teilnehmer durch intrinsische Motivation.

INSIGHTS – eines der besten Verfahren

Erfolgs-Tipp:

Die Ermittlung weicher Kennzahlen bietet die Möglichkeit, Probleme und Schwachstellen im Kunden- und Mitarbeiterbereich aufzuspüren. Die Erhebung sollte in regelmäßigen Abständen durchgeführt werden, um Entwicklungen beobachten zu können.

Wichtig: Weiche Kennzahlen regelmäßig ermitteln

Mit Kennzahlen messen und bewerten

Im Folgenden lernen Sie die wichtigsten Kennzahlen kennen, die verwendet werden, um betriebswirtschaftlich messbare Sachverhalte eines Unternehmens auszudrücken. Diese Kennzahlen sollen in konzentrierter Form über bestimmte Aspekte informieren.

Die wichtigsten Kennzahlen – auf einen Blick

Checkliste: Kennzahlen

Struktur-/Prozesskennzahlen

Rentabilitäts-Kennzahlen

- Eigenkapitalrendite
- Return on Equity
- Gesamtkapitalrendite
- Umsatzrentabilität
- Return on Invest (ROI)
- Betriebskapitalrendite
- Rohertrag
- Bruttorentabilität

- Cashflow-Kapitalrentabilität
- Cashflow-Umsatzrentabilität
- Cashflow-ROI
- Leverage-Faktor
- Direkte Produkt-Rentabilität
- Cashflow je Aktie
- Price-Earnings-Ration

Produktivitäts-Kennzahlen

- Produktivität
- Arbeitsproduktivität
- Materialproduktivität

Die wichtigsten Kennzahlen – auf einen Blick

noch: Checkliste: Kennzahlen

Wirtschaftlichkeitskennzahlen

- Deckungsbeitrag
- Deckungsbeitrag je Einheit
- Deckungsbeitrag je Produktart
- Deckungsbeitrag je Produktgruppe
- Deckungsbeitrag je Unternehmen
- Relativer Deckungsbeitrag
- Proportionaler Satz
- Deckungsbeitragssatz
- Wirtschaftlichkeitsfaktor
- Variator

Finanzierungs-Kennzahlen

- Investitionsquote
- Investitionsdeckungsgrad
- Innenfinanzierungsgrad
- Umschlaghäufigkeit der Vermögensgegenstände

Kapitalstruktur-Kennzahlen

- Eigenkapitalquote
- Anspannungskoeffizient
- Verschuldungskoeffizient
- Dynamischer Verschulungsgrad
- Kurzfristige Verschuldensintensität

Liquiditätskennzahlen

- Statische Liquiditäts-Kennzahlen
  - Liquiditätsgrad 1-3
  - Deckungsgrade A und B
- Dynamische Liquiditäts-Kennzahlen
  - Cashflow
  - Working Capital
  - Tilgungsbereitschaft
  - Zinsdeckung

Wertorientierte Kennzahlen

- Shareholder Value Analyse
- Economic Value Added
- Market Value Added
- Weighted Average Cost of Capital
- Capital Asset Pricing Model
- Discounted free Cashflow-Methode

Vermögensstruktur-Kennzahlen

- Anlagenintensität
- Vorratsintensität
- Kassenmittelintensität

Bereichskennzahlen

- Absatz
  - Umsatzstruktur
  - Umsatzindex
  - Exportquote
  - Vertriebspersonaleffizienz
  - Angebotserfolg
  - Kundenstruktur
  - Kundenindex
  - Beanstandungsquote
  - Beanstandungsstruktur
  - Marktanteil
  - Relativer Marktanteil
  - Werbegewinn
  - Verförderungs- und Werbeintensität
- Beschaffung
  - Kostenoptimale Bestellmenge
  - Optimale Zahl der Bestellungen pro Periode

noch: Checkliste: Kennzahlen

- – Beschaffungshäufigkeit in Tage
- – Mindestbestellmenge
- – Bestellstruktur
- – Durchschnittlicher Bestellwert
- – Durchschnittliche Beschaffungskosten je Bestellung
- – Lieferungsverzögerungsquote
- – Durchschnittliche Wiederbeschaffungszeit
- – Preisindex
- – Durchschnittlicher Rabattsatz
- ■ Forschung und Entwicklung
  - – Innovationsrate
  - – Entwicklungskostenanteil
  - – Struktur der Entwicklungskosten
- ■ Lagerwirtschaft
  - – Durchschnittlicher Lagerbestand
  - – Mindestbestand/Eiserner Bestand
  - – Meldebestand
  - – Lagerreichweite
  - – Lagerumschlag
  - – Durchschnittliche Lagerdauer
  - – Kapitalbindungskosten
  - – Flächenteil der Lager
  - – Kapazitätsauslastung der Lager
  - – Termintreue

Personalwirtschaft

- ■ Altersstruktur
- ■ Betriebszugehörigkeitsstruktur

- ■ Personalzugang
- ■ Fluktuationsziffer
- ■ Krankenquote
- ■ Durchschnittlicher Personalaufwand
- ■ Personalaufwandsstruktur
- ■ Leistungen je Mitarbeiter
- ■ Cashflow je Mitarbeiter
- ■ Mitarbeitereffektivität
  - – Verfügbarkeit

    Leerzeiten

    Fehlzeiten

    Fluktuation
  - – Leistung

    Unter-/Überqualifikation

    Mangelnder Leistungswille (innere Kündigung)
  - – Qualität

    Fehler im Arbeitsprozess

    Fehler im Lernprozess
- ■ Verfügbarkeitsquote
- ■ Leerzeitenquote
- ■ Überstundenzuschlagsquote
- ■ Fehlzeitenquote
- ■ Bildungsrendite

Produktion

- ■ Kapazitätsauslastungsgrad
- ■ Materialausschuss-, Materialabfall- und Materialschwundquote
- ■ Wertschöpfung
- ■ Wertschöpfungsquote
- ■ Fertigungstiefe
- ■ Durchlaufzeit der Fertigung

Basisdaten erfassen

Um Kennzahlen, wie die benannten und seit langem bekannten Kennzahlen der Betriebswirtschaft, bilden zu können, müssen Informationen aufgenommen, verarbeitet, selektiert und verstanden werden. Mit Kennzahlen können Sie nicht nur finanzielle Prozesse abbilden, sondern auch die so genannten „weichen" Prozesse. Die Erfassung von Basisdaten ist die Grundlage dieser Kennzahlen. Keine Kennzahl kann genauer sein als die zu Grunde liegende Erfassung der Basisdaten. Fehler in der Erhebung dieser Basisdaten können später eine Exaktheit vorspiegeln, die nicht gegeben ist. Jede Messung ist also einer gewissen Ungenauigkeit unterworfen, selbst beste Messinstrumente besitzen nur eine begrenzte Messgenauigkeit in einem bestimmten Rahmen. Deshalb sind alle Aussagen, die auf Grund von Messung gemacht werden, nur Wahrscheinlichkeitsaussagen, auch wenn sie oft vom Controlling auf mehrere Stellen nach dem Komma dargestellt werden. Zudem beziehen sich viele Kennzahlen auf Bezugsgrößen, deren zeitliche Aktualität oftmals fragwürdig ist. Grundsätzlich gilt, dass der Aufwand der Erfassung (auch der Kostenaufwand) durch den Informationsgehalt der daraus errechneten Kennzahl gerechtfertigt werden muss.

Mit Kennzahlen Strategien begreifbar machen

Wichtig: Die BSC soll Ihnen helfen, Ihre Strategien begreifbar zu machen. Kennzahlen sollen dazu beitragen. Die Kennzahlen, die Sie auswählen, müssen also den Erfolg Ihrer Strategie und der dazu gehörenden Prozesse widerspiegeln. Eine mögliche Hausnummer für die vier Perspektiven der BSC ist eine Anzahl von 15 – 20 Kennzahlen. Die folgende Matrix soll Ihnen eine Hilfe bei der Erstellung Ihrer Kennzahlen sein.

Anmerkung: Eine Beschreibung der Kennzahlen wollen wir uns in diesem Rahmen ersparen. Sie finden diese – ausführlich erläutert – in: *Günter Ebert*, Kennzahlen, moderne industrie, Landsberg/Lech.

Maßnahmen	Finanzen	Kunden	Leistung	Zukunft
Finanzen beherrschen	Liquidität sichern	Forderungen absichern	Kosten sparen	Finanzielle Überraschung vermeiden
Kunden zufrieden stellen	Kundenkredite vergeben	Marktstellung betonen	Kundengerechte Leistung anbieten	Mehr Kunden
Leistung verbessern	Leistung preisgünstig anbieten	Kundennutzen steigern	Leistung steigern	Niedrige Gewinnschwelle
Zukunft gestalten	Finanzielle Reserven schaffen	Neue Kunden werben	Neue verbesserte Leistung	Ziele verwirklichen

Praktische Hilfe, um Kennzahlen zu erstellen

Erläuterung der Matrix

Bitte markieren Sie die Felder, die von Ihrer Unternehmensstrategie betroffen sind. Überlegen Sie jetzt gemeinsam, welche Kennzahlen sich eignen, um die Ergebnisse (Spätindikatoren) und die Prozesse (Frühindikatoren) zu messen.

Im Folgenden finden Sie eine Liste von praxisbewährten Kennzahlen, die hilft, die entsprechenden Kennzahlen für sich zu definieren:

Praxisbewährte Kennzahlen – auf einen Blick

Kennzahlen-Pool	Vertrieb	Personal	Personalentwicklung	Controlling	EDV	Betrieb
Finanz-Perspektive	•	•	•	•	•	•
Kreditvolumen	✔	•	•	✔	•	✔
Einlagenvolumen	✔	•	•	✔	•	✔
Ausfallquote	•	•	•	✔	•	✔
Anteil elektronischer Aufträge	✔	•	•	✔	•	✔✔
Wachstum in neuen Produkten	✔✔	•	•	✔	•	•
Gewinnspanne in bestehenden Märkten	•	•	•	✔	•	•
Umsatzanteil der wichtigsten Produkte	✔	•	✔	✔	•	•

✔ = Maß der Relevanz für die genannten Bereiche (Erfahrungswerte)

Praxisbewährte Kennzahlen – auf einen Blick

noch: Kennzahlen-Pool

	Vertrieb	Personal	Personal-entwick-lung	Con-trolling	EDV	Betrieb
Umsatzanteil Neukunden	✔✔✔	•	✔	✔	•	•
Umsatzanteil neuer Produkte	✔	•	✔	✔	•	•
Umsatzwachstum je Mitarbeiter	✔✔✔	•	✔	✔	•	•
Vertriebskostenanteil	✔	•	•	✔	•	•
Umsatz aus neuen Anwendungs-gebieten	•	•	✔	✔	•	•
Umsatz im regionalen Raum	✔	•	•	✔	•	•
Umsatzwachstum außerhalb der Heimatregion	•	•	•	✔	•	•
Umsatzzieleffektivität	✔✔✔	•	✔	✔	•	•
Kündigungen	✔	•	•	✔	•	•
Kundenrückgewinnung	✔✔✔	•	✔	✔	•	•
Prozess-Bereich	•	•	•	•	•	•
Innovation	•	•	•	•	•	•
Identifikation von Kundenwünschen	•	✔	✔	✔	•	✔✔
Identifikation von Möglichkeiten zur Erfüllung von Kundenwünschen	•	✔	✔	✔	•	✔✔
Betriebliche Leistungserstellung	•	•	•	•	•	•
Bearbeitungszeit vs. Durchlaufzeit	•	✔	✔	✔	•	✔✔✔
Mit dem ersten Durchlauf erfolgreich sein	•	✔	✔	✔	•	✔✔✔
Kundendienst	•	•	•	•	•	•
Nachbetreuung vs. Nachbesserung	✔	•	✔	✔	•	✔✔
Kunden positiv überraschen	✔✔✔	•	✔	✔	•	✔✔
Kommunikation	•	•	•	•	•	•
Interne Kommunikation „Wissen wohin die Reise geht"	✔✔✔	✔	✔	✔	✔	✔
Externe Kommunikation „Was wissen die Kunden von uns?"	✔✔✔	•	✔	✔	•	✔
Konditionenquote	✔	•	✔	✔	•	✔✔
Reklamationsquote	✔	•	✔	✔	•	✔✔
Mitarbeiterproduktivität	✔✔✔	•	✔	✔	•	✔✔✔
Kunden-Bereich	•	•	•	•	•	•
Spätindikatoren	•	•	•	•	•	•
Kundenzufriedenheit	✔✔✔	•	✔	✔	•	✔
Kundentreue	✔✔✔	•	✔	✔	•	✔
Neukundenakquisition	✔✔✔	•	✔	✔	•	✔
Kundenrentabilität	•	•	•	✔	•	✔✔
Marktanteil	✔	•	•	✔	•	✔✔

✔ = Maß der Relevanz für die genannten Bereiche (Erfahrungswerte)

www.metropolitan.de

noch: Kennzahlen-Pool

Praxisbewährte Kennzahlen – auf einen Blick

	Vertrieb	Personal	Personal-entwick-lung	Con-trolling	EDV	Betrieb
Frühindikatoren	•	•	•	•	•	•
Produkt- und Serviceeigenschaften	•	•	•	✔	•	✔✔
Image und Reputation	•	•	•	✔	•	✔
Kundenbeziehungen	✔✔✔	•	✔	✔	•	✔✔✔
Kundendatenquote	✔✔✔	•	✔	✔	•	✔✔✔
Kundendatenaktualitätskennziffer	✔✔✔	•	✔	✔	•	✔✔✔
Mitarbeiter-Bereich	•	•	•	•	•	•
Spätindikatoren	•	•	•	•	•	•
Mitarbeiterzufriedenheit	✔✔✔	✔	✔	✔	✔	✔✔
Mitarbeitertreue/Fluktuation	✔✔✔	✔	✔	✔	✔	✔✔
Mitarbeiterproduktivität	✔✔✔	✔	✔	✔	✔	✔✔✔
Frühindikatoren	•	•	•	•	•	•
Fort- und Weiterbildung (Schulungsquote)	✔✔✔	✔	✔	✔	✔	✔✔
Mitarbeitermotivation	✔✔✔	✔	✔	✔	✔	✔✔
Verbesserung- und Vorschlagswesen	✔	✔	✔	✔	✔	✔
Teamfähigkeit	✔	✔	✔	✔	✔	✔✔✔
Individuelle Zielausrichtung des Managements	✔✔✔	✔✔✔	✔✔✔	✔✔✔	✔✔✔	✔✔✔
Informelle Infrastruktur des Unternehmens	✔	✔	✔	✔	✔	✔
Qualifikationsquote	✔✔✔	✔✔	✔✔	✔	✔✔✔	✔✔
Weitere Perspektiven	•	•	•	•	•	•
Lieferantenperspektive	•	•	•	•	•	•
DV-Integration mit Zulieferern	•	•	•	•	✔	•
Kreditgeberperspektive	•	•	•	•	•	•
Anzahl Kontakt der Filialleiter zu Kreditgebern	✔	•	•	•	•	•
Öffentliche Perspektive	•	•	•	•	•	•
Anzahl Kontakt zu Bürgermeistern/ Politikern	✔	•	•	•	•	•
Kommunikationsperspektive	•	•	•	•	•	•
Teilnahmequote an betriebsinternen Veranstaltungen	✔	✔	✔	✔	✔	✔
Organisationsperspektive	•	•	•	•	•	•
Aufbau Vertriebsnetz	✔✔✔	•	•	✔	•	•
Einführungsperspektive	•	•	•	•	•	•
Anwendungsgrad der BSC in allen Unternehmensteilen	✔✔✔	✔✔✔	✔✔✔	✔✔✔	✔✔✔	✔✔✔

✔ = Maß der Relevanz für die genannten Bereiche (Erfahrungswerte)

Kennzahlen einer BSC in den vier Dimensionen		
✔✔✔ = mehr ✔✔ = Standard ✔ = weniger	Frühindikatoren • kurzfristig ✔ • langfristig ✔	Spätindikatoren • kurzfristig ✔ • langfristig ✔
Perspektive Finanzen	✔✔✔ ✔	✔ ✔✔✔
Perspektive Kundenorientierung	✔✔✔ ✔	✔ ✔✔✔
Perspektive Geschäftsprozesse	✔✔✔ ✔✔	✔✔✔ ✔✔✔
Perspektive Mitarbeiter	✔✔✔ ✔	✔ ✔✔✔

Kontinuierliche Anpassung

Wer in diese Kommunikation einsteigt, begibt sich aber zugleich in einen strategischen Lernprozess, da die beteiligten Mitarbeiter (und es werden alle beteiligt) die Ziele und Maßnahmen ständig hinsichtlich der „Machbarkeit" überprüfen und ein Feedback geben. Dies Feedback kann bzw. wird dazu führen, dass sich die beteiligten Führungskräfte damit auseinander zu setzen haben und in den entsprechenden Teams offen darüber diskutiert wird. Dieses Mitdenken im Unternehmen auf allen Ebenen ist der zentrale Vorteil der BSC-Methode.

Erfolgs-Tipp:

Je mehr es im Unternehmen gelingt, diesen kommunikativen Lernprozess zu fördern, desto effizienter werden die Strategien im operativen Unternehmensalltag umgesetzt. Die Führungs-Crew im Unternehmen hat die Aufgabe, diesen Prozess am Leben zu erhalten.

Scorecard-Einführung: Erfolgsfaktoren, Chancen und Risiken

2

1. Das sollten Sie vorher wissen

Vergleicht man die Einführung der Balanced Scorecard mit dem Starten einer Raumfähre, so gilt es, die vorhandenen Energien im Unternehmen kontrolliert zu entfachen, ausgewogen zu bündeln und das Unternehmen mit gewaltigem Schub auf (neuen) Kurs zu bringen.

Ein konservatives Controlling reicht nicht mehr!

Das Risiko dabei ist: Es gelingt nicht immer! Denn die bestehenden Controlling-Systeme helfen oftmals wenig dabei. Zwar werden viele Informationen bereitgestellt; diese beschreiben aber in der Regel die Vergangenheit aus der finanzwirtschaftlichen Perspektive, wie Umsatz-, Deckungsbeiträge-, Kostenbetrachtungen. Je komplexer nun die Umwelt wird (zum Beispiel durch die Globalisierung der Lieferanten- und Absatzmärkte), desto komplexer wird das Controllingsystem. Ein konservatives Controllingsystem reicht aber nicht mehr, um aktiv neue Akzente zu setzen. Die Führungskräfte sind diejenigen, die neue Akzente setzen könnten. Wenn nun die Veränderungsmanager noch nicht im eigenen Unternehmen verfügbar sind, welche Chancen gibt es dann?

Potential-Change-System ist gefragt

Anhand des Potential-Change-System wird nachfolgend aufgezeigt, wie die Komplexität reduziert werden kann. In den einzelnen Feldern wird beschrieben, welche Potenziale angepackt werden sollten und welche Handlungsoptionen bestehen. Trotz der Praxisnähe des Potential-Change-Sytems bleibt es aber ein Modell. Wer deshalb die Balanced Scorecard erfolgreich einführen will, kommt nicht umhin genau zu schauen, was an brauchbaren Elementen bereits im Unternehmen oder eigenen Arbeitsorganisation vorhanden ist. Hierzu finden Sie einige Checklisten, um sich schnell einen Überblick verschaffen zu können und letztendlich die Frage zu stellen: Bin ich bereit für die Balanced Scorecard und ist die Balanced Scorecard passend zu meinem Unternehmen?

Achtung: Das größte Risiko besteht darin, die Balanced Scorecard auf der Grundlage eines konservativen Controlling-Systems einzuführen, dabei auf veränderungsresistente Führungskräfte zu setzen und die Unternehmenskultur dabei zu ignorieren. Mithilfe des Potential-Change-Systems und geeigneten Checklisten wissen Sie, wo Sie anpacken müssen.

2. Warum konservatives Controlling nicht mehr genügt

Die Anfänge des Controlling liegen in der Erfassung, Überprüfung und Vorausplanung von Geldeingängen und Geldausgaben. Mit der Zeit und in größeren Unternehmen gab es dann die Abteilung Rechnungswesen und später die Stabsabteilungen „Zentrales Controlling". Die Aufgabe der Stabsabteilung ist es heute, alle für die Führung und Steuerung des Unternehmens relevanten Daten zu erfassen, systematisch zu verdichten und für die unterschiedlichsten Funktionsträger zur Verfügung zu stellen.

Aufgabe des Controlling

Die Datengrundlage für das Controlling bilden Datenbestände, die an definierten Punkten erfasst werden. In den allermeisten Fällen handelt es sich dabei um Daten, die entweder sowieso erfasst werden (zum Beispiel Rechnungen, Zahlungseingänge) oder bewusst erhoben werden (zum Beispiel Lagerabgänge, Stückzahlen für Fertigteile). Diese Daten erfüllen die Funktion von so genannten Spätindikatoren, also von Kennzahlen, die rückblickend erhoben werden.

Spätindikatoren

Die Spätindikatoren haben eine hohe Aussagekraft, wenn die Zukunft vorhersehbar ist. Wenn also zum Beispiel der Lagerbestand durch Lieferung an die Produktionsabteilung reduziert wird und den Bestellbestand erreicht, muss neue Ware geordert werden. Ein anderes Beispiel: Wenn zu wenige Sparbücher verkauft (neu angelegt) werden, unterstützen Marketingmaßnahmen und Aktionstage den Vertrieb. Für die vorhersehbare Zukunft wurden effektive Planungs- und Steuerungssysteme entwickelt.

Planungssysteme

JIT und Kanban

Beispiel: ——————————————————

Beispiele für einfache und wirkungsvolle Planungs- und Steuerungssysteme sind JIT und Kanban. JIT steht dabei für „Just in time": Die benötigten Teile werden unmittelbar vor Montage vom LKW ans Produktionsband geliefert. Die ehemals großen Lagerbestände konnten dadurch aufgelöst und durch „fahrende Lager" ersetzt werden. Ein weiteres Prinzip ist das Kanban, das dafür steht, dass Material nur bei konkreten Bedarf angefordert und kurzfristig zur Verfügung gestellt wird. In der Automobilindustrie wurden die Planungs- und Steuerungssysteme im Laufe der Zeit perfektioniert und zu unternehmensübergreifenden Ordersystemen zwischen Automobilhersteller und Zulieferunternehmen ausgebaut. Andere Branchen versuchen diesem Ansatz nachzufolgen.

Frühwarn-system

Solche rückblickenden Planungs- und Steuerungssysteme greifen nicht mehr, wenn sich der Markt, die Technologien und die Rahmenbedingungen schnell und nicht vorhersehbar verändern. Das konservative Controlling-System ist an dieser Stelle untauglich, weil es rückblickend nicht die Zukunft vorwegnehmen kann. Hier ist die Intuition, die Marktkenntnis und die Innovationskraft der Führungskräfte gefragt, die sich ein entsprechendes Frühwarnsystem aufbauen.

Erfolgs-Tipp:

Die Globalisierung der Märkte und die neuen Technologien erfordern von den Unternehmen ein ständiges Vorwegnehmen der Zukunft und ein effektives Frühwarnsystem. Rückwärtsorientierte Planungs- und Steuerungssysteme, die ausschließlich mit Spätindikatoren arbeiten, sind dafür nur eingeschränkt tauglich.

Die folgende Checkliste, mit der Sie feststellen können, ob Ihr Unternehmen ein konservatives Controlling-System hat, ist der erste Schritt der Scorecard-Implementierung.

Checkliste: Konservatives Controlling		
	Ja	Nein
■ Gibt es in Ihrem Unternehmen eine Controlling-Abteilung?	☐	☐
■ Werden wöchentlich/monatlich Reports zur Verfügung gestellt?	☐	☐
■ Sind Ihnen die Unterlagen zugänglich?	☐	☐
■ Wenn Ihnen die Unterlagen zugänglich sind, sind alle Angaben verständlich?	☐	☐
■ Leiten Sie aus den Informationen konkrete Maßnahmen ab?	☐	☐
■ Helfen Ihnen die Daten, die zukünftigen Entwicklungen und Anforderungen an Sie abzuschätzen?	☐	☐
■ Empfinden Sie die Controlling-Daten eher als Spätindikatoren?	☐	☐
■ Wie schätzen Sie den Markt aus dem Blickwinkel Ihrer Tätigkeit ein, eher statisch?	☐	☐
■ Sind Jahresziele für Ihren Bereich vereinbart worden?	☐	☐
■ Würden Sie eher von frei vereinbarten Jahreszielen sprechen (oder Zielvorgaben)?	☐	☐

Seien Sie ehrlich – zu sich und Ihrem Unternehmen!

Auswertung

Bei vier „Ja-Antworten" haben Sie ein recht gut funktionierendes „konservatives Controlling".

3. Warum Change Management notwendig ist

Change Management

In der Literatur wird viel über Change Management geschrieben, wie Veränderungsprozesse gestaltet werden sollten und woran sie scheitern. Gleichwohl gibt es keine Anmerkungen darüber, wie Manager mit Veränderungen umgehen sollten oder besser sogar zum Veränderungsmanager werden. Die Balanced Scorecard hat nicht den Anspruch, die Führungskraft zu ersetzen, sondern die Veränderungsmanager im Unternehmen zu unterstützen. Ein Risiko bei der Einführung der Balanced Scorecard ist daher, dass im Unternehmen zu wenige ausgebildete und erfahrene Veränderungsmanager vorhanden sind.

Über die Tätigkeiten von Managern und die Anforderungen an Manager wird immer wieder geschrieben und reflektiert. Auch sind Veränderungen und der Umgang der Manager mit den Veränderungen ein beherrschendes Thema im Unternehmensalltag. Was liegt also näher als den Veränderungsmanager zu kreieren.

Anforderungsprofil eines Veränderungsmanagers

Was aber ist nun dieser Veränderungsmanager? Ist es nur der moderne Manager, oder handelt es sich hierbei wirklich um ein neues Anforderungsprofil? Muss der Manager von heute all das beherrschen, was dem Veränderungsmanager zugesprochen wird, oder müssen Unternehmen bei der Auswahl bzw. Entwicklung von Veränderungsmanagern besondere Maßstäbe anlegen, da sie eben nicht von jedem Manager die Qualifikationen eines Veränderungsmanagers erwarten können?

Wichtig: Den Fragen zum Anforderungsprofil gehen die folgenden Abschnitte nach. Dabei werden zunächst die Anforderungen an einen Manager skizziert, um dann die besonderen Herausforderungen an einen Veränderungsmanager zu verdeutlichen.

Definition: Manager

Übersetzt aus dem Englischen bedeutet „to manage" handhaben, verwalten, leiten oder führen. Ein Manager ist demzufolge eine mit weit gehender Verfügungsgewalt und Entscheidungsbefugnis ausgestattete leitende Persönlichkeit eines Unternehmens. Er nimmt eine Vorgesetztenfunktionen wahr und ist mit der Steuerung der Leistungserstellung betraut. Zu seinen Kernaufgaben gehören Planung, Organisation, Personaleinsatz, Führung und Kontrolle (vgl. Steinmann/Schreyögg 1997, Seite 8), immer bezogen auf den eigenen Verantwortungsbereich. Diese Aufgaben lassen sich nur mit intensiver Kommunikation erfolgreich bewältigen, so dass Manager zwischen 70 und 90 Prozent ihrer Zeit mit Kommunikation verbringen.

Die Aufgaben der einzelnen Managementebenen unterscheiden sich hinsichtlich der Breite des Verantwortungsbereiches und des vorhandenen Abstraktionsgrades bezogen auf die Kernaufgabe der organisatorischen Einheit. Top-Manager entwickeln die Unternehmensstrategien und bestimmen die generelle Ressourcenverteilung für die einzelnen Geschäftsfelder. Das mittlere Management operationalisiert diese Strategien und legt die Ressourcenzuweisung auf die einzelnen Verantwortungsbereiche fest. Die Manager der unteren Ebene agieren als operative Vollstrecker der operativen Planung, bezogen auf den eigenen Verantwortungsbereich vor dem Hintergrund fester Budgets und Vorgaben.

Ebenen des Managements

Wichtig: Alle Manager aller Ebenen sollten darüber hinaus gleichermaßen über die drei Schlüsselkompetenzen verfügen, die als die Basis für den Erfolg eines Managers gesehen werden:

Schlüsselkompetenzen

- Technische Kompetenz, das ist die fundierte Sachkenntnis des Managers und die Fähigkeit, sein theoretisches Wissen auf ein konkretes Problem zu transferieren

- Konzeptionelle Kompetenz, also die Fähigkeit, die eigenen Abläufe in das Gesamtsystem der betrieblichen Abläufe einzuordnen, in einem gewissen Rahmen Zusammenhänge zu erkennen und – durch die Fähigkeit des Perspektivwechsels – die eigenen Handlungen wertschöpfend in den Gesamtunternehmenszusammenhang integrieren zu können

■ Soziale Kompetenz meint die Fähigkeit des Managers, mit anderen Menschen effektiv zusammenzuarbeiten, sowohl als Teammitglied als auch als dessen Leiter. Da er sich in einem Beziehungsgeflecht aus Mitarbeitern, Kollegen, Vorgesetzten (auch bei Top-Managern gibt es Vorgesetzte wie zum Beispiel den Aufsichtsrat) und der Unternehmens-Umwelt, zum Beispiel Kunden, Behörden befindet, muss er grundsätzlich offen für Menschen sein, sich für sie und ihr Handeln interessieren und Kooperationsbereitschaft mitbringen

Achtung: Bei all dem, was der Manager tut (ausgenommen seien hier die Unternehmensleiter), handelt er primär in einem fachlich eingegrenzten Umfeld, eingebunden in bekannte soziale Systeme und trifft, unter der Voraussetzung einer existenten operativen und strategischen Planung, auf ein für ihn relativ stabiles Handlungsumfeld.

Welche Herausforderungen werden an den Veränderungsmanager gestellt?

Ähnlich, aber nicht gleich

Wenn Sie den Veränderungsmanager als Manager verstehen, der den Veränderungsprozess aktiv steuernd begleitet, so muss auch er planen, organisieren, Personaleinsatz planen, führen und auch controllen. Auch er braucht technische, konzeptionelle und soziale Kompetenz. Vielleicht in einer anderen Gewichtung als der Manager? Liegt hierin der Schlüssel zum Verständnis des Unterschiedes? Gibt es überhaupt signifikante Unterschiede in der Tätigkeit des Veränderungsmanagers gegenüber dem Manager?

Veränderungen sind global systemisch und selbstreferenzielle Prozesse

Ein Zugang zum Verständnis des Unterschiedes zwischen dem Manager und dem Veränderungsmanager liegt im Veränderungsprozess selber. Große Veränderungsprozesse – das sind die, die hier betrachtet werden sollen – sind global systemisch und selbstreferenziell. Das bedeutet:

- Sie betreffen das gesamte Unternehmenssystem und somit alle organisatorischen Einheiten (global systemisch) und

- alle Beteiligten inklusive des Veränderungsmanagers und seines Auftraggebers sind als Teil des Systems, das verändert wird, von der Veränderung betroffen. Sie sind somit ab einem bestimmten Zeitpunkt des Prozesses selbst Teil der Veränderung (selbstreferenziell).

Vor diesem Hintergrund ergeben sich weitreichende Anforderungen an einen Veränderungsmanager, die echte Herausforderungen darstellen.

Herausforderung 1: Aktiv kulturprägend anstatt kulturlebend

Unternehmenskultur umfasst die Gesamtheit der in einem Unternehmen tradierten, wandelbaren, zeitspezifischen, jedoch auch über Symbole und Artefakte erfahrbaren Wertvorstellungen, Denkhaltungen und Normen, die das Denken und Verhalten von Mitarbeitern aller Stufen sowie das Erscheinungsbild des Unternehmens prägen (vgl. Wunderer 1997, Seite 115). Unternehmenskultur im Allgemeinen ist das Ergebnis eines evolutionären Prozesses, der erfolgreiche von nicht erfolgreichen Verhaltensweisen in der Sozialgemeinschaft Unternehmen unterscheidbar gemacht hat. Die Organisationsmitglieder leben diese Unternehmenskultur.

Unternehmenskultur

Bei Veränderungsprozessen geht es auch immer darum, existente Normen und Werte zu verändern und diese den neuen Anforderungen an das Unternehmenssystem anzupassen. Nicht selten werden bisher gelebte und als erfolgreich eingestufte Verhaltensweisen unter den neuen Rahmenbedingungen als unerwünscht und nicht erfolgreich angesehen. Um als Unternehmen weiterhin

Kulturwandel

am Markt existieren und agieren zu können, bedarf es in vielen Fällen eines revolutionären Unternehmenskulturwandels.

Widerstände erkennen

Erfolgs-Tipp:

Eigenständig aus dem Unternehmen heraus und ohne interne oder externe Treiber, das zeigen die Erfahrungen aus der Beratungspraxis, gelingt dies Vorhaben selbst unter großem wirtschaftlichen Druck nur selten. Hier ist der Veränderungsmanager in seiner Rolle als Treiber des Prozesses gefragt. Von ihm sind Ansatzpunkte zu finden, an denen ins Unternehmen hinein verdeutlicht werden kann, dass sich „die neuen Spielregeln" lohnen; das bedeutet, dass nachhaltiger Erfolg für jeden Einzelnen und das Unternehmen insgesamt nur unter Einhaltung der neuen Werte und Normen erreicht werden kann. Dabei ist die Kenntnis der unternehmenskulturell historischen Gegebenheiten von entscheidender Bedeutung: Sie sichert den emotionalen Zugang zu den Mitarbeitern und bietet die Möglichkeit, auftretende Widerstände bereits im Vorfeld zu erkennen, zu thematisieren und zu beheben.

Achtung: Diese Anforderungen sind an einen Manager in nur sehr begrenztem Umfang zu stellen. Er soll den Unternehmenskulturwandel primär leben, muss ihn aber nicht erstmalig prägen. Sein Vormachen ist Nachmachen bereits vollzogener Veränderungen auf der Ebene des Veränderungsmanagers.

Herausforderung 2: Vertrautsein im Umgang mit Unsicherheit anstatt Handeln bei eingeschränktem Risiko

Entscheidungen bei Unsicherheit

Die Entscheidungstheorie definiert Entscheidungen bei Risiko als Entscheidungen, bei denen der zukünftige Umweltzustand zum Entscheidungszeitpunkt unbekannt ist, der Entscheidungsträger den möglichen Umweltzuständen aber Eintrittswahrscheinlichkeiten zuordnen kann. Können für den Eintritt der relevanten Umweltsituationen noch nicht einmal mehr Eintrittswahrscheinlichkeiten angegeben werden, handelt es sich um Entscheidungen bei Unsicherheit (vgl. Pietschmann/Vahs, 1997).

Entscheidungen bei Risiko sind typisch für die Entscheidungssituationen eines Managers. Er handelt vor dem Hintergrund eines vorgegebenen und je nach Planungssystematik von ihm beeinflussbaren operativen Rahmens. Eintrittswahrscheinlichkeiten werden durch die Bewertung vorhandener Planungsalternativen vorweggenommen. Das Entscheidungs- und Handlungsrisiko des Managers ist damit deutlich eingeschränkt.

Entscheidungen bei Risiko

Ganz anders verhält es sich beim Veränderungsmanager. Er hat diesen Rahmen nicht. Entscheidungen, die von ihm getroffen werden müssen, betreffen den Veränderungsprozess und damit ein Vorhaben mit hochgradig unsicherem Verlauf. Diese Unsicherheit ergibt sich aus dem Zusammenspiel von Menschen mit unterschiedlichen lebensgeschichtlichen Hintergründen und unterschiedlicher Bereitschaft zur Veränderung, bei der Umsetzung neuer Verhaltensweisen in zumeist neuen Abläufen und Strukturen.

Fähigkeiten des Veränderungs- managers

Achtung: Das erfordert vom Veränderungsmanager flexibles, zeitpunktbezogenes und gleichzeitig strategisches und systemisches Agieren, mit dem Bewusstsein, durch die Einführung starrer Regeln und Regelungen für den Ablauf des Veränderungsprozesses nur eine Scheinsicherheit herbeizuführen.

Herausforderung 3: Soziale Systeme verbinden anstatt in bekannten sozialen Systemen agieren

Global systemisches Handeln erfordert die Einbindung aller sozialer Systeme eines Unternehmens in den Veränderungsprozess. Geht es um Veränderung, tun sich zudem neue, bisher unbekannte und eventuell auch unvermutete Allianzen auf. Mit dem Gespür für „wie der Betrieb tickt" kann es gelingen, die unter-

Systemisches Handeln

schiedlichen Gruppen und den Einzelnen für die Veränderung zu gewinnen. Dieses hierfür notwendige erhöhte Maß an Sozialkompetenz ist entscheidend für den Erfolg des Veränderungsprozesses.

Sozial-
kompetenz

Auch der Manager muss Sozialkompetenz aufweisen, um in seinem Umfeld erfolgreich zu sein. Dieses Umfeld aber ist begrenzt auf seinen Verantwortungsbereich und die Schnittstellen des Verantwortungsbereiches zur internen und externen Unternehmensumwelt.

Achtung: Darüber hinaus ist bei den Sozialpartnern des Managers eine gewisse Beständigkeit beobachtbar, was wiederum nur wenig Änderungsnotwendigkeit des für erfolgreiches Handeln notwendigen Sozialverhaltens zur Folge hat.

Herausforderung 4: Nach innen und außen kommunikativ
auf breiter Basis steuern

Werben
für die
Veränderungen

Dass, um den Veränderungsprozess erfolgreich zu gestalten und zu begleiten, im Unternehmen für die Veränderungsnotwendigkeit sensibilisiert werden muss, ist unstrittig (vgl. Pietschmann, 1997). Gleichzeitig ist es darüber hinaus wichtig, im Umfeld des Unternehmens für die Veränderung zu werben. Dieses Werben wird umso bedeutender, wenn das Unternehmen direkte Dienstleistung am Kunden durch die Mitarbeiter des Unternehmens erbringt, da sich die Veränderung dann direkt spürbar für die Kunden

- durch Reduktion oder Ausweitung der Dienstleistungsstandorte nach einer Reorganisation (direkt nachweisbar sichtbar)

- oder durch Verhaltensänderung der Mitglieder des Unternehmens gegenüber dem externen Unternehmensumfeld, zum Beispiel nach einer Neudefinition der Kundensegmente und der jeweiligen Betreuungsintensität (indirekt unternehmenskulturverändernd spürbar), auswirkt.

Sicher ist, und das unterstreicht die Notwendigkeit offensiver externer Kommunikation durch den Veränderungsmanager, dass das externe Unternehmensumfeld durch Fragen und Reaktionen den Veränderungsprozess hinterfragen wird und nachvollziehen will. Je nachdem, wie es dem Veränderungsmanager gelingt, das Unternehmensumfeld für die Veränderung zu gewinnen, werden die Gespräche Motivation („Sie werden es schon schaffen" – „Sie bekommen die neuen Dinge auch noch hin") oder Destabilisierung („Welchen Sinn sehen Sie denn in der Veränderung?" – „Ist Ihnen das nicht langsam alles zu viel?") bewirken.

Externe Kommunikation

Achtung: Eine gleichermaßen umfassende Kommunikationsanforderung an den Manager ist im Arbeitsalltag des Managers nicht zu beobachten.

Herausforderung 5: Unabhängig und durchsetzungsstark anstatt parteiisch und eingebunden

Immer wieder ist im Beratungsalltag zu beobachten, wie Veränderungsprozesse vom Auftraggeber infrage gestellt werden, wenn Veränderungen des Aufgaben-, Macht- und Einflussbereiches des Auftraggebers akut werden. Aus dieser bereits erwähnten Selbstreflektivität des Veränderungsprozesses ergibt sich die Notwendigkeit, der emotionalen und sachlich-fachlichen Unabhängigkeit sowie der Durchsetzungsstärke des Veränderungsmanagers, wenn der Veränderungsprozess erfolgreich zu Ende geführt werden soll. Gleiches gilt, wenn politische Fraktionen im Unternehmen auf den Veränderungsmanager beeinflussend einwirken wollen.

Selbstreflektion

Achtung: Soll ein Manager seine Themen umsetzen, so tut er dies in dem Wissen, dass sein Auftraggeber ihm bei Bedarf den Rücken stärkt. Ferner ist Unabhängigkeit gar nicht gefragt, wenn es darum geht, parteiischen Interessen einer Unternehmenseinheit Geltung zu verschaffen.

Wie viele Veränderungsmanager braucht es?

Der Start und die Intensität des Veränderungsprozesses entscheidet über die Anzahl notwendiger Veränderungsmanager.

Evolution oder Revolution?

Manager sind als Führungskräfte aufgefordert, den eigenen Verantwortungsbereich auf Veränderungen mit vorzubereiten, sie mit zu begleiten und für deren erfolgreiche Umsetzung mit zu sorgen. Müssen sie damit denselben Anforderungen genügen, denen auch Veränderungsmanager genügen müssen? Ist der Manager dann doch einem Veränderungsmanager gleichzusetzen? „Ja" und „Nein" kann die Antwort lauten. Ausschlaggebend für die Beantwortung ist das Design des Veränderungsprozesses, also die Frage, wird evolutionär im Kleinen oder revolutionär in der Breite verändert.

Promotor in der Evolution

Bei einer evolutionären Veränderung kann der Veränderungsmanager Schritt für Schritt, d.h. zum Beispiel „Organisationseinheit für Organisationseinheit" oder „Prozess für Prozess" oder „Hierarchieebene für Hierarchieebene" den Veränderungsprozess begleiten. In diesem Fall ist (nur) die unterstützende Mitwirkung des Managers gefragt. Zudem bekommt der Manager zusätzliche Handlungssicherheit, da er sich bei der Begleitung an bereits erfolgreichen Umsetzungen der Veränderung in anderen Bereichen des Unternehmens orientieren kann.

Veränderungsmanager für die Revolution

Bei einer revolutionären Veränderung, die in die Breite geht und somit das gesamte Unternehmen zeitgleich erfasst, sind viele Menschen gefragt, die mit hoher Kompetenz für Veränderungsprozesse und an einem Strang ziehend die Veränderung mit großer Leidenschaft treibend umsetzen. In diesem Veränderungsfall braucht der Veränderungsmanager und sein Team die kompetente Unterstützung aller Manager.

Achtung: In dieser Veränderungssituation müssen alle beteiligten Manager Veränderungsmanager sein.

Wovon hängen Erfolg und Misserfolg ab?

Die Weitsicht der Initiatoren der Veränderung entscheidet mit über den Erfolg oder Misserfolg der Veränderungsmaßnahme.

Bei der Anzahl der zu beobachtenden Vorträge, Seminare und Veröffentlichungen zum Thema „Change Management" müsste man davon ausgehen können, dass allen Verantwortlichen in Unternehmen die Grundlagen der Gestaltung von Veränderungsprozessen bekannt sind. Immer häufiger ist in der Beratungspraxis diese These bestätigend zu beobachten, dass die drei Phasen des Veränderungsprozesses „Unfreezing, Changing & Refreezing" (vgl. Pietschmann, 1997) in weiten Teilen beachtet werden. Den krassen Gegensatz dazu bildet die ebenfalls beobachtbare fehlende Einsicht, Veränderungsmanager frühzeitig für die Begleitung des Veränderungsprozesses zu qualifizieren.

Führungskräfte rechtzeitig qualifizieren

Deutlich erkennbar ist, dass der Veränderungsprozess mit den herkömmlichen Bordmitteln nicht zu bewältigen ist. Die hohe Kunst der Unternehmensführung (und der Unternehmensleiter) besteht, bezogen auf Veränderungsprozesse, daher nicht nur darin, den Prozess in seinen drei Phasen gut zu planen, sondern zeigt sich auch in der wahrgenommenen weitsichtigen Verantwortung für das Unternehmen, frühzeitig die je nach Intensität des Veränderungsprozesses richtige Anzahl von Mitarbeitern in Führungspositionen zu Veränderungsmanagern zu qualifizieren.

Der unternehmerische Erfolg lässt sich nicht nur in Zahlen-Daten-Fakten, Bilanzsummen oder Aktienkursen messen. Nachhaltiger Erfolg wird sich nur dann einstellen, wenn die Herausforderungen der Zukunft proaktiv gemeistert werden. Dazu wird es notwendig sein, Veränderungskompetenz in breitem Maße in Unternehmen zu etablieren.

Veränderungs-kompetenz etablieren

Veränderungs-kompetenz im Unternehmen muss vor-handen sein

Erfolgs-Tipp:

Die Balanced Scorecard kann als Frühwarnsystem eingesetzt werden. Vorbedingung dafür ist, dass hinreichend Veränderungskompetenz im Unternehmen vorhanden ist. Abhängig von der Ausgangslage im Unternehmen braucht es für die Einführung der Balanced Scorecard Promotoren oder Veränderungsmanager: Bei einem evolutionären Prozess braucht es Manager, welche die Einführung aktiv unterstützen. Revolutioniert die Balanced Scorecard zum Beispiel das konservative Controllingsystem, so sind solide ausgebildete Veränderungsmanager gefragt.

Die folgende Checkliste ist der Studie „Erfolgsfaktoren des Veränderungsmanagements" von Management Partner MPower GmbH entnommen. Die Erfolgswerte aus der Beratungspraxis können Sie auf der nächsten Seite erfahren.

Checkliste: Veränderungsmanager

Über welche Kernkompetenzen müssen Führungskräfte verfügen, um einer aktiv gestaltenden Rolle (= „Veränderungsmanager") in Veränderungsprozessen gerecht werden zu können?

Bitte die nachfolgenden Kriterien in der rechts nebenstehenden Tabelle bewerten und ankreuzen.

	Starke Ausprägung notwendig		Geringe Ausprägung erforderlich		Keine Relevanz
	++	+	–	––	
■ Veränderungen vorleben.	☐	☐	☐	☐	☐
■ Komplexität reduzieren.	☐	☐	☐	☐	☐
■ Beziehungen knüpfen.	☐	☐	☐	☐	☐
■ Konflikte konstruktiv auflösen.	☐	☐	☐	☐	☐
■ Systematisch denken.	☐	☐	☐	☐	☐
■ Vorausschauend agieren.	☐	☐	☐	☐	☐

noch: Checkliste: Veränderungsmanager

Bitte die nachfolgenden Kriterien in der rechts nebenstehenden Tabelle bewerten und ankreuzen.	Starke Ausprägung notwendig		Geringe Ausprägung erforderlich		Keine Relevanz
	++	+	–	– –	
■ Freiräume ausnutzen.	☐	☐	☐	☐	☐
■ Über Abteilungen und Hierarchien hinweg fachlich vernetzen.	☐	☐	☐	☐	☐
■ Unterschiedliche Interessen integrieren.	☐	☐	☐	☐	☐
■ Systematisch und methodisch vorgehen.	☐	☐	☐	☐	☐
■ Akzeptanz bei Mitarbeitern für Veränderungen schaffen.	☐	☐	☐	☐	☐
■ Teamorientiert arbeiten.	☐	☐	☐	☐	☐

Wenn Sie die Führungskräfte in Ihrem Unternehmen insgesamt charakterisieren sollten: Wie hoch ist der Erfüllungsgrad der oben genannten Kernkompetenzen?

```
├────┼────┼────┼────┼────┼────┼────┼────┼────┼────┤
0 %   10 %  20 %  30 %  40 %  50 %  60 %  70 %  80 %  90 % 100 %
```

Auswertung der Checkliste

Der überwiegende Teil der befragten Geschäftsführer und Vorstände meinte, dass für Führungskräfte, die eine aktiv gestaltende Rolle in Veränderungsprozessen übernehmen, die zwölf (oben aufgeführten) Kompetenzen mit starker Ausprägung notwendig sind.

Bei der Frage nach der Charakterisierung ihrer Führungskräfte insgesamt gaben die Geschäftsführer und Vorstände an: Der Erfüllungsgrad der zwölf Kernkompetenzen liegt zwischen 25 Prozent und 88 Prozent. Der Durchschnitt beträgt: 58,29 Prozent.

Die oben genannten zehn Kriterien, durch die sich die Geschäftsführer und Vorstände in der Vergangenheit bei Veränderungsprozessen leiten ließen, wurden überwiegend als „stark handlungsleitend" bewertet.

Insgesamt ist festzustellen, dass die Anzahl und der Qualifikationsgrad (in Hinblick auf die Kernkompetenzen) oft nicht ausreichen, um Veränderungsprozesse sicher, effektiv und mit nachhaltiger Wirkung durchzuführen.

4. Welche Chancen ein Potential-Change-System bietet

Das Potential-Change-System (PCS) ist eine vernetzt modulare Lösung für Veränderungsmanager.

Gesamt-unternehmen

Bei der Einführung der Balanced Scorecard steht der Veränderungsmanager im Mittelpunkt. Dabei ist nicht gemeint, dass sich alles um ihn dreht. Vielmehr sollten bei ihm die Informationen aus den unterschiedlichsten Bereichen zusammenlaufen. Erst dann kann er im Sinne des Gesamtunternehmens und des Veränderungsprozesses zielorientiert handeln.

Komplexes Abbild

Achtung: Die Balanced Scorecard bietet eine strikte Hierarchie der Ziele an, gleichzeitig legt sie nahe, das Gesamtunternehmen aus den vier Perspektiven (siehe Seite 30 f.) zu betrachten. Verbunden mit den Veränderungen im Markt und den Veränderungen im Unternehmen wie Optimierung der internen Prozesse, Wissensmanagement, Personalentwicklung usw. ergibt sich daraus ein komplexes Abbild des Unternehmens.

Systemische Betrachtung

Damit diese Komplexität beherrschbar wird, kann zum Beispiel der systemische Ansatz gewählt werden. So wird das Unternehmen hierbei als ein System definiert, das mit anderen Systemen wie Kunden, Lieferanten, politischen Systemen usw. in Verbindung steht. Das Unternehmen selbst besteht nun wiederum aus Subsystemen, die in der Regel nicht mit den bestehenden Organisationsstrukturen übereinstimmen.

www.metropolitan.de

Wählt man den Fokus auf ungenutzte Potenziale, um die Komplexität zu reduzieren, so eignet sich hierfür das Potential-Change-System (PCS).

Fokus auf Potenziale

- **P** steht für die Potenziale im Unternehmen, im Markt, bei den Kunden und in den Human Resources des Unternehmens, den Führungskräften und Mitarbeitern

- **C** steht für die Veränderung zum ganzheitlich kundenorientierten Erfolgsunternehmen

- **S** steht für ein vernetztes System von Instrumenten zur Steigerung von Effektivität und Erfolg

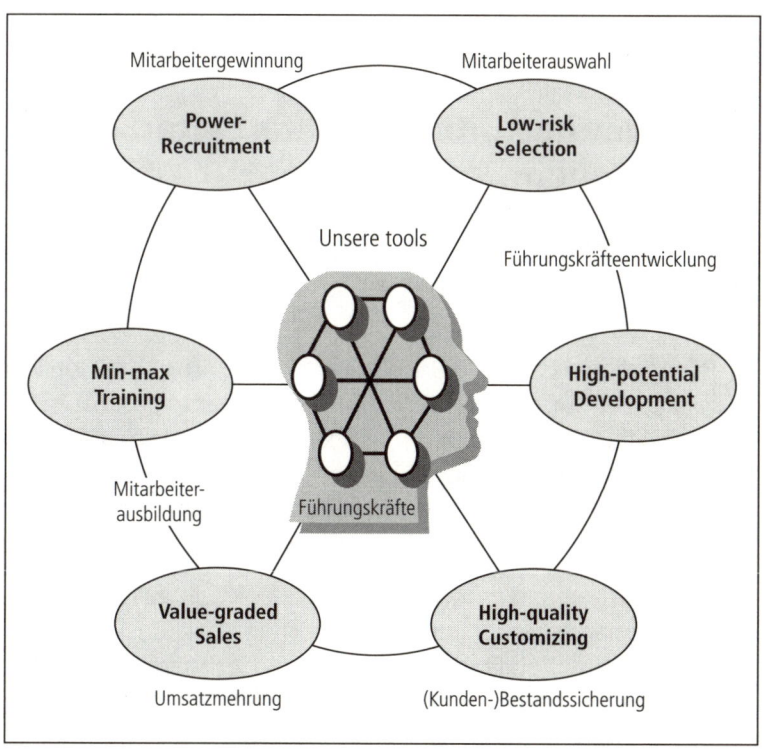

Spezifische Risiken

Die Veränderung jedes Subsystems beeinflusst das Gesamtsystem und birgt spezifische Risiken. Anhand von konkreten Beispielen sollen diese Risiken sowie Chancen für die erfolgreiche Veränderung aufgezeigt werden.

Erfolgs-Tipp:

Es liegt an den Veränderungsmanagern, die spezifischen Risiken bei der Einführung der Balanced Scorecard zu erkennen. Wenn es dann gelingt, den Risiken angemessen zu begegnen und die Chancen zu nutzen, so können die vorhandenen Kräfte im Unternehmen mobilisiert und auf die ungenutzten Potenziale mithilfe des Potenzial-Change-Systems ausgerichtet werden.

5. Power-Recruitment: Mitarbeiter gewinnen

Power-Recruitment ist eine zentral gesteuerte, effektive Methode der Gewinnung von Mitarbeitern.

Informations-gesellschaft

Im Zeitalter der Informationsgesellschaft gewinnt das Wissensmanagement zunehmend an Bedeutung. Damit tritt das persönliche Wissen in den Hintergrund und das Management von Wissen gewährleistet, die richtigen Informationen zur richtigen Zeit am richtigen Ort zur Verfügung zu haben. Elektronische Hilfsmittel, Kenntnisse über geeignete Suchstrategien und die Mitarbeiter mit den geeigneten Potenzialen ebnen den Weg zum Erfolg.

Radikale Veränderung

Wie groß ist nun die Veränderung wirklich? In naher Zukunft nimmt niemand der jungen Generation ein Lexikon im Bücherschrank zur Hand oder schlägt im Organisationshandbuch im Unternehmen oder dem Monatsbericht aus der Marketingabteilung nach.

Vielmehr werden die Informationen im Computer abgerufen, kurz eben mal im Internet gesurft und die Verkaufszahlen aus dem Data Warehouse des Händlers (= Informationslieferung auf Bestellung) abgerufen. Wem dafür das notwendige Wissen fehlt, kann entweder morgens im Internet ein Trainingsvideo anschauen oder ein computergestütztes Lernprogramm auf seinen Computer herunterladen.

In den Unternehmen werden die Vorteile der neuen Medien ebenso Einzug halten wie der Ausbau der Fähigkeiten zur effektiven Kommunikation und zur effizienten Zusammenarbeit. Unterstellt man dem Unternehmen klare Ziele, so ist die Gewinnung von Mitarbeitern bereits eine strategische Entscheidung.

Unternehmens-ziele

Wichtig: Das professionelle Recruitment (Gewinnung von Mitarbeitern) entscheidet darüber, welche Potenziale das Unternehmen an Bord nimmt und worauf es in der Zukunft zurückgreifen kann. Um hier eine solide Basis zu schaffen, sollten schon vor der Vertragsunterzeichnung optimale Voraussetzungen für die spätere Zusammenarbeit und Integration der neuen Mitarbeiter geschaffen werden.

Professionelles Recruitment

Im Folgenden wird am Beispiel eines Versicherungsunternehmens aufgezeigt, für welche Situation sich das Power-Recruitment eignet und welche Chancen und Risiken bei der Einführung der Balanced Scorecard hierbei bestehen.

Interessantes Fallbeispiel: Versicherungsbranche

Die Versicherung AG sucht qualifizierte Bewerber für die eigene Vertriebsorganisation. Die Vorstellung potenzieller Bewerber ist aber oft vom Negativimage der Branche geprägt, weswegen sich viele Interessenten nicht bewerben. Hinzu kommt, dass die Bewerber sich die Arbeit des Verkäufers im Außendienst nicht richtig vorstellen können.

Zu wenige qualifizierte Bewerber

Die Folge ist, die Auswahl geeigneter Mitarbeiter ist schwierig, da es zu wenig qualifizierte Bewerber gibt, um wirklich auswählen zu können. Zudem schätzen die Bewerber ihre Frustrationstoleranz zu hoch ein und verkraften erfolglose Verkaufsgespräche in der Praxis nicht wirklich.

Geringes Werbebudget

Das jeder Führungskraft bereitgestellte Werbebudget reichte nicht aus, um einen imageträchtigen Auftritt am Bewerbermarkt zu erreichen. Zudem gelang es nur wenigen Führungskräften, die Realität des Verkaufsalltages richtig zu übermitteln. Die Führungskräfte der Versicherungs AG haben daher zu oft eher mittelmäßige Bewerber eingestellt.

Risiken in der Versicherungsbranche

Finanzwirtschaftliche Perspektive

In der Vergangenheit wurden in den meisten Versicherungsgesellschaften im Vertriebscontrolling Kennzahlen zu Verfügung gestellt. Sie zeigten auf, wieviel Umsatz ein Mitarbeiter im Durchschnitt macht und wie viele Mitarbeiter deshalb eine Führungskraft braucht, um die vorgegebenen Umsatzziele zu erreichen. Andere Zahlen verdeutlichten, wie hoch die durchschnittliche Verweildauer von Anfängern im Versicherungsbereich ist und wie viele Besuche der Anfänger braucht, um einen Umsatz zu generieren. Das größte Risiko besteht nun darin, die finanzwirtschaftliche vor die anderen Perspektiven zu stellen und das Dilemma der Führungskräfte weiter aufrechtzuhalten.

Interne Prozesse

In Versicherungen wird in vielen Bereichen nach dem Gesetz der großen Zahlen kalkuliert und gehandelt. In Bezug auf die Einstellung neuer Mitarbeiter ergab sich danach folgendes Bild: Möglichst viele Bewerbungsgespräche führen, möglichst viele Mitarbeiter gewinnen und mal schauen, wer sich im Verkaufsalltag durchsetzt und Umsatz generiert. Und wenn der Mitarbeiter abspringt, so bleiben doch ein paar Mark Umsatz bei der Führungskraft hängen.

Spätestens mit der Einführung der Fachausbildung im Versicherungswesen geht diese Rechnung für die Versicherungs AG nicht mehr auf. Die Ausbildung verursacht hohe Kosten, und die neuen Mitarbeiter können während der Ausbildung keinen Umsatz schreiben. Fluktuiert der Mitarbeiter innerhalb der ersten zwei Jahre, hat er der Versicherungs AG mehr gekostet, als er an Ertrag gebracht hat.

Die Kundenperspektive wird in der Regel unterschätzt. Sowohl der potenzielle Bewerber als auch der potenzielle Kunde, der von einem Anfänger in Versicherungsfragen beglückt wird, ist mit dem Angebot der Versicherungs AG unzufrieden.

Kunden-perspektive

Wichtig: Die wenigsten Führungskräfte können erklären, wieso sie einen Bewerber für geeignet halten. Es fehlt an Instrumenten, um Potenziale zu erkennen und zu bewerten. Aber: Das ausgefeilte Analyseinstrument verhilft nicht zu mehr qualifizierten Bewerbern, aus denen ausgewählt werden kann. Sobald Einzelmaßnahmen nicht in einem Gesamtkonzept zur Gewinnung neuer Mitarbeiter integriert sind, werden Versuche zur Veränderung des Systems oder die Einführung geeigneter Kennzahlen scheitern.

Lernperspektive

Chancen in der Versicherungsbranche

Die wesentlichen Chancen des Power Recruitment liegen darin, das Dilemma der Führungskräfte zu beheben und den Bewerbungsprozess wie einen Geschäftsprozess zu behandeln. Für die einzelnen Phasen im Bewerbungsprozess können dann messbare Ziele definiert werden (zum Beispiel: Anzahl von Rekrutierungsveranstaltungen an Hochschulen) und die Kräfte gebündelt werden (Marketingbudgets zusammenfassen).

Effektiver Bewerbungs-prozess

Das Ergebnis ist dann ein hinreichend großer Bewerberpool, aus dem geeignete Führungskräfte und Mitarbeiter ausgewählt werden können. Betriebswirtschaftlich lohnt sich das ebenfalls: Die Kosten, die durch Fluktuation entstehen, werden minimiert. Die Fluktuationsrate geht auf das in der Industrie übliche Niveau zurück.

Großer Bewerberpool

6. Low-risk Selection: Mitarbeiter auswählen

Low-risk Selection vergleicht das Bewerberprofil mit dem anspruchsvollen Anforderungsprofil, insbesondere im Bereich der so genannten Soft-Facts, und gibt Sicherheit in der Auswahl von Mitarbeitern.

Besetzung freier Positionen

Die Besetzung freier Positionen im Unternehmen ist immer mit den Fragen verbunden: Habe ich den richtigen Mitarbeiter für das Unternehmen gewonnen, der mit seinen Potenzialen auch in der Zukunft einen Beitrag zur Wertschöpfung bringen kann? Ist der Mitarbeiter tatsächlich für die freie Position geeignet?

Stellen- und Sinn- beschreibung

Im ersten Schritt braucht es Klarheit über die Aufgaben, die in der vakanten Position zu erledigen sind (Stellenbeschreibung), oder zeitgemäßer: Welchen Sinn hat die Stelle im System Unternehmen (Sinnbeschreibung)? Hierbei sind natürlich nicht nur die derzeitigen Anforderungen, sondern auch die zukünftigen Anforderungen zu klären.

Anforderungs- profil

Aus den Anforderungen ist dann das Anforderungsprofil abzuleiten, das bewusst anspruchsvoll formuliert ist. Immerhin soll der zukünftige Stelleninhaber auch mit künftigen Veränderungen mithalten können und vorausschauend aktiv werden. Neben dem Fachwissen sind Verhaltenskompetenzen (in Bezug auf Kommunikation, Zusammenarbeit usw.) und Persönlichkeitseigenschaften (zum Beispiel verbindliches Handeln, innere Ruhe usw.) wichtig und sollten nach ihrer Bedeutung (notwendig, wünschenswert, hilfreich) gewichtet sein.

Qualifizierte Bewerber

An dem anspruchsvollen Anforderungsprofil muss sich dann der qualifizierte Bewerber messen lassen. An dieser Stelle im Auswahlprozess sollte mit möglich wenig Risiko die Entscheidung für oder gegen einen Bewerber gefällt werden. Das nachfolgende Beispiel erläutert für die Industrie GmbH die Risiken und Chancen in der Gewinnung von Mitarbeitern.

Interessantes Fallbeispiel: Industriebranche

Die Industrie GmbH sucht Mitarbeiter in unterschiedlichen Positionen. Die in der Vergangenheit durch Fehlbesetzungen verursachten Kosten (Ausbildung, Anzeigen, Arbeitszeit usw.) sind beträchtlich.

Während die Führungskräfte behaupten, sie haben nicht genug Bewerber, um auswählen zu können, schätzt die Geschäftsleitung die Situation anders ein: Die Auswahl folge zu oft subjektiven und emotionalen Aspekten (Bauchentscheidungen). Die Anforderungsprofile seien in der Regel zu wenig detailliert und die Ansprüche oft zu niedrig. Darüber hinaus sind die Anforderungsprofile nicht verbindlich für die Einstellung von Bewerbern.

Subjektive und emotionale Personalentscheidungen

Wichtig: Gleichwohl die Führungskräfte maßgeblich an der Einstellung neuer Mitarbeiter beteiligt werden, ist die Qualifikation der Führungskräfte für ein entsprechendes Auswahlverfahren oft zu gering. Für die Besetzung vakanter Positionen durch interne Mitarbeiter fehlt der Glaube an die Güte des eigenen Angebotes (Einstellung).

Einbindung der Führungskräfte

Im Vertriebsbereich der Industrie GmbH kommt es zum Teil vor, dass neue Verkäufer oft aus Organisationssicht oder aus Verkaufsdruck eingestellt und nicht genügend an Potenzialen und Qualitäten orientiert ausgewählt werden. Dies führt zu Fehlbesetzungen.

Fehlbesetzungen

Risiken in der Industriebranche

Die systematische Auswahl von Bewerbern kann sehr aufwendig werden, bis hin zu mehrtägigen Assessmentcenters und anschließenden Interviews mit ausgewählten Entscheidungsträgern. Das treibt die Kosten und den internen Organisationsaufwand in die Höhe.

Systematik

Zwar erreichen die Ergebnisse des Verfahrens annähernd das Prädikat, objektiv zu sein. Aber die Frage, ob der Bewerber zum Un-

Integrität

ternehmen passt, ist nicht beantwortet. An dieser Stelle sind die Anforderungsprofile wenig genau oder sparen diesen Aspekt sogar aus.

Entscheidungs-sicherheit

Aus dem Abgleich des anspruchsvollen Anforderungsprofils und dem Profil des qualifizierten Bewerbers ergeben sich Abweichungen und Übereinstimmungen in den Merkmalen. Das Restrisiko, das bleibt, ist: Treffe ich mit der Anstellung des Bewerbers die richtige Entscheidung? Zwar gibt es die vereinbarte Probezeit für beide Seiten, die Entscheidung zu evaluieren. Aber die Kosten bis hierhin sind entstanden und verdoppeln sich ggf. bei der Wiederholung des gesamten Auswahlverfahrens.

Chancen in der Industriebranche

Ertrags-steigernde Wirkung

Die Low-risk Selection legt besonderen Wert auf die Passfähigkeit des Auswahlverfahrens, hohe Entscheidungssicherheit bei niedrigen Kosten für das Auswahlverfahren selbst. Betriebswirtschaftlich macht sich in Folge die gestiegene Qualität der Mitarbeiter an den richtigen Positionen und die reduzierte Fluktuation bemerkbar. Damit haben die Maßnahmen innerhalb der Low-risk Selection ertragssteigernde Wirkung.

Langzeit-wirkung

Bei konsequenter Umsetzung der Low-risk Selection auch für die internen Mitarbeiter entsprechen in drei Jahren 80 Prozent der Mitarbeiter mindestens einem neu festgelegten hohen Anforderungsprofil. Die Folge: Die Mitarbeiter füllen den hohen Qualitätsanspruch an ihren Arbeitsplatz aus und erreichen ihre Ziele.

Rückgang der Fluktuation

Beobachtbar ist über verschiedene Branchen hinweg, dass die Fluktuation ab dem dritten Jahr nicht höher als 5 Prozent ist. Bei den Mitarbeitern, die ihre Ziele erreichen, beträgt die Fluktuation von Mitarbeitern ab dem dritten Jahr höchstens 3 Prozent.

7. High-potential Development: Zukünftige Leistungsträger „heranziehen"

High-potential Development ist ein Konzept zur engpass- und potenzialorientierten Entwicklung der zukünftigen Leistungsträger im Unternehmen.

Die gewonnenen qualifizierten Bewerber, die das anspruchsvolle Anforderungsprofil erfüllen, stehen nun dem Unternehmen zur Verfügung. In gut organisierten Unternehmen begleitet die interne Personalentwicklung den neuen Mitarbeiter mit Einführungstagen, Ausbildungs- und Fachlehrgängen, Standardtrainings und Unterlagen für die eigene Karriereplanung sowie einem Verzeichnis für optional wählbare Trainings.

Personalentwicklung

Aus Sicht des Mitarbeiters stellt eine solche Betreuung ein Ideal dar, in dem er sich im Rahmen seiner eigenen Entwicklungsziele fortbilden kann. Bei Pflichtseminaren sieht das anders aus. Hier sind zum Teil die Inhalte schon bekannt, uninteressant oder praxisfern. Das lässt sich in der Regel leicht ertragen, da die Seminare in angenehmer Hotelatmosphäre mit hohem Freizeitwert stattfinden.

Aus Sicht des Mitarbeiters

Im Verständnis der Unternehmensspitze braucht es Trainings und Personalentwicklung. Der Bedarf wird von der Personalentwicklung formuliert, die Erwartungshaltung der Mitarbeiter ist vorhanden und die Seminare finden gute Resonanz. Die Frage, die den Unternehmer interessiert, bleibt in der Regel unbeantwortet: Was bringen die Seminare an zusätzlichem Ertrag für das Unternehmen?

Aus Sicht des Unternehmens

Wichtig: Die Leistungsträger im Unternehmen lassen sich relativ schnell über Umsatzstatistiken und in Gesprächen mit den Führungskräften ermitteln. Sie sind bekannt und Vorbild für die nachstrebenden Mitarbeiter. Schwieriger wird es, die zukünftigen Leistungsträger zu benennen. Sie tragen das Potenzial für über-

Zukünftige Leistungsträger

durchschnittliche Leistungen in sich, aber haben entweder noch nicht die Möglichkeit gehabt, ihre Potenziale einzubringen oder die Persönlichkeit soweit ausgeprägt, diese zu nutzen.

Passive Entwicklung

Die einfache Variante in der Entwicklung der zukünftigen Leistungsträger besteht darin, zu warten, bis sie zu echten Leistungsträgern geworden sind. Die legitime Idee, die dahinter steckt, lautet: Zum Leistungsträger wird man nicht berufen, sondern muss seine Chancen erkennen und sich durchsetzen können. Das kostet Kraft, Energie und Mitarbeiterpotenzial, das zu früh das Unternehmen verlässt.

> **Erfolgs-Tipp:**
>
> Die aktive Entwicklung der zukünftigen Leistungsträger beginnt damit, die Potenzialträger erst einmal zu identifizieren. Hierfür stehen die verschiedenen Instrumente zur Verfügung wie mehr tätige Assessmentcenters, computergestützte Potenzialanalysen, Beurteilungsgespräche und Nominierung zu Förderprogrammen, die mit einer Empfehlung für weiterführende Maßnahmen abschließen.

Modelle der Entwicklung

Sind die Potenziale bekannt, gilt es, diese zu entwickeln. Die Art und Weise, wie diese Entwicklung erfolgt, ist sehr unterschiedlich. So gibt es ein Modell, das bei Beförderung die notwendigen Trainings zeitnah bereitstellt und so den Stelleninhaber möglichst schnell arbeitsfähig in der neuen Position macht. Das zweite Modell entwickelt die zukünftigen Leistungsträger auf Abruf. So soll für das Management die Möglichkeit bestehen, flexibel und kurzfristig Positionen mit entwickelten Persönlichkeiten zu besetzen.

Engpass-orientierung

Das High-potential Development geht einen dritten Weg: Individuell, auf die persönlichen Engpässe abgestimmt, werden kleinste Entwicklungsbausteine zeitnah zur Verfügung gestellt. Durch die Kontrolle des Lernfortschritts und der Beobachtung der Umsetzung in der Praxis profitieren der zukünftige Leistungsträger und das Unternehmen unmittelbar. Persönlicher Erfolg und der Return on Investment stehen so in unmittelbaren, kausalem Zusammenhang.

Interessantes Fallbeispiel: Bankbranche

In der Bank AG ist man mit der Situation unzufrieden. Zum einen steigen die Budgets für die Fortbildung und Personalentwicklung ständig. Zum anderen unterstützt die Personalentwicklung nicht direkt die strategische Zielsetzung, zum Beispiel in Hinblick auf Umsatz, Beratungsqualität und Ertrag.

Die durchgeführten Schulungen mehren nicht unmittelbar den Umsatz und den Ertrag. Vielmehr scheint es, dass das interne Bildungssystem inzwischen stark angebotsorientiert ist (Akademiephilosophie) und sich zu wenig an den individuellen Engpässen orientiert. In einigen Fällen ist ein Seminartourismus zu Veranstaltungen zu beobachten, die unterhaltsam oder interessant klingen.

*Akademie-
philosophie*

Es erfolgt keine Ausrichtung am tatsächlichen Bedarf der Teilnehmer in der Praxis, da auch zu wenige echte Förder- und Beratungsgespräche zwischen Führungskraft und Mitarbeiter oder Personalentwicklung und Mitarbeiter stattfinden.

*Fehlende
Bedarfs-
orientierung*

Um eine einigermaßen homogene Basis zu schaffen, werden Grundseminare flächendeckend über die Verkaufsorganisation und die zentralen Abteilungen durchgeführt.

*Gießkannen-
prinzip*

Die potenziellen Leistungsträger im Verkauf wie in der Führung (High Potentials) erfahren zu wenig individuelle Entwicklung. Die Folge ist, dass die potenziellen Leistungsträger fluktuieren, bevor sie dem Unternehmen den vollen Nutzen erbracht haben.

*Fehlendes
Eliteförderungs-
konzept*

Für die Bank AG ergibt sich auf der Kennzahlenebene das folgende Bild: Es wurden im laufenden Geschäftsjahr Millionenbudgets in die Personalentwicklung investiert. Die Anzahl der Mitarbeiter ist gleich geblieben, da sich die Anzahl der Neueinstellungen mit der Anzahl der natürlich fluktuierten Mitarbeiter aufgehoben hat. Der Umsatz ist unverändert zum Vorjahr. Welche Rolle hat die Personalentwicklung, und was war ihr konkreter Beitrag im Geschäftsjahr?

Risiken in der Bankbranche

Spannung: Personalentwicklung und Management

In vielen Unternehmen besteht eine natürliche Spannung zwischen den mensch-orientierten Personalentwicklern und den ZDF-Zahlen-Daten-Fakten orientierten Führungskräften in den oberen Führungsetagen. Die Spannung kristallisiert sich bei der Einführung eines Kennzahlensystems an der Frage nach der Messbarkeit von Trainingserfolgen:

Unterschiedliche Kennzahlen

Der Personalentwickler verweist auf die positiven Feedbacks der Trainingsteilnehmer, die in ihren Bewertungsbögen beste Schulnoten für den Trainer, die Praxisnähe der Trainingsinhalte, die Teilnehmerunterlagen sowie für die Organisation und die Verpflegung im Hotel vergeben hat. Die Führungskraft erwartet einen messbaren Erfolg des Trainings in der Praxis, gemessen an Umsatzsteigerungen, reduzierten Fehlerzahlen usw.

Anzahl der Mitarbeiter

Achtung: Die systematische Erhebung der Potenziale, der Aufbau eines Kennzahlensystems im Bereich der Personalentwicklung sowie die Entwicklung der Balanced Scorecard zur Lernperspektive kann bereits bei mehr als 300 Mitarbeitern die Möglichkeiten eines Unternehmens übersteigen. Die möglichen Engpässe hierbei sind, neben dem Wissen zu effizienten Instrumenten, die fehlende Qualifikation zur Erhebung der Potenziale und dem Aufbau des Kennzahlensystems sowie die Verfügbarkeit der erforderlichen Personentage.

Chancen in der Bankbranche

Transparenz

Mit einem passenden Kennzahlensystem kann der Vorstand den Lernfortschritt für das Gesamtunternehmen überschauen und zum Beispiel in aktives Innovationsmanagement hineingehen oder die Leistungsfähigkeit im Vertrieb weiter ausbauen. Beispielhaft stehen hier die folgenden Aussagen: Die Zahl der guten Mitarbeiter im Außendienst (Verkäufer mit einer Soll-Überfüllung über 140 Prozent) beträgt in drei Jahren 30 Prozent. Die Zahl derjenigen Mitarbeiter, die ihren Geschäftsplan erfüllen, beträgt mindestens 50 Prozent.

Die Chancen zur Einführung des High-potential Development sind verlockend: Durch die engpass- und potenzialorientierte Entwicklung der zukünftigen Leistungsträger im Unternehmen wird eine Budgeteinsparung von 50 Prozent in der Fortbildung und Personalentwicklung möglich. Gleichzeitig sinkt die Fluktuation von zukünftigen Leistungsträgern, und die Potenziale im Unternehmen werden systematisch gefördert.

Kosten-
reduzierung

8. High-quality Customizing: Kundenbeziehungen sichern und ausbauen

High-quality Customizing ist ein Konzept zur langfristigen Kundenbindung und für die Sicherung bestehender Kundenbeziehungen (Bestandssicherung).

In der Presse wurde die allgemeine Dienstleistungsorientierung in Deutschland mit dem Begriff Servicewüste bezeichnet. Ein Beispiel, das zitiert wurde, handelte von einem Mann, der vergeblich versuchte, einen Wagen der Oberklasse in einer Verkaufsniederlassung zu kaufen, und vom Verkäufer mit Prospektmaterial und dem Rat, sich die Kaufentscheidung in Ruhe zu überlegen, nach Hause geschickt wurde.

Dienst-
leistungs-
orientierung

In diesem Beispiel verschenkte der Verkäufer einen Neukundenkontakt, weil er anscheinend nicht genug dafür sensibilisiert war, die Kundenwünsche zu erkennen, für ernst zu nehmen und darauf einzugehen. Die Instrumente für die Neukundenansprache werden immer ausgefeilter. Gleichzeitig wird der Kunde immer erfahrener. So gilt auch weiterhin der Satz: Der Aufwand für die Neukunden-

Neukunden
gewinnen

gewinnung ist zehnmal höher als für der Aufwand für den Abschluss vom Folgegeschäft.

Kundenbindung aufbauen

Das Folgegeschäft funktioniert entweder über den Preis oder die Kundenbindung. Da Preisvergleiche für den Kunden immer leichter werden (zum Beispiel über Internet, Anzeige von Billiganbietern), schmelzen im harten Preiswettbewerb die Gewinnmargen dahin. Erreicht das Mengengeschäft nicht die ausreichend hohe Anzahl von verkauften Gütern oder Dienstleistern, wird der Preiskampf ruinös. Konkurs oder Fusion mit größeren Gesellschaften ist das Ergebnis, der Markt spricht dabei von Marktbereinigung. Aktuelle Beispiele liefert der Telekommunikations- und Energiemarkt. In einigen Jahren wird der Versicherungs- und Finanzdienstleistungsmarkt folgen.

Kunden halten

Der andere Weg ist der Aufbau von Kundenbindung. Trophäen aus Kundenbindungsprogrammen sind die scheckkartenähnlichen Plastikkarten von Fluggesellschaften, Automobilunternehmen, Warenhäusern und anderen Unternehmen, die bei Einkäufen zu Rabatten und den Zugang zu besonderen Prämien verschaffen.

> **Erfolgs-Tipp:**
> Am besten lässt sich ein Kunde beeindrucken und auch halten, wenn der persönliche Kontakt gepflegt wird und die (manchmal auch nicht offen ausgesprochenen) Kundenbedürfnisse erfüllt werden.

Kunden zurückgewinnen

Die Konkurrenz schläft nicht, und jeder unzufriedene Kunde wird zur leichten Beute des Mitbewerbers. Auch in solchen Fällen bestehen gute Chancen, den ehemaligen Kunden wieder zurückzugewinnen.

Sicherung und Ausbau von Kundenbeziehungen

Worauf soll sich der gute Verkäufer nun konzentrieren? Auf die Neukundengewinnung, auf die Kundenbindung oder auf die Rückgewinnung von Altkunden? Diese Frage lässt sich beantworten, wenn die spezifische Situation in einer Vertriebsorganisation bekannt ist und die wesentlichen Kennzahlen für die Ableitung von Maßnahmen vorhanden sind. Das nachfolgende Beispiel versucht zu verdeutlichen, wie Kundenbeziehungen mithilfe des High-quality Customizing gesichert und ausgebaut werden könnten sowie typische Risiken und die möglichen Chancen betrachtet werden.

Interessantes Fallbeispiel: Vertriebsbranche

Bevor die Balanced Scorecard im Vertrieb eingeführt wurde, erfolgte die Analyse mit folgenden Ergebnissen. Viele Verkäufer der Euroland Vertriebsorganisation wissen nicht, wer die guten Kunden sind. Sie kennen nur die Kunden, mit denen sie viel Umsatz machen.

Die guten Kunden sind diejenigen, die ein hohes (Kauf-)Potenzial haben und einen hohen Bedarfsdeckungsgrad haben. Die Folge ist, dass bei knappen zeitlichen Ressourcen von jedem Verkäufer die Serviceleistungen auf alle Kunden gleichermaßen verstreut werden. Beispiel aus dem Bereich der Werbegeschenke: Alle Kunden erhalten einen mit Firmenlogo versehenen Taschenkalender mit goldfarbenen Kugelschreiber, anstatt dass die kleinere Anzahl von guten Kunden ausgefallenere, aufwändigere und teurere Geschenke erhält, um echte Wertschätzung auszudrücken.

Service ohne Nutzen

Achtung: Sobald die Betreuung der wirklich wichtigen und guten Kunden nicht intensiv genug erfolgt und für diese Kunden kein wirklicher Servicevorteil (zum Beispiel kostenloser jährlicher Finanzstatus) existiert, wandern die guten Kunden von Euroland Vertriebsorganisation ab.

Abwanderung von Kunden

Die Kundenzahlen sinken ständig, weil mehr Kunden gehen als Neue gewonnen werden. Zudem werden zu wenige neue Kunden mit hohem Potenzial geworben. Der Verlust guter Kunden und die fehlenden Potenziale bei Neukunden beeinflussen die Ertragsseite stark.

Fehlende - Neukundengewinnung

Risiken in der Vertriebsbranche

Fehlende Akzeptanz

Bei der Einführung aussagekräftiger Kennzahlen kann es zu erheblichen emotionalen Widerständen und unüberwindbaren Akzeptanzbarrieren kommen. Zum einen sorgen die Kennzahlen für eine von den Verkäufern zum Teil nicht gewollte Transparenz. Zum anderen werden sie gerade in den Bereichen angesetzt, in denen sich die Verkäufer unwohl fühlen. So neigt der bestandsorientierte Verkäufer dazu, die Neukundengewinnung zu vernachlässigen. Der auf Neugeschäft versierte Verkäufer spart an den Zeiten für Service und Kundenpflege.

Fehlende Kundendaten

Da keine geeigneten Kundendaten vorliegen, wird oft mit dem hohen Erhebungsaufwand argumentiert und der Nutzen nicht gesehen. Die typischen Sätze lauten dann: „Soll ich Umsatz machen oder im Büro arbeiten?", oder: „Ich kenne meine Kunden und mit wem ich welches Geschäft machen kann."

Chancen in der Vertriebsbranche

Steigende Kundenzahlen

Mit dem High-quality Customizing wird die Trendwende erreicht, die Kundenzahlen steigen wieder. Die Fokussierung auf mögliche Neukunden mit hohem Potenzial füllt den Kundenbestand spürbar auf.

Exzellenter Service

Wichtig: Die Differenzierung nach guten Kunden ermöglicht, die vorhandenen zeitlichen Kapazitäten für einen exzellenten Service für gute Kunden einzusetzen. Die Kundenbeziehung wird dadurch nachhaltig gestärkt, und der Kunde empfindet den Service als einen deutlichen Vorteil gegenüber dem Wettbewerb.

Ausbau der Kundenbeziehungen

Die Erhöhung der Kontaktfrequenz zu guten Kunden führt zu einem deutlichen Ausbau der Kundenbeziehungen. Der gute Kunde wird weniger anfällig für Konkurrenzangebote der Mitbewerber. Die Abwanderung guter Kunden wird nachhaltig gesenkt, so dass im Beispiel der Euroland Vertriebsorganisation der Verlust in der Zielgruppe guter Kunden maximal 5 Prozent beträgt, nach Einführung des High-quality Customizing.

9. Value-graded Sales: Umsatz mehren

Value-graded Sales ist ein Verkaufssystem, dass sich an der erzeugten und zu erzeugenden Wertschöpfung für das Unternehmen orientiert.

Die deutsche Übersetzung von Value-graded Sales ist irreführend. Umsatz ist nicht gleich Ertrag oder der Gegenwert für eine Wertschöpfung. Umsatzmehrung kann zum Beispiel durch viele Marketingaktivitäten und aufwendige Kundenveranstaltungen in die Höhe getrieben werden, ohne dass dabei für das Unternehmen ein Pfennig Gewinn übrig bleibt.

Einführung

Der Grundgedanke beim Value-graded Sales ist, mit den eigenen Leistungen möglichst viel des Bedarfs des Kunden zu decken. Dabei muss dem Mitarbeiter bewusst sein, was die Leistungserbringung kostet und welchen Betrag dem Kunden die Abdeckung des Bedarfs wert ist.

Grundgedanke

Wichtig: Die häufigste Kennzahl, die im Value-graded Sales verwendet wird, ist der Wertschöpfungskoeffizient. Er wird definiert über den Grad der Wertschöpfung der Leistungserbringung im Verhältnis zur Ausschöpfung des Kundenpotenzials. Er kann sowohl als kundenbezogenes Erfolgskriterium herangezogen werden wie auch zur Einschätzung von der Qualität einzelner Mitarbeiter und von Organisationsfamilien mit Kundenkontakt.

Wertschöpfungskoeffizient

In der Praxis zeigt sich, dass die Einführung des Wertschöpfungskoeffizienten die unternehmensinterne Diskussion um die Begriffe Wertschöpfung und Kundenpotenzial ankurbelt und dadurch schon eine neue Perspektive zum Kunden entwickelt wurde.

Kundenperspektive

Interessantes Fallbeispiel: Energieversorgungsbranche

Der Markt der Energieversorger befindet sich im Umbruch. Die Deregulierung des Marktes zwingt ehemalige regionale Monopolisten in einen Wettbewerb mit nationalen und internationalen Anbietern von Energie. Zum Beispiel kann ein Berliner Kunde inzwischen schwedischen Strom beziehen. Entwickelt sich der Energiemarkt ebenso wie der Telekommunikationsmarkt, so können wir demnächst Mikrowellengeräte, Kühlschränke und Fernsehgeräte für 1 DM kaufen, wenn wir gleichzeitig den Energieanbieter wechseln.

Kundenportfolio

Die Aufstellung hin zum Markt und das Bedienen der Kundenbedürfnisse sind zwei der entscheidenden Erfolgsfaktoren. In der Grafik auf Seite 101 ist ein Kundenportfolio dargestellt, das die Grundlage für eine durchgängige, abgestimmte Marktbearbeitung ist.

Kundenpotenzial und Bedarfsdeckungsgrad

Das Kundenportfolio unterscheidet die Kunden nach ihrem Kundenpotenzial nach Einkommen (niedrig, mittel, hoch) und nach dem Bedarfsdeckungsgrad im Unternehmen in Prozent (hier vereinfacht: niedrig, mittel, hoch). Der Bedarfsdeckungsgrad gibt dabei an, wie viele Verträge der Kunde mit dem eigenen Unternehmen abgeschlossen hat im Verhältnis zum Gesamtbedarf bzw. Gesamtanzahl der Verträge, die mit dem eigenen und mit anderen Unternehmen bestehen.

Bestandskunden

Die Bestandskunden werden in vier Zielgruppen unterteilt, die unterschiedlich bearbeitet werden:

- Die Basiskunden umfassen den Großteil der Kunden. Für diese Zielgruppe werden Standard-Akquisitionen durchgeführt. Bei dieser Zielgruppe können neue Verkäufer ihre ersten Sporen verdienen.

- Eine kleinere Gruppe der Basiskunden sind Wachstumskunden, die in den nächsten Jahren in die höheren Einkommensklassen aufrücken. Hierzu gehören die Gruppe der Studenten und Jungakademiker.

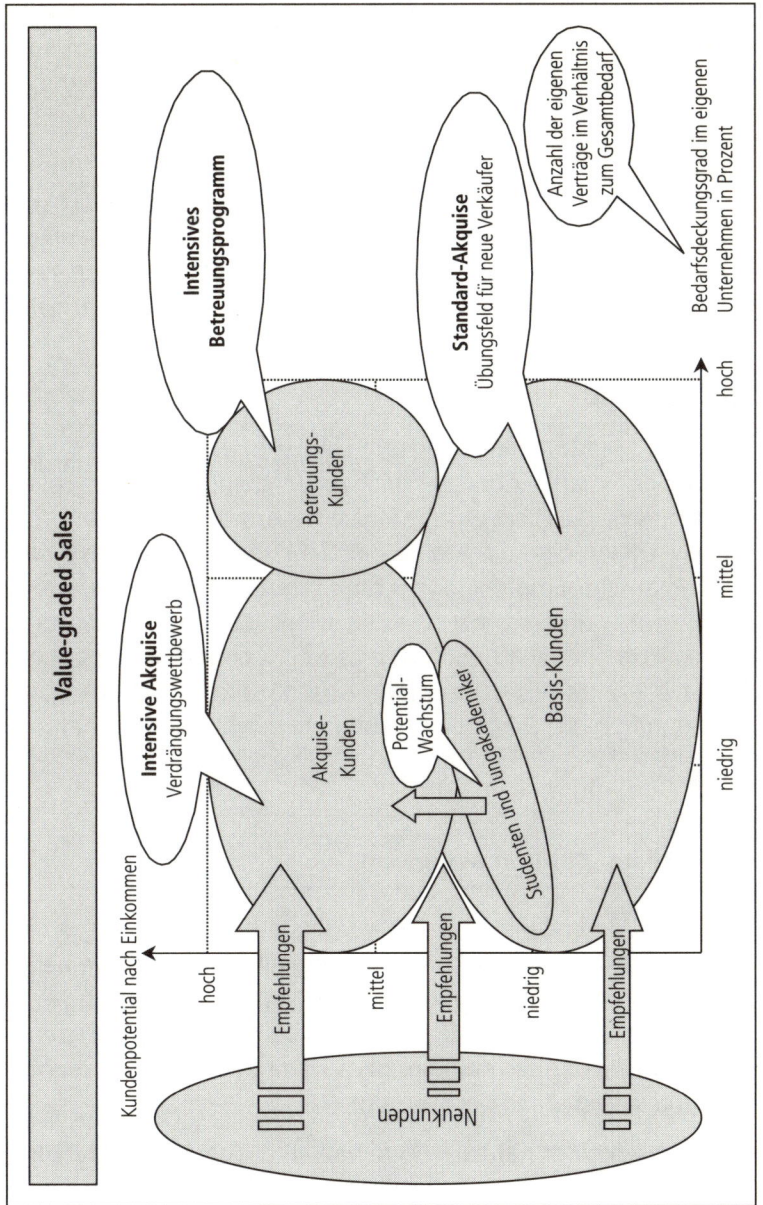

- Die Akquisitionskunden haben ein hohes Einkommen, haben aber noch wenige Verträge. In diesem hart umkämpften Markt müssen intensive Akquisitionsmaßnahmen durchgeführt werden, um sich im Verdrängungswettbewerb durchzusetzen.

- Die Betreuungskunden, die ein hohes Einkommen und einen hohen Bedarfsdeckungsgrad aufweisen, sind durch eine intensives Betreuungsprogramm zu begleiten. Ansonsten droht die Abwanderung.

Neukunden-gewinnung

Erfolgs-Tipp:

Um die Marktanteile zu sichern und weiter auszubauen, ist neben den marketings- und imagebildenden Maßnahmen besonderes Augenmerk auf die aktive Neukundengewinnung zu legen. Dabei sollte die Anzahl der Neukunden, die durch eine systematische Empfehlungstechnik erhoben gewonnen werden, nicht unterschätzt werden. Fünf Empfehlungen von einem zufriedenen Kunden zu erhalten ist billiger als kostenintensive Promotionsaktionen, die ausschließlich der Imagewerbung (und nicht der aktiven Neukundengewinnung) dienen.

Checkliste: Kunden gewinnen

Kundendaten erheben

- Die Kundendaten müssen konsequent erhoben werden. 80 Prozent des Geschäfts der Energieversorger wird in den nächsten Jahren im Verdrängungswettbewerb stattfinden. Dazu wird es notwendig sein, dass der Verkäufer die Daten und Abläufe der Konkurrenzverträge beim Kunden kennt und systematisch nachverfolgt.

An Kunden-potenzialen orientieren

- Ein Verkäufer hat ca. 160 reine Verkaufstage pro Jahr zur Verfügung. Jeden Tag verbringt er durchschnittlich vier *noch: Checkliste: Kunden gewinnen*

> Stunden mit Verkaufsgesprächen. Das sind im Jahr nur 640 Stunden. Diese Zeit gilt es bei Kunden zu verbringen, die ein hohes Abschlusspotenzial haben. Viele Verkäufer verbringen zu viel Zeit bei Kunden mit zu niedrigen Erfolgsaussichten. Das muss sich ändern!

■ Viele Verkäufer verbringen zu wenig Zeit am Point of Sales, also beim Kunden. Nach dem Gesetz der großen Zahl erbringt eine hohe Zahl von Kundenkontakten entsprechenden Umsatz. Je größer der Zeitanteil am Point of Sales, desto höher der Umsatz, der produziert wird.

Verkaufs-orientierung

■ Die Rückgewinnung verlorener Kunden muss systematisch erfolgen. Die Abwanderung von Kunden wird oft einfach hingenommen und nicht systematisch verfolgt. Es ist viel leichter, einen verlorenen Kunden zurückzugewinnen, als einen neuen Kunden zu werben.

Rück-gewinnung

■ Die Neukundengewinnung muss konsequent und systematisch erfolgen. Ein Verkäufer erbringt nur dann stetig gute Umsätze, wenn die Zahl seiner Kunden mit hohen Abschlusspotenzialen immer konstant bleibt. Das erfordert, ständig neue Kunden mit hohem Potenzial anzusprechen und zu werben. Der einfachste Weg ist die systematische Empfehlungsnahme.

Neukunden-gewinnung

Risiken in der Energieversorgungsbranche

Verkäufer sind häufig extrovertiert, vertreten mit gesundem Selbstbewusstsein ihre persönlichen Interessen und sind es gewohnt, alleine zu arbeiten. Oftmals umsatzorientiert, braucht es Zeit und Unterstützung, um über Verhaltens- und Einstellungsänderungen zu einem neuen, nach Zielgruppen differenzierten Beratungsansatz zu kommen.

Führung im Betrieb

Eine besondere Bedeutung kommt der Unterstützung durch den Vorgesetzten zu. Diese Funktion können nur wenige Führungskräfte tatsächlich ausfüllen, da viele ihre Mitarbeiter über Umsatzzahlen gesteuert haben.

Achtung: Die Kundenbewegungen im Kundenportfolio des Verkäufers müssen transparent sein, um den zeitlichen Einsatz des Verkäufers je nach Bedarf zu lenken auf die Neukundengewinnung, die Bestandspflege, die Rückgewinnung ehemaliger Kunden und die Einarbeitung neuer Mitarbeiter.

Chancen in der Energieversorgungsbranche

Kerndatenerhebung

Die Kundenpotenziale werden identifiziert und voll ausgeschöpft. Über die systematische Kerndatenerhebung zu Einkommen und Bedarfsdeckungsgraden in den Haushalten baut sich jeder Mitarbeiter sein Kundenportfolio auf. Dabei unterstützt die Führungskraft zum Beispiel durch die gemeinsame Auswertung demographischer Daten, die regional spezifisch Einkommensstrukturen der Bevölkerung liefern.

Über Führungskräfte- und Mitarbeiterworkshops wird die Basis für die Neuorientierung auf die Kundenpotenziale und Aufbruchstimmung erzeugt. Über die Einführung des Leistungsaspekts der Kerndatenerhebung wird die solide Basis für die Vertriebsarbeit geschaffen. Es werden deutliche Umsatzsteigerungen erzielt.

Wichtig: Die Produktivität im Verkauf wird durch die Konzentration auf Abschlusspotenziale gesteigert. Über die neu einzuführenden Kennzahlen wird die erforderliche Transparenz geschaffen, um Mitarbeiter und Führungskraft erfolgreicher zu machen.

Agieren im Verdrängungswettbewerb

Im Verdrängungswettbewerb wird durch systematische Datenerhebung und Nachverfolgung aktiv agiert. Die systematische, kontrollierte Empfehlungsnahme kurbelt die Neukundengewinnung an. Der intensive Service für gute Kunden kommt an. Das Valuegraded Sales bewirkt die notwendigen Wettbewerbsvorteile.

10. Min-max Training: Mitarbeiter ausbilden

Eine firmeneigene, multimediale und intranetbasierte Lerndatenbank unterstützt zukünftig die Vermittlung von Wissen in der Aus- und Weiterbildung.

In den letzten Jahren war ein Trend zu mehr Mitarbeiterausbildung zu verzeichnen. Hierzu zählen sowohl die zunehmende Zahl von Trainern als auch der wachsende Umsatz in dieser Branche.

Mitarbeiterausbildung

Nach den Konzernen und Großunternehmen hat nun inzwischen auch fast jedes mittelständische Unternehmen eine Personalentwicklungsabteilung. In einigen Großunternehmen hat sich diese Abteilung zu einer eigenständigen Akademie entwickelt, mit umfangreichen Angeboten von Fachseminaren bis hin zu Verhaltens- und Persönlichkeitstrainings.

Personalentwicklung

Einige Unternehmen sind den Schritt gegangen, die Personalentwicklung nach außen zu geben. Zwei Varianten sind derzeit üblich:

■ Die Personalentwicklungsabteilung wird als rechtlich selbstständige Akademie ausgegründet. Das Unternehmen bezieht die Seminare und Trainer weiterhin von der Akademie. Gleichzeitig muss sich diese am freien Markt behaupten.

■ Die zweite Variante ist, in Rahmenverträgen mit spezialisierten Instituten (wie MPower, Integrata Training oder die ehemalige Philips Akademie usw.) Personalentwicklungsleistungen einzukaufen. Dazu zählen die Konzeption, Organisation und Durchführung der Seminare sowie die Entwicklung begleitende Maßnahmen innerhalb von Karriereplänen. Die direkte Zusammenarbeit mit dem beauftragenden Unternehmen erfolgt über Mitarbeiter des Unternehmens, die bei der Akademie vor Ort angesiedelt sind. Sie erstellen auch die Seminarverzeichnisse, sind Ansprechpartner für die Teilnehmer und bedienen die Schnittstelle zur Akademie.

Externe Personalentwicklung

Grund-
problematik

Achtung: Oft ist zu beobachten, dass die Personalentwicklung und die Linienfunktionen im Unternehmen anders zu ticken scheinen. Die Personalentwickler versuchen in optimalen Lernumgebungen, den Mitarbeitern reichhaltigen Lernstoff zu vermitteln und ihn in seinen Fähigkeiten weiterzuentwickeln. Die Führungskräfte sehen das pragmatischer. Der Mitarbeiter soll seine Aufgaben effizienter und effektiver erledigen. Dazu sind Seminare nützlich (und kostenintensiv). Viele der neuen Ideen aus den Seminaren sind im Grunde gut, aber weil das Tagesgeschäft liegen geblieben ist, derzeit nicht realisierbar.

Die Folge ist, dass beide Seiten ihr Geschäft optimieren und voneinander entfernen. Beispiele dafür: Bei der kritischen Betrachtung der Seminarinhalte der zu Akademien mutierten Personalentwicklungsabteilungen ist kein direkter Bezug mehr zum Tagesgeschäft erkennbar. Damit ist die Frage verbunden: Was bringen die Seminare dem Unternehmen?

Fehlende
Unterstützung

Auf der anderen Seite unterstützen die Führungskräfte die Mitarbeiter nicht beim Transfer der Seminarinhalte in die Praxis. Im Gegenteil: Liegengebliebenes soll aufgearbeitet werden, bevor Neues ausprobiert werden kann. Und wenn es nicht funktioniert oder länger dauert, werden alte Verhaltensweisen wieder eingefordert, anstatt den Mitarbeiter zu ermutigen, weiterzumachen. Auch hier dieselbe Frage: Was bringen die Seminare dem Unternehmen?

Neue Trends

Wichtig: Natürlich hat sich viel in den letzten Jahren getan. So investieren die Unternehmen mehr in Seminare. Es werden Bedarfsanalysen vor den Seminaren und Evaluationsprogramme nach den Seminaren durchgeführt. In aufwendigen Coachings wird den Mitarbeitern am Arbeitsplatz gezeigt, wie es geht. Darüber hinaus wurden viele Führungskräfte zu so genannten Coaches ausgebildet. Aus den Startlöchern kommen jetzt die computergestützten Lernprogramme (CBT – Computer Based Trainings), die auf CD gepresst verfügbar sind. Mit fortschreitender Technik werden die internetbasierten Lernprogramme (WBT Web Based Trainings) von zu Hause abrufbar sein und über die unternehmensinternen Computernetzwerke (Intranet) verfügbar sein.

Was hat es bisher gebracht? Die Personalentwicklungskosten sind gestiegen, die Zusammenarbeit macht mehr Spaß und die Führungskräfte machen häufiger Mitarbeitergespräche. Auch die CBTs und WBTs werden nicht viel daran verändern.

Die Befürworter von CBT führen auf der Kostenseite an, dass die Honorare für die Trainer sowie die Reisekosten und die Hotelkosten für die Teilnehmer entfallen. Auf der Nutzenseite wird angeführt, dass die Mitarbeiter keine Ausfallzeiten haben, der Lernprozess individuell gesteuert werden kann, und der Zeitfaktor. So entsprechen acht Stunden Lerninhalte aus den Seminaren ungefähr einer Stunde eines computergestützten Lernprogramms.

Vorteile von CBT

Unbestritten ist, dass sich CBTs für die Vermittlung von Fachinhalten und Methoden eignen, also auf der Ebene der Wissensvermittlung. Hier stehen auch inzwischen so genannte Autorensysteme zur Verfügung, die es ermöglichen, Seminare in Lernprogramme zu übersetzen. Große Vorbehalte gibt es für den Einsatz im Bereich der Verhaltensänderung. Die Grenzen werden aber immer weiter gefasst. So gibt es anerkannte Lernprogramme in den Bereichen Führung, Verkauf, Zusammenarbeit und Kommunikation. Voraussichtlich werden in den nächsten Jahren für alle Seminarthemen auch CBT erhältlich sein.

Einsatzgebiete von CBT

In einigen Großunternehmen (zum Beispiel Deutsche Bank, SEL Alcatel) sind virtuelle Lernwelten eingerichtet worden. Im Rahmen der Personalentwicklung werden Zugangsberechtigungen zu den Lerninhalten bereitgestellt. Darüber hinaus besteht die Möglichkeit, Lernerfolgskontrollen durchzuführen und über einen persönlichen Tutor Fragen zur Umsetzung in der Praxis zu klären. Nachdem der Mitarbeiter eine konkrete Anzahl von Lerneinheiten durchgearbeitet hat, wird er zu Präsenzveranstaltungen zugelassen. In diesen Veranstaltungen erfolgen dann die Vertiefung und die Anwendungsübungen der Lerninhalte.

CBT und Präsenzveranstaltungen

Kennzahlen in der Personalentwicklung

Wichtig: Über die Balanced Scorecard besteht die Möglichkeit, unterschiedliche Kennzahlen auch in der Personalentwicklung einzuführen und nachzuweisen, ob und was Seminare und Präsenzveranstaltungen bewirkt haben, sowohl auf der Ebene der Seminarteilnehmer als auch für das Gesamtunternehmen.

Min-max Training

Erfolgs-Tipp:

Die Idee der Min-max Trainings beruht darauf, den Aufwand für Seminare durch den Einsatz einer multimedialen und intranetbasierten Lerndatenbank zu reduzieren. Dies wird im Wesentlichen dadurch erreicht, dass den Mitarbeitern nur die auf ihren jeweiligen Arbeitsplatz bezogenen und auf ihr persönliches Profil abgestimmte Lerneinheiten zur Verfügung gestellt werden. Durch begleitende Maßnahmen unter Einbeziehung der Führungskraft wird so der Umsetzungsgrad deutlich erhöht und der Erfolg der Personalentwicklung maximiert.

Am Beispiel der Konzern AG wird dies veranschaulicht und die Fallstricke bei der Einführung aufgezeigt.

Interessantes Fallbeispiel: Konzern

Das Management der Konzern AG investiert zweistellige Millionenbeträge in die Personalentwicklung. Tendenz: steigend. Ebenso steigen die Anforderungen an die Mitarbeiter zum Beispiel in Hinblick auf fundiertes und aktuelles Fachwissen. Die Anzahl der Seminartage wird ständig ausgedehnt. Ebenso steigen die Anforderungen im Management, mit Veränderungen umzugehen.

Fehlender Praxisbezug

Die Führungskräfte, die mit ihren Mitarbeitern (unter Hilfestellung der Personalentwicklungsabteilung) die nächsten Entwicklungsschritte und die notwendigen Seminare festlegen, sind mit dem Ergebnis der Seminare unzufrieden. Sie bemängeln die zu geringe Anwendungssicherheit der Lerninhalte. Die Mitarbeiter wenden die Inhalte kaum an, und wenige Wochen nach dem Seminar wird in den alten Verhaltensmustern gearbeitet.

Die Personalentwicklung schlägt zur Verbesserung der Anwendungssicherheit, des Praxisbezugs und der Nachhaltigkeit der Seminare, die Anzahl der Seminartage zu erhöhen. Diesen Vorschlag lehnen die Führungskräfte ab, da neben den Mehrkosten für die Aus- und Fortbildung die vielen Seminartage die Produktivität vermindern und den Arbeitsfluss stören.

Ausfall von produktiver Arbeitszeit

Um aus dieser Situation einen Ausweg zu finden, entschließt sich die Konzern AG, Min-Max Trainings durchzuführen. Als Basis werden die Mitarbeiterprofile erhoben und mit den arbeitsplatzbezogenen Leistungsprofilen abgeglichen. Anschließend werden geeignete Lernprogramme (CBT und WBT, siehe Seite 105 f.) zur Verfügung gestellt und der Trainerpool mit umsetzungsorientierten Unternehmenstrainern bestückt.

Einführung Min-max Training

Nach der Auswertung der Mitarbeiterprofile werden Lerngruppen thematisch zusammengestellt. Nach einem ausgefeilten Lernplan arbeiten diese die für sie passenden Lernmodule durch. Dafür stehen computergestützte Lernprogramme zur Verfügung, die sie durchzuarbeiten haben. Anschließend werden sie in intensiven, halbtägigen Praxisworkshops (Präsenzveranstaltungen) in der Anwendung der Lerninhalte trainiert werden.

Es werden zudem nur die Mitarbeiter in das Personalentwicklungsprogramm aufgenommen, die durch die Lernprogramme direkt die Produktivität steigern. Außerdem werden Mitarbeiter mit hohem Potenzial in ein Eliteförderprogramm aufgenommen. Die Mitarbeiter, die in keinem der beiden Programme berücksichtigt wurden, können in Eigeninitiative eine Auswahl von CBTs selbst durcharbeiten. Präsenzveranstaltungen für diese Mitarbeiter sind nicht vorgesehen.

Restriktionen

Wichtig: Es werden Kennzahlen eingeführt, um die Lernfortschritte auf Mitarbeiterebene, die Kompetenzentwicklung je Bereich und die Know-how-Entwicklung für die Konzern AG insgesamt zu verfolgen. Zu diesen Kennzahlen gehören auch betriebswirtschaftliche Kennzahlen wie Kosten, Produktivität, Fehlerraten und Fluktuationsaufwendungen.

Risiken im Konzern

Akzeptanz muss vorhanden sein

Die Einführung von Min-max Trainings und der Kennzahlen ist mit sehr vielen Risiken behaftet. Neben Mitspracherechten vom Betriebsrat und mitbestimmungspflichtigen Instrumenten ist auch mit Vorbehalten bei den Betroffenen zu rechnen.

Die Aufnahme der Mitarbeiterprofile und der arbeitsplatzbezogenen Leistungsprofile ist aufwendig. Hier braucht es ein ausgeklügeltes System, um die vorhandenen Daten im Konzern zusammenzutragen und die bestehenden Kommunikationsstrukturen (wie zum Beispiel Jahresgespräche, Abteilungsrunden, Planungssitzungen) zur Datenerhebung zu nutzen.

Voraussetzung: Trainer mit Praxiserfahrung

Die Dauer und die Inhalte der Präsenzveranstaltungen werden drastisch reduziert. Der Trainer muss sich nahtlos in das Gefüge der Personalentwicklung einfügen, also auf den Lerninhalten, die in CBTs vermittelt wurden, aufsetzen. Gleichzeitig muss ein hoher Praxisbezug (gemessen an dem konkreten Arbeitsplatz der Teilnehmer) gegeben sein. Darüber hinaus muss der Trainer in den intensiven Anwendungsübungen am Verhalten und den Einstellungen der Teilnehmer arbeiten. Die wenigsten Trainer verfügen über die Kombination aus fundiertem betriebswirtschaftlichen und psychologischem Wissen sowie den erforderlichen Praxiserfahrungen.

Es gibt große qualitative Unterschiede in CBTs. Darüber hinaus liegen den Lernprogrammen unterschiedliche Führungsphilosophien und Werte zu Grunde. Um die Passfähigkeit für den Konzern insgesamt zu gewährleisten, sind CBTs selbst zu entwickeln oder die Zusammenarbeit auf Partner zu beschränken, die in ihren Lernprogrammen der Kultur des Unternehmens am nähesten kommen.

Vor diesem Hintergrund ist die Auswahl an CBTs sehr eingeschränkt. WBTs wird es erst in den nächsten Jahren hinreichend
genug geben.

Achtung: Die Definition der Kennzahlen ist heikel, da sowohl Personalentwickler als auch Führungskräfte unsicher in der Bewertung sind, um wie viel Prozent die Produktivität durch Min-max
Trainings gesteigert werden kann. Wegen der hohen Transparenz
und der Unsicherheit ist mit Widerständen zu rechnen.

Chancen im Konzern

Die Zahl der Seminartage beschränkt sich auf die Zeiten des An-
wendungstrainings. Durch die Verringerung der Seminartage erhöht sich direkt die Produktivität. Zum Beispiel steigt im Vertrieb
der Umsatz, da die Verkäufer mehr Zeit beim Kunden verbringen.

Steigerung der Produktivität

Die Zahl der kostenintensiven Seminartage kann um ca. 50 Prozent
reduziert werden. Entsprechend halbieren sich die Aufwendungen
für Trainerhonorare, Reise, Übernachtungen und Seminarorganisa-
tion. Da die Aufwendungen für die höher qualifizierten Trainer
über dem bisherigen Niveau liegen, beträgt der Kostenvorteil insgesamt weniger als 50 Prozent.

In Ausbildungsgängen wird sich zeigen, dass durch Min-max Trainings bei geringerem Aufwand die gleiche Qualität (in diesem Fall
das Bestehen der Prüfung) erreicht wird. Durch die kurzen Lerninhalte ist die Umsetzung in der Praxis durch die Führungskraft direkt
sichtbar und der Mitarbeiter motivierter: Der Lerninhalt hilft ihm
sofort, ein Defizit auszugleichen. Der Umsetzungserfolg bestätigt
den Mitarbeiter und festigt dessen Lernerfolg. Die unmittelbare Anwendung in der Praxis führt direkt zur Verbesserung der
Qualität.

Qualitätsver-besserung

Die Zerstückelung der Lernprogramme in kleine Lerneinheiten gibt
der Konzernführung die Möglichkeit, die Human Resources flexibel zu managen und auf Veränderungen zeitnah zu reagieren. Die

Flexibilität beweisen

strategische Entwicklung der Kompetenzen bei Mitarbeitern und Führungskräften wird planbar, messbar und steuerbar. Im Zeitalter der Informationsgesellschaft und der Bedeutung des Wissensmanagements ein nicht unerheblicher Wettbewerbsfaktor.

11. Wann die Mindestvoraussetzungen gegeben sind – mit Checklisten

Die Einführung der Balanced Scorecard Methodik ist an Mindestvoraussetzungen geknüpft. Sind sie erfüllt, kann über alle Führungs- und Mitarbeiterebenen hinweg daran gearbeitet werden, die Unternehmensstrategie bis zur persönlichen Balanced Scorecard herunterzubrechen und der Vision zu folgen.

Konzern

Von allgemein gültigen Mindestvoraussetzungen zu sprechen, wäre falsch. So ist es im Konzern auf den obersten Ebenen relativ einfach, die vorhanden Kennzahlen zu einer Balanced Scorecard umzubauen und weitere Kennzahlen hinzuzufügen. Auch das bietet viele Chancen, obwohl nicht jeder Mitarbeiter seine persönliche Scorecard hat.

Große Mittelstandsunternehmen

Im Mittelstand ist der Umgang mit Kennzahlen, klaren Zielen und Zuständigkeiten sehr unterschiedlich. In einigen Unternehmen schocken klare, messbare Ziele, da sie die Transparenz und die Sanktion bei Abweichungen fürchten. In anderen Unternehmen sind klare Zielvereinbarungen oder die gemeinsame Definition von Aufgaben und Messgrößen quasi Tagesgeschäft. In beiden Extremen sieht der Weg der Einführung der Balanced Scorecard ganz unterschiedlich aus.

Klein- und Mittelstandsunternehmen

Obwohl hier die Kulturen auch sehr unterschiedlich sein können, lässt sich aufgrund der Mitarbeiterzahl schnell die kritische Masse erreichen, die für den Einführungsprozess erforderlich ist. Nach der Einführung der Balanced Scorecard gibt es dann, abhängig von den Voraussetzungen, erhebliche Unterschiede in der Auswahl und der Intensität begleitender Maßnahmen.

Erfolgs-Tipp:

Die Einführung der Balanced Scorecard ist abhängig von der gelebten Unternehmenskultur, den angewendeten Führungs-instrumente, der Motivation und dem Veränderungswillen der Führungskräfte und der Mitarbeiter sowie von der Erfahrung in der Durchführung von Veränderungsprozessen. Die Voraus-setzungen sind kritisch zu prüfen und Mindestvoraussetzun-gen zu definieren.

Checkliste: Unternehmenskultur

Benutzen Sie die Checkliste, um sich über die Kultur in Ihrem Un-ternehmen klar zu werden, und überlegen Sie sich dann, ob die Balanced Scorecard zu Ihrem Unternehmen passen würde.

Prüfkriterien: Unternehmenskultur

- Wie beurteilen Sie die Zusammenarbeit mit Ihren Kollegen auf den folgenden Gebieten?
  - Tagesgeschäft
  - Neugeschäft bzw. neue Aufgaben
  - Strategische Entscheidungen im eigenen Arbeitsumfeld
  - Leitbild und Philosophie
  - Personalentscheidungen (soweit relevant)
- Können Sie gut mit Ihren Kollegen intensive Gespräche führen?
- Wie beurteilen Sie die Kompetenz, sich selbst bzw. andere zu führen?
- Kennen Sie ihre Kollegen gut, also über das Geschäftliche hinaus?

Passt Balanced Scorecard zum Unternehmen?

noch: Prüfkriterien: Unternehmenskultur

- Vertrauen Sie Ihren Kollegen?

- Werden wichtige ungelöste Probleme in der Gruppe der Kollegen offen angesprochen?

- Was nehmen Sie an, wie Ihre Kollegen die Zusammenarbeit mit Ihnen auf den folgenden Gebieten beurteilen?

  - Tagesgeschäft

  - Neugeschäft bzw. neue Aufgaben

  - Strategische Entscheidungen im eigenen Arbeitsumfeld

  - Leitbild und Philosophie

  - Personalentscheidungen (soweit relevant)

- Glauben Sie, dass Ihren Kollegen bekannt ist, ob man gut mit Ihnen intensive Gespräche führen kann?

- Wie meinen Sie, schätzen Ihre Kollegen Ihre Kompetenz ein, sich selbst bzw. andere zu führen?

- Glauben Sie, Ihre Kollegen vertrauen Ihnen?

- Haben Kollegen wichtige ungelöste Probleme, die Sie oder Ihre Arbeit betreffen, in der Gruppe der Kollegen offen angesprochen?

- Wieviel Prozent Ihrer Zeit verwenden Sie für Führungsaufgaben, Gespräche mit den Kollegen und in Besprechungen?

- Wie beurteilen Sie die Effizienz der Besprechungen, an denen Sie teilnehmen?

- Werden Protokolle geschrieben?

- Fühlen Sie sich emotional mit dem Unternehmen, in dem Sie arbeiten, verbunden?

- Hat Ihr Unternehmen aus Ihrer Sicht einen guten Ruf?

noch: Prüfkriterien: Unternehmenskultur

- Was würden Sie einem neuen Kollegen empfehlen, wenn er in Ihrem Unternehmen startet und erfolgreich sein will? Benennen Sie mindestens fünf Empfehlungen!

Wichtig: Nachdem Sie die Checkliste kritisch durchgegangen sind, definieren Sie Ihre Mindestvoraussetzungen, die vor der Einführung der Balanced Scorecard erfüllt sein müssen – passend zu Ihrer Unternehmenskultur!

Checkliste: Führungsinstrumente

Es gibt eine Vielzahl von Führungsinstrumenten. Vielen von diesen sind Ihnen und den Führungskräften im Unternehmen bekannt. Diese Checkliste dient dazu, festzustellen, welche Führungskultur besteht – oder anders gesagt, welche Führungsinstrumente tatsächlich und durchgängig angewendet werden.

Prüfkriterien: Führungsinstrumente

- Wie häufig sehen/sprechen Sie Ihre …

  - Vorgesetzten

  - Kollegen aus Ihrem Arbeitsbereich

  - Kollegen aus anderen Arbeitsgebieten, denen Sie zuarbeiten oder die Ihnen zuliefern?

  - Mitarbeiter (sofern Sie Führungskraft sind)

- Gibt es auch aus Ihrer Sicht klare Informations- und Kommunikationswege?

- Nehmen Sie Ihre Kollegen ernst bzw. ist Ihnen deren Meinung wichtig?

- Wenn Sie an Ihre Tätigkeiten denken, was trifft am ehesten

Welche Führungs-instrumente werden verwendet?

noch: Prüfkriterien: Führungsinstrumente

zu: Ich setze meine Ziele selbst, ich bekomme Zielvorgaben.

- Werden Sie darauf aufmerksam gemacht, wenn Ziele nicht oder später erreicht werden?

- Ziehen Sie aus Terminüberschreitungen Konsequenzen?

- Werden Ihre positiven Ergebnisse und persönlichen Leistungen gesehen und darüber gesprochen?

- Werden Fehler von Ihnen oder negative Abweichungen von Vereinbarungen von Ihren Vorgesetzten angesprochen?

- Gibt es klare, schriftlich fixierte Ziele oder Aufgaben für Sie?

- Werden für die Ziele oder Aufgaben Kenngrößen bestimmt, so dass objektiv nachvollziehbar ist, ob die Ziele erreicht oder die Aufgaben erfüllt wurden?

- Werden regelmäßig Jahresgespräche oder Beurteilungsgespräche geführt?

- Gibt es Verantwortliche für Geschäftsprozesse in ihrem Unternehmen?

- Gibt es regelmäßig Betriebsversammlungen oder Informationsveranstaltungen für Mitarbeiter?

Wichtig: Die Methodik der Balanced Scorecard schafft Transparenz, geht von klaren Zielen aus und setzt eine hohe Konsequenz in der Zielverfolgung voraus. Überlegen Sie, welche Mindestvoraussetzungen geschaffen werden sollten, um den Einführungsprozess zu starten.

Checkliste: Motivation und Veränderungswille

In der Regel wird die Einführung der Balanced Scorecard ein einschneidendes Ereignis für das Unternehmen sein. Damit unterliegt die Einführung den Gesetzen eines nachhaltigen Veränderungsprozesses. Ob die Voraussetzungen erfüllt sind, lässt sich an der folgenden Formel überprüfen: $U \times V \times E > W$

Formel:
$U \times V \times E > W$

- **U** steht für Unzufriedenheit mit der derzeitigen Situation

- **V** für eine klare Vorstellung von der Zukunft oder Vision

- **E** steht für erste erfolgreiche Schritte in die Zukunft

- **W** – wenn die Unzufriedenheit, die Vision und die ersten Schritte einen großen Wert haben (also zum Beispiel nicht gleich Null sind), dann besteht die Chance, dass das Produkt aus diesen Faktoren größer ist als der Widerstand (= W) im Unternehmen gegen die Veränderung

Nutzen Sie die Checkliste, um zu überprüfen, wie es in Ihrem Unternehmen bestellt ist. Ist der Widerstand noch zu groß, oder sind die Voraussetzungen bereits erfüllt?

Prüfkriterien: Motivation und Veränderungswille
- Wie gut informieren Ihre Kollegen Sie über aktuelle Themen?
- Wie beurteilen Sie den Zusammenhalt unter den Kollegen?
- Unterstützen die Kollegen Sie?
- Fühlen Sie sich wohl in der Gruppe der Kollegen?
- Wie, meinen Sie, würden die Kollegen auf die Frage antworten, wie gut Ihre Kollegen von Ihnen über aktuelle Themen informiert werden?

Wie groß sind die Widerstände im Unternehmen?

Wie groß sind die Widerstände im Unternehmen?

noch: Prüfkriterien: Motivation und Veränderungswille

- Was schätzen Sie, wie Ihre Kollegen den Zusammenhalt unter den Kollegen beurteilen?

- Was glauben Sie: Fühlen sich Ihre Kollegen von Ihnen unterstützt?

- Wenn Sie Ihre Tätigkeit beschreiben sollten, was trifft am ehesten zu?

  - Meine Tätigkeit gefällt mir, meine Tätigkeit gefällt mir nicht.

  - Meine Tätigkeit ist angesehen, meine Tätigkeit ist nicht angesehen.

  - Ich kann meine eigenen Ideen verwirklichen, ich kann meine Ideen nicht verwirklichen.

  - Ich stehe Veränderungen aufgeschlossen gegenüber, ich stehe Veränderungen unaufgeschlossen gegenüber.

- Haben Sie für sich ein klares Bild, welche persönlichen Ziele/Interessen Sie längerfristig verfolgen?

- Welche persönliche berufliche Vision haben Sie?

- Welche persönliche private Vision haben Sie?

Zu welchem Ergebnis sind Sie gekommen? Würden Sie von sich selbst behaupten, motiviert zu sein und den Veränderungswillen zu haben, mit der Balanced Scorecard zu arbeiten? Und wie beurteilen Sie die Voraussetzungen in Ihrem Unternehmen?

Checkliste: Gestaltung von Veränderungsprozessen

Wie der Veränderungsprozess zur Einführung der Balanced Scorecard gestaltet werden sollte, ist auch davon abhängig, wie bisher Veränderungsprozesse in Ihrem Unternehmen gestaltet und von den Betroffenen wahrgenommen wurden. Die nachfolgende Checkliste unterstützt Sie, einen kritischen Rückblick zu machen und Mindestvoraussetzungen für handlungsleitende Kriterien zu definieren.

Welche Mindestvoraus-setzungen müssen gegeben sein?

Prüfkriterien: Gestaltung von Veränderungsprozessen			
Von welchen der folgenden Kriterien haben Sie sich bei Veränderungsprozessen in der Vergangenheit leiten lassen?		Das Kriterium war handlungsleitend für mich	Das Kriterium hatte für mich keine Relevanz
Bitte die nachfolgenden Kriterien in der rechts nebenstehenden Tabelle bewerten und ankreuzen.		stark schwach	
		++ + – ––	
■ Die Veränderungsziele wurden früh- zeitig im Unternehmen kommuniziert.		☐ ☐ ☐ ☐	☐
■ Der Gesamtablauf des Veränderungs- prozesses wurde zu Beginn für alle Organisationsmitglieder offen gelegt.		☐ ☐ ☐ ☐	☐
■ Die Führungskräfte wurden am Veränderungsprozess beteiligt.		☐ ☐ ☐ ☐	☐
■ Die Führungskräfte erklärten den Ver- änderungsprozess zur eigenen Sache.		☐ ☐ ☐ ☐	☐
■ Die Veränderungskompetenz der Organisationsmitglieder wurde durch geeignete Trainingsmaßnahmen aufgebaut.		☐ ☐ ☐ ☐	☐
■ Die Führungskräfte wurden während des gesamten Veränderungsprozesses regelmäßig informiert.		☐ ☐ ☐ ☐	☐
■ Widerstände wurden aktiv angegangen.		☐ ☐ ☐ ☐	☐
■ Die Arbeitsebene wurde am Veränderungsprozess beteiligt.		☐ ☐ ☐ ☐	☐

Welche Mindestvoraussetzungen müssen gegeben sein?

noch: Prüfkriterien: Gestaltung von Veränderungsprozessen				
Bitte die nachfolgenden Kriterien in der rechts nebenstehenden Tabelle bewerten und ankreuzen.	Das Kriterium war handlungsleitend für mich			Das Kriterium hatte für mich keine Relevanz
	stark		schwach	
	++ +		– – –	
■ Die Arbeitsebene wurde während des gesamten Veränderungsprozesses regelmäßig informiert.	☐ ☐		☐ ☐	☐
■ Es wurden Maßnahmen zur Verankerung der Ergebnisse des Veränderungsprozesses eingeleitet.	☐ ☐		☐ ☐	☐
	sehr			gar nicht
	++ +		–	– –
■ Mit dem Resultat war ich als Führungskraft zufrieden.	☐ ☐		☐	☐

Auswertung

Beim idealtypischen Veränderungsprozess sind alle Kriterien stark (+/++) handlungsleitend.

Wichtig: Die Gestaltung des Veränderungsprozesses ist nur bedingt im Voraus planbar. Risiko und Chance liegen dicht beieinander. Wenn Sie nicht sicher sind, ob die Voraussetzungen für die Einführung der Balanced Scorecard gegeben sind, sollten Sie lieber noch warten oder externe Unterstützung hinzuziehen.

Mit Balanced Scorecard ungenutzte Potenziale mobilisieren

3

Potenziale mobilisieren

1. Balanced Scorecard-Instrumente: Mit Kopf, Herz und Hand arbeiten

> Die Einführung der Balanced Scorecard kann zu bis zu einem umfassenden Erneuerungsprozess für das Unternehmen ausgebaut werden und bietet die Möglichkeit, ungenutzte Potenziale zu mobilisieren und voll auszuschöpfen.

Mehr als ein Controlling-system

Der Ursprung der Balanced Scorecard ist die Welt des Controlling. So tun sich diejenigen Unternehmen mit der Einführung leicht, die bereits mit einem umfassenden Controllingsystem arbeiten. Sie ergänzen die Kennzahlen und optimieren das Gesamtsystem. Damit ist aber nur ein Bruchteil von dem erreicht, wozu die Balanced Scorecard eingesetzt werden kann.

Kopf, Herz und Hand

Die weiter unten beschriebenen Instrumente zur Einführung haben den Menschen in seiner konkreten Arbeitssituation im Fokus. Dabei sind drei Dimensionen von Bedeutung: Kopf, Herz und Hand.

Sachlogik

Der Kopf steht dabei für die sachlogische Ebene, auf der die Führungskräfte und Mitarbeiter ihre Ziele formulieren und die Kennzahlen bestimmen.

> **Erfolgs-Tipp:**
>
> Achten Sie darauf, dass die Einführung der Balanced Scorecard nicht unter der Federführung der Stabsabteilung Controlling oder Abteilung für Rechnungswesen eingeführt wird. Außer weiteren Kennzahlen und zusätzlichen Listen wird sich nichts verändern. Die einzigen Personen, die davon profitieren werden, wird die Unternehmensführung sein.

Die größte Herausforderung bei der Einführung und gleichwohl das größte Potenzial liegt darin, die Herzen der Führungskräfte und Mitarbeiter zu bewegen. Die Führungskräfte und Mitarbeiter identifizieren sich mit den Zielen, die mit ihnen vereinbart wurden. Ihre Motivation resultiert aus dem Willen, die anspruchsvollen Ziele erreichen zu wollen.

Psychologik

Die Energie, die aus dieser Motivation kommt, wird auf den Weg zum Ziel konzentriert. Wer sein Ziel klar vor Augen hat, legt tatkräftig Hand an, um es zu erreichen. Pragmatisch und konsequent. So führen Sach- und Psychologik zur Umsetzungsorientierung, die Erfolge möglich macht.

Umsetzungs-orientierung

Welche Instrumente eingesetzt werden müssen

Aus dieser Betrachtung der Balanced Scorecard heraus müssen ganz spezielle Instrumente eingesetzt werden. Die Instrumente müssen auf die Unternehmenskultur angepasst werden. Je nach konkreter Unternehmenssituation werden die Instrumente einzeln oder in Kombination eingesetzt. Eine Auswahl von Instrumenten wird nachfolgend kurz vorgestellt und ab Seite 125 ausführlich beschrieben.

Auf diese Instrumente kommt es an!

Checkliste: Fünf Balanced Scorecard-Instrumente

- **Zukunftskonferenz:** Das wesentliche Kernelement dieses Instruments ist der Übergang von der vergangenheitsorientierten Problemsicht hin zu einer lösungsorientierten Sicht der zu erarbeitenden, konkreten Zukunft. Die in der Veranstaltung erzeugte Aufbruchstimmung kann die Funktion einer Initialzündung für die Einführung der Balanced Scorecard übernehmen. Vorhandene Ergebnisse wie Vision, Unternehmensziele und Strategie können, soweit vorhanden, integriert werden oder selbst Gegenstand eines ersten Entwurfs in der Zukunftskonferenz werden.

---

noch: Checkliste: Balanced Scorecard-Instrumente

- **Strategie-Check:** Die Methodik der Balanced Scorecard sieht vor, aus der Vision die Unternehmensziele und die Strategie abzuleiten. Der Strategie-Check überprüft, ob die Strategie vollständig im Sinne der vier Perspektiven der Balanced Scorecard ist und die erforderliche Qualität gegeben ist. Erst dann sind die Voraussetzungen gegeben, die Strategie auf die nächste Führungsebene herunterzubrechen und Ziele zu vereinbaren.

- **LernLandKarten®:** Das Instrument ermöglicht die schnelle und nachhaltige Implementierung der Grundlagen der Balanced Scorecard in Unternehmen. Über die LernLandKarten® wird ein Lernprozess initiiert. Dieser Prozess ist so nachhaltig, dass jeder Teilnehmer weitere fünf Lernende bei der Bearbeitung der LernLandKarten® unterstützen kann. Über dieses Kaskadensystem können beliebig viele Mitarbeiter (von 800 bis über 100 000 Lernende, gegebenenfalls auch über Länder- und Sprachgrenzen hinweg) erreicht werden.

- **Führungsworkshop:** Ein anderes Instrument in der Einführung der Balanced Scorecard ist ein spezieller Workshoptyp. Dabei übernimmt ein Moderator die Aufgabe, einen Zielvereinbarungsprozess auf den Führungsebenen zu begleiten. An dem Workshop nehmen bis zu 16 Führungskräfte einer Ebene teil, die ein gemeinsames Zielsystem im Sinne der Balanced Scorecard vereinbaren. Das Zielsystem wird dann in der nächsten Hierarchieebene ebenfalls in einem Workshop weiter verfeinert.

- **Real Time Strategic Change Process:** Der Einführungsprozess kann beschleunigt werden, wenn die kritische Masse im Unternehmen erreicht wird und aktiv wird. Beim Real Time Strategic Change geht es darum, die Konkretisierung der Strategie mit der Ableitung konkreter Ziele der *noch: Checkliste: Balanced Scorecard-Instrumente*

Auf diese Instrumente kommt es an!

kritischen Masse im Unternehmen zu überantworten. Zu diesem Zweck finden sich 100 bis 1000 Mitarbeiter zu einer mehrtägigen Veranstaltung ein. Die Umsetzung der erarbeiteten und verabschiedeten, strategischen Neuausrichtung (Strategic Change) erfolgt dann sofort nach der Veranstaltung (Real Time).

Wichtig: Es ist hilfreich, die Einführung der Balanced Scorecard als einen Entwicklungsprozess für das Unternehmen zu sehen. Wie umfangreich und wie tief greifend der Prozess gestaltet wird, hängt von der Zielsetzung und der Unternehmenskultur ab. Fünf bewährte Instrumente helfen dabei, die Einführung effektiv und effizient zu gestalten.

Fünf praxisbewährte Instrumente für die Scorecard-Einführung

2. Zukunftskonferenz

Die Zukunftskonferenz ist ein effektives Instrument, um in mittelgroßen Gruppen eine gemeinsame Orientierung nach vorne zu erzielen, konkrete Maßnahmen zu erarbeiten und Aufbruchstimmung zu erzeugen.

Ursprünglich wurde das in Amerika entwickelte Instrument genutzt, um aktuelle Konflikte und ungelöste Probleme in Unternehmen durch die Betrachtung der Vergangenheit und der Gegenwart aufzugreifen und eine gemeinsames Bild der Zukunft zu entwickeln. Im Rahmen dieser Zukunftsarbeit wurde die Vision und das Leitbild entworfen und erste Maßnahmen erarbeitet, wie es nach der „Future Conference" weitergehen soll.

Ursprung in Amerika

Im Nachfolgenden wird erläutert, welche Varianten es gibt, dieses Instrument in deutschen Unternehmen einzusetzen. Ein Praxisbeispiel beleuchtet das Vorgehen und das Ergebnis der Zukunftskonferenz eines international tätigen Unternehmens, das nun „fit für die Zukunft" ist. Weiterhin werden Tips gegeben, wie es nach einem solchen Start in einem Veränderungsprozess weitergehen könnte und worauf zu achten ist.

Konzeption und Durchführung

Führungs-
instrument
„Zukunfts-
konferenz"

Viele Unternehmen in Deutschland haben die Themen Vision, Leitbild und Strategie bearbeitet. Damit ist das amerikanische „Original" nicht unmittelbar übertragbar auf die hiesigen Unternehmen. Daran gemessen hat die Stuttgarter Gesellschaft MPower die Zukunftskonferenz am konsequentesten auf deutsche Unternehmen zugeschnitten und darüber hinaus in vier Punkten zu einem effizienten Führungsinstrument weiterentwickelt:

Stärkere
Zukunfts-
orientierung

■ Die Zukunftsorientierung wird zeitlich und inhaltlich wesentlich stärker betont. Die Betrachtung der Vergangenheit und Gegenwart wird deutlich gekürzt auf maximal einen halben Tag. Vorher war es zwei- bis dreimal so lang.

■ Die bestehenden Entwürfe zu Vision und Strategie werden vor der Zukunftskonferenz vervollständigt. Dadurch werden die Vorarbeiten gewürdigt, eine hohe Geschwindigkeit während der Konferenz erreicht und eine klare Orientierung für die Zukunft gegeben. Die Teilnehmer setzen sich intensiv mit der Vision und Strategie auseinander und sind darauf eingeschworen. Im Ergebnis haben dann die Teilnehmer die Strategie detailliert und die eigenen Themen eingebracht. Dadurch entsteht die Identifikation und eine Aufbruchstimmung.

Fachlich
versierte Unter-
nehmenstrainer

■ Fachlich versierte Moderatoren begleiten die Arbeitsgruppen und unterstützen diese bei der Entwicklung konkreter Aktionspläne. Da es in den Unternehmen entweder keine ausgebildeten, intern akzeptierten Moderatoren gibt bzw. die anwesenden Teilnehmer sich selbst intensiv in den Arbeitsprozess einbringen wollen, übernehmen externe Unternehmenstrainer die Moderatorenrolle.

■ Der weiterentwickelte Ablauf kombiniert die hohe Ziel- und Ergebnisorientierung während der Zukunftskonferenz mit Prozesselementen auf der Gemeinschafts- und Individualebene. Kundenspezifisch ausgearbeitete Outdoor-Elemente verteilen sich über die gesamte Dauer der Konferenz und fördern die Gruppenprozesse wie zum Beispiel Vertrauensbildung und Teamentwicklung.

Outdoor-Elemente

Achtung: Die Zukunftskonferenz eignet sich für Gruppen von 16 bis 72 Teilnehmern. Bei der Auswahl der Teilnehmer sind zwei Varianten zu favorisieren. Die Gruppe bildet das gesamte Unternehmen durch repräsentativ ausgewählte Teilnehmer ab (Mikrokosmos des Unternehmens). Die zweite Variante sieht wie folgt aus: Alle Teilnehmer sind Führungskräfte und gleichgestellte Experten im Unternehmen einer Führungsebene. Bei kleineren Unternehmen können weitere, vollständig vertretende Führungsebenen eingebunden werden.

In der Beurteilung, welche Variante in der konkreten Unternehmenssituation passender ist, sollte bei der Besetzung der Zukunftskonferenz als „Mikrokosmos" Folgendes beachtet werden: Die Teilnehmer sollten die kritische Masse im Unternehmen darstellen. Das heißt, wenn sie sich nach der Zukunftskonferenz engagieren, verändert sich auch tatsächlich das Unternehmen.

Mikrokosmos des Unternehmens

Zu beachten ist auch der zeitliche Aspekt. Diese sehr heterogene Gruppe benötigt mehr Zeit als eine relativ homogene Gruppe von Führungskräften einer Ebene, um eine gemeinsame Arbeitsbasis zu finden, konstruktiv miteinander zu arbeiten und ein tragfähiges Teamgefühl zu entwickeln. Als Orientierung sei hier der Faktor 2 genannt. Eine für zwei Tage geplante Zukunftskonferenz wäre dann also bei einer heterogenen Gruppe für dreieinhalb bis vier Tage zu konzipieren.

Zukunftskonferenzen, die mit den obersten Führungsebenen durchgeführt werden, sind effektiver und effizienter als die Durch-

Zukunftskonferenz mit dem Management

führungsvariante mit dem Mikrokosmos. Diese Behauptung stützt sich auf die folgenden Erfahrungen:

Vorbildfunktion

- In vielen deutschen Unternehmen orientieren sich die Führungskräfte am oberen Management und stimmen ihr Verhalten auf das vorgelebte Führungsbild ab (ausgeprägte Vorbildfunktion durch den Vorgesetzten). Da die Zukunftskonferenz Wandel induziert, ist der Projektauftrag quasi die Willensbekundung der oberen Führungsebenen zur Veränderung.

Aufgabe, Kompetenz und Verantwortung in einer Hand

- Damit können alle in der Zukunftskonferenz entwickelten Arbeitspläne sofort umgesetzt werden: Aufgabe, Kompetenz und Verantwortung liegen bei den teilnehmenden Führungskräften. In Verbindung mit der Aufbruchstimmung und der Identifikation mit der Vision und den Maßnahmen sind die Voraussetzungen für einen nachhaltigen Wandel (Neuorientierung) gegeben.

Erfolgs-Tipp:

Die Zukunftskonferenz ist für Vorstände und Geschäftsführer geeignet, die ihr Unternehmen auf einen neuen Kurs bringen und dafür ihre Führungskräfte als Aktivisten und Promotoren sehen. Die wertvollen Ergebnisse der Zukunftskonferenz lauten Aufbruchstimmung, klare Zielorientierung und Identifikation mit den entwickelten Aktionsplänen für den neuen Kurs. Es erfüllt damit die Anforderung an ein modernes Führungsinstrument.

Interessantes Fallbeispiel: „Fit für die Zukunft"

Das Ziel der Schroff GmbH in Straubenhardt war, bei ihren 40 Top-Führungskräften eine positive Einstellung gegenüber den Herausforderungen der Zukunft zu erreichen und konkrete Aktionspläne für den Weg dorthin zu erarbeiten. „Fit für die Zukunft" lautete daher das Motto der Zukunftskonferenz.

Die Schroff GmbH hatte in relativ kurzen Intervallen einschneidende Veränderungen zu verkraften. Beispielhaft seien hier angeführt die Veränderungen im marktlichen Umfeld der Elektronik- und Telekommunikationsindustrie sowie nachfolgend der Druck auf die Margen.

Wechselhafte Historie

Nach Übernahme der Verantwortung durch die neue Geschäftsführung und der Neuausrichtung des Unternehmens gelang es, im September 1999 die höchste Umsatzrendite seit fünf Jahren zu erzielen.

Was allerdings fehlte, war eine Aufbruchstimmung und die konsequente Ausrichtung des Managements auf eine gemeinsame Vision. Zudem kam der kulturelle Wandel vom patriarchalischen zum kooperativen Führungsstil nur schleppend voran.

Fehlerhafter Wertewandel

In Interviews mit den 18 Fach- und Führungskräften aus allen Bereichen und Ebenen bestätigte sich, dass dieser Wandel im Tagesgeschäft noch nicht vollzogen war. Das führte zu kontraproduktiven Auseinandersetzungen auf der fachlich-inhaltlichen und der persönlichen Ebene.

Befragung der Führungskräfte

Die Geschäftsführung entschied sich zu einer zweitägigen Zukunftskonferenz, um von der reinen Problemorientierung, bezogen auf das Tagesgeschäft, wegzukommen, hin zu einen Energieschub im gesamten Unternehmen und dem Blick nach vorne.

Zu der Zukunftskonferenz wurden die 40 Top-Führungskräfte sowie die Experten aus den Unternehmensbereichen eingeladen, nach der Devise, „das ganze offene System zusammenzubringen". Alle in einen Raum zu holen ist eine Stärke dieses Instruments, weil nur so eine wirklich umfassende Bestandsaufnahme gelingen kann. Sie soll ein umfassendes Bild von Vergangenheit, Gegenwart und Zukunft entstehen lassen, zu dem jeder beiträgt und seine Sichtweise mit einbringt. Das Motto der Veranstaltung: „Fit für die Zukunft".

Blick auf die Vergangenheit

Die Struktur der Zukunftskonferenz gliederte sich in sechs Aufgaben von jeweils etwa drei Stunden. Gleich bei der ersten Aufgabe, einem Blick auf die Vergangenheit, entwickelte sich ein produktiver Dialog und ein Bewusstsein gemeinsamer Werte. Die Teilnehmer trugen die Daten und Informationen zu den letzten fünf Jahren zusammen. Anschließend dokumentierten sie die Ereignisse, die das gesellschaftliche Umfeld, die Schroff GmbH und jeden persönlich, geprägt haben.

Wahrnehmungsvielfalt der Gegenwart

Diese Rückblende diente dem Zweck, allen Beteiligten die Entwicklung von Schroff noch einmal kritisch vor Augen zu führen: Die Gegenwart ist das Ergebnis der Maßnahmen und Bemühungen in der Vergangenheit. Wie unterschiedlich Interpretation und Bewertung dieser Ereignisse waren, zeigte die nachfolgende Diskussion. Aber anstatt eine gemeinsame Sicht zu entwickeln, erschien es in dieser Phase wichtiger, die Vielfalt aufzuzeigen und deutlich zu machen, dass alle Meinungen und Wahrnehmungen gültig sind – es gibt kein „richtig" oder „falsch" in der Sicht der bestehenden Probleme und Differenzen.

Chancen und Risiken von Vision und Strategie

Im nächsten Schritt wurden die Vision und Strategie des Pentair-Konzerns und der Schroff GmbH präsentiert. Welche Chancen und Risiken sich daraus ergeben und was auf dem Weg zum vorgegebenen Ziel zu beachten ist, erarbeiteten vier Arbeitsgruppen parallel.

Ihre Aufgabe umfasste auch die Auseinandersetzung mit den Themen, die aufgrund der Interviewergebnisse die größten Herausforderungen für Schroff darstellten:

- Strategie
- Kommunikation
- Kultureller Wandel
- Kundenorientierung

www.metropolitan.de

Es galt, das konkrete Arbeitsumfeld des Unternehmens und der Mitarbeiter zu durchleuchten und fokussiert auf die Haupttrends am Markt festzustellen, was bereits heute an nutzbringenden Maßnahmen umgesetzt wird und was in der Zukunft getan werden sollte. Das Prinzip Selbstverantwortung begann zu wirken. Die Teilnehmer standen für die Situation ein und übernahmen Verantwortung für konkrete Aktionen.

Vertrauen und Teamgeist

Zwischen den einzelnen Arbeitsphasen förderten Outdoor-Übungen das gegenseitige Vertrauen, den Teamgeist und die gemeinsame Überzeugung: „Da ist Glut unter der Asche!"

Wichtig: Ein Stand zur Überprüfung der persönlichen Fitness sowie Fitnessübungen brachten den Teilnehmern die Begeisterung, Freude und Entspannung, die das Bild von der Zukunft lebendig werden lassen. Die Teilnehmer spürten dessen visionäre Anziehungskraft und das Vertrauen in eine erfolgreiche Zukunftsbewältigung.

Persönliche Fitness

Die abschließende Aufgabe gipfelte in einer gemeinsamen Collage der vier Gruppen. Aus Presseausschnitten und Symbolen entwarfen sie ein Bild von Schroff auf dem Weg in die Zukunft, wenn alle in den Gruppen erarbeiteten Aktionen umgesetzt sind.

Der Weg in die Zukunft

Um die thematischen Inhalte der zwei Tage im Überblick erfassen zu können, bildeten die Stellwände mit den Arbeitsergebnissen zu Vergangenheit, Gegenwart, Weg in die Zukunft, Strategie und Vision einen großen Kreis. Am Ende der Veranstaltung gingen alle Teilnehmer an den 38 Stellwänden vorbei und sahen sich diese nochmals intensiv an. Dabei stellte sich heraus: Der zuvor ständig spürbare Frust hat einer tief empfundenen Aufbruchsstimmung Platz gemacht.

Seit diesen zwei Tagen orientieren sich die Teilnehmer der Zukunftskonferenz wieder an den Zielen und stehen gemeinsam hinter ihnen.

Ergebnis von „Fit für die Zukunft"

**Betriebswirt-
schaftlicher
Erfolg und
Kunden-
reaktionen
sind aus-
schlaggebend**

Das Markenunternehmen für Enclosures (Entwurf und Herstellung von elektronischen Schaltschränken) ist integraler Bestandteil des amerikanischen Konzerns Pentair und dessen weltweiten Strategie. In der Zukunftskonferenz wurde der Blick nach vorne gerichtet und Maßnahmen auf dem Weg zur Vision erarbeitet. Die Aufbruchstimmung und der Beginn des kulturellen Wandels stärken die Geschäftsführung und das Management in ihrem Gefühl: Das Unternehmen ist fit für die Zukunft. Der betriebswirtschaftliche Erfolg und die ersten Reaktionen von Kunden auf inländischen und internationalen Messen bestätigen das.

Prozessbegleitung

Die noch so gelungene Zukunftskonferenz braucht eine professionelle Prozessbegleitung für den Weg in die Zukunft.

In der Praxis hat sich gezeigt, dass auch die durch Zukunftskonferenzen initiierten Veränderungsprozesse den Regeln des Veränderungsmanagements folgen. Vor diesem Hintergrund geben die folgenden Punkte eine erste Orientierung für den Handlungsrahmen.

Information und Kommunikation

**Kristalli-
sationskern**

Die Ergebnisse der Zukunftskonferenz haben nicht den Stellenwert von vertraulichen Erkenntnissen, sondern sollen der Ausgangspunkt, Kristallisationskern für unternehmensweite Aktivitäten sein.

Die ausführliche Information über die Zukunftskonferenz sollte durch entsprechende Maßnahmen unterstützt werden.

Beispiel: ─────────────────────

- Ausführliche Dokumentation

- Frei zugängliche Bildschirmpräsentationen

- Verbreitung von Kernbotschaften in bestehenden Informationskreisen

- Diskussion der Ergebnisse in kleinen Gruppen am Arbeitsplatz

- Newsletter über den Fortschritt

- Bericht in Betriebsversammlungen

Projektkoordination und Steuerung

Einige der während der Zukunftskonferenz verabschiedeten Maßnahmen entsprechen in Zeitaufwand, Ressourceneinsatz und Organisation einem Projekt. Diese Aktivitäten sollten in einer zentralen Stelle für Projektkoordination dokumentiert werden. So ist es möglich, unklare Ziele und Ressourcenzuweisungen über klare Projektaufträge zu klären und Schnittstellen zu managen.

Projekt-koordination

Durch diesen Gesamtüberblick über die laufenden Projekte kann die Belastung für das Gesamtunternehmen überschaut sowie die notwendigen Aktivitäten nach der Bearbeitung der Maßnahmen strukturiert werden. Gleichzeitig kann die Unternehmensführung bzw. ein Projektlenkungsausschuss zeitnah und umfassend informiert werden.

Steuerung

Multiplikation und Feedback

Zur Umsetzung der Maßnahmen sollte von möglichst vielen, zeitlich befristet und möglichst klein vom Zeitaufwand, Arbeitsgruppen eingerichtet werden. Die Teilnehmer sind dann auch wieder Multiplikatoren, die die Ergebnisse der Arbeitsgruppen kommuni-

Multiplikation

zieren. Deshalb sollte die Besetzung der Arbeitsgruppen recht breit und offen kommuniziert werden, um möglichst viele Mitarbeiter über die Inhalte der geplanten Arbeitsgruppe für den Veränderungsprozess zu interessieren.

Feedback

Die Arbeitsgruppe hat auch die Aufgabe, Rückmeldungen aus der Belegschaft (Feedback) aufzunehmen, zu diskutieren und die Antwort zu kommunizieren. Zwei Erfolgsfaktoren für die Arbeitsgruppe sind: Glaubwürdigkeit im Arbeiten und der Kommunikation sowie erlebbarer Praxisbezug.

Fehlt einer dieser Erfolgsfaktoren, so nehmen die kritischen Stimmen zu und können das Projekt „im Tal der Tränen" kippen.

Training und Coaching

Wichtig für Präsentation, Rhetorik, Kommunikation

In dem überwiegenden Teil der Veränderungsprozesse fehlen einige Fähigkeiten. Beispielhaft seien hier Fertigkeiten genannt aus den Themenbereichen: Veränderungsmanagement, Projektmanagement, Präsentation, Rhetorik, Kommunikation, Prozessorientierung, Teamarbeit und Persönlichkeit. Über entsprechende Trainings und Coachings kann hier in der Regel kurzfristig das erforderliche Niveau erreicht werden.

Zukunftswerkstatt

Nach anfänglich sechs bis acht Wochen sollten weitere Veranstaltungen im Sinne der Zukunftskonferenz folgen. Der Zeitaufwand sollte nicht länger als einen Arbeitstag betragen. Die Inhalte sollten sowohl die Unternehmenssicht als auch die individuell-persönliche Perspektive berühren. Damit wird erreicht, dass der allgemeine Rahmen bekannt ist und daraus geeignete Maßnahmen für den eigenen Arbeitsplatz abgeleitet werden können. Die Zukunftswerkstatt bedarf einer ähnlich professionellen Vorbereitung wie die Zukunftskonferenz.

www.metropolitan.de

Erfolgs-Tipp:

In der Zukunftskonferenz kann in Hinblick auf die Einführung der Balanced Scorecard die Grundlage gelegt werden. Entscheidend für den weiteren Erfolg wird dann der weitere Prozessverlauf sein. Hierbei ist es wichtig, auf die folgenden Aspekte zu achten: Information und Kommunikation, Projektkoordination und Steuerung, Multiplikation und Feedback sowie Training und Coaching für die Beteiligten. Darüber hinaus sollten Zukunftswerkstätten eingerichtet werden, um dem Prozess neuen Schwung zu geben (Aufbruchstimmung) und (Arbeits-)Geschwindigkeit aufzunehmen.

3. Strategie-Check

Die vollständige, klare und dokumentierte Strategie ist das Fundament der Balanced Scorecard.

In vielen Unternehmen ist die Strategiearbeit auf der obersten Führungsebene, also im Vorstand oder der Geschäftsführung, angesiedelt. Durch den kleinen Teilnehmerkreis bedingt, sind oft weniger Informationen, Konzepte und Entscheidungen dokumentiert, als bereits vorhanden sind.

Für die Einführung der Balanced Scorecard ist eine vollständige Dokumentation der Strategie erforderlich, da sie als Basis für weitere Führungsebenen zur Ableitung der Zielkarten kommuniziert werden muss. Deshalb sollte die Dokumentation der Strategie auf die inhaltliche Darstellung und die Klarheit überprüft werden.

Dokumentation der Strategie

Ein kompetenter Experte sollte den Strategie-Check durchführen. Dieser Experte könnte sowohl der qualifizierte Unternehmensberater von außen sein oder ein Team von internen Führungskräften. Falls auf ein internes Team zurückgegriffen wird, empfiehlt es sich,

Reine Expertenrolle!

die Führungskräfte sorgfältig auszuwählen und auf ihre Aufgabe vorzubereiten (TOP-Team).

TOP-Team

Dieses TOP-Team durchläuft eine Entwicklungsmaßnahme, die sich durch ihre Ausrichtung auf strategische Managementkompetenzen deutlich von den üblichen Führungskräftetrainings abhebt und folgende Inhalte abdecken sollte:

- Maßnahmen zur Persönlichkeitsentfaltung und -entwicklung

- Verstärkung der Teamorientierung (Teamfähigkeit zwischen Abteilungen und Märkten, Abteilungen und Abteilungen oder zwischen Märkten und Märkten)

- Förderung der hierarchie- und bereichsübergreifenden Zusammenarbeit (vor allem abteilungsübergreifendes Verständnis)

- Ausbau strategischer Managementkompetenzen

Entwicklungs-maßnahme

Um Wissens- und Erfahrungsunterschiede im TOP-Team auszugleichen, sollte die Maßnahme weiterhin Module zum „Führungswissen" beinhalten. Wie eine solche Maßnahme aussehen könnte, wird ab Seite 139 beschrieben.

Strategie-entwicklungs-prozess

Noch während der Ausbildung zum TOP-Team wird der Strategie-Check begonnen und fehlende Bestandteile durch das Team bearbeitet. Je nach Qualität der vorliegenden Strategie kann sich ein Strategieentwicklungsprozess anschließen. Auch hier soll das TOP-Team aktiv unterstützen und eigene Ideen, Informationen und strategische Konzepte einbringen. Die Inhalte eines Strategieentwicklungsprozesses sind weiter unten aufgeführt.

Im letzten Abschnitt führt eine Checkliste alle die Elemente auf, die Grundlage für die Einführung der Balanced Scorecard sind. Über konkrete Fragen kann jeder selbst überprüfen, ob die Elemente wie Mission, Vision, Leitbild, strategischer Rahmen und strategische Ziele vorhanden sind und die notwendige Klarheit und Qualität mitbringen.

Wichtig: Der Strategie-Check überprüft die Grundlagen für die Einführung der Balanced Scorecard. Ein ausgebildetes TOP-Team von Führungskräften mit strategischen Managementkompetenzen und Erfahrungen sollte die oberste Führungsebene beim Strategie-Check unterstützen. Bei Bedarf sind Inhalte aus einem kompletten Strategieentwicklungsprozess nachzubearbeiten. Eine Checkliste gibt Anregungen, an welchen Stellen noch konkreter Handlungsbedarf besteht.

Oberste Führungsebene unterstützen

TOP-Team

Führungskräfte, die den Strategie-Check durchführen sollen, müssen über strategische Managementkompetenzen verfügen.

An das TOP-Team werden hohe Erwartungen gestellt. Gleichzeitig sei aber darauf hingewiesen, dass das TOP-Team keine neue Hierarchie bildet und die Mitglieder nicht zwingend von einer Führungsebene sein müssen. Ihre Aufgaben sind:

Hohe Erwartungen an das Top-Team

- Das Top-Team unterstützt den Vorstand bei strategischen Planungen und bei der Ausarbeitung und Umsetzung strategischer Ziele.

- Es führt gemeinsam mit dem Vorstand oder der Geschäftsführung den Strategiecheck durch.

- Die Mitglieder des TOP-Teams leiten strategisch bedeutende Projekte.

- Das Top-Team übernimmt Sonderaufgaben mit abteilungsübergreifendem Charakter.

Für die Besetzung und die Vorbereitung des TOP-Teams für seine Aufgaben sind folgende Maßnahmen zielführend:

- Auswahl- und Entwicklungsverfahren

- Start-Workshop mit der Unternehmensleitung

- Trainingsmodul 1: „Persönlichkeit im Team"

- Trainingsmodul 2: „Grundlagen des strategischen Denkens"

- Trainingsmodul 3: „Systemische Strategieentwicklung: Methoden, Techniken, Anwendung"

- Trainingsmodul 4: „Führung und Kooperation in (abteilungsübergreifenden) Konfliktsituationen

- Trainingsbegleitende Projektarbeit

- Patenschaften

- Kurzreferate und Kamingespräche

- Trainingsbegleitendes Coaching

Die hier beschriebenen Maßnahmen sind aus dem Personalentwicklungsprogramm der Ostseesparkasse entnommen, die mit den Unternehmenstrainern von MPower durchgeführt wurden.

Auswahl- und Entwicklungsverfahren

Interesse des Unternehmens

In einem Auswahl- und Entwicklungsverfahren wird eine Gruppe von ca. 14 Bewerberinnen und Bewerbern ausgewählt, die sich für die Teilnahme an dem „TOP-Team" qualifizieren. Im Interesse des Unternehmens wird nach der „bestmöglichen Besetzung" für das „TOP-Team" gesucht. Das Auswahlverfahren sollte mit einem praxisbezogenen Entwicklungsverfahren gekoppelt sein.

Bewerbersicht

Im Interesse der Bewerberinnen und Bewerber soll verhindert werden, dass sie in eine berufliche Situation geraten, in der sie sich dauerhaft überfordert fühlen. Für alle Teilnehmer bieten die Auswahltage die Chance der persönlichen Standortbestimmung und der Ableitung von Entwicklungsmaßnahmen im Rahmen von detaillierten Rückmeldegesprächen.

Start-Workshop mit der Unternehmensleitung

Im Start-Workshop werden Ziele, Zweck, Inhalt und Ablauf der Personalentwicklungsmaßnahme für das TOP-Team vorgestellt und erläutert. Das Konzept der trainingsbegleitenden Projektarbeit (sofortige Umsetzung der Theorie in die Praxis) wird dargestellt, um vor diesem Hintergrund später konkrete Projektaufgaben abzuleiten.

Die Einführung von Patenschaften und die Durchführung der Vorbereitungsgespräche für ein erstes Trainingsmodul, in dessen Rahmen auch die Spielregeln für die Zusammenarbeit zwischen Unternehmensleitung und Trainingsteilnehmer festgelegt werden, bilden den Schwerpunkt des Start-Workshops.

Patenschaften und Spielregeln

Trainingsmodul 1: „Persönlichkeit im Team"

Im ersten Trainingsmodul stehen die Trainingsschwerpunkte Persönlichkeitsentfaltung und -entwicklung sowie Verstärkung der Teamorientierung im Vordergrund. Persönliche Handlungs- und Verhaltensmuster werden reflektiert und in ihren Auswirkungen auf den Kommunikationsprozess untersucht.

Persönliche Handlungs- und Verhaltensmuster

Persönliche Stärken und Schwächen werden erörtert, um Entwicklungsziele und Entwicklungspläne für den weiteren Ausbau der Stärken sowie für den Abbau der Schwächen auszuarbeiten.

Bei der Verstärkung der Teamorientierung soll vor allem das Verständnis für gruppendynamische Prozesse und für Methoden und Techniken zur Steuerung dieser Prozesse weiter gefördert werden. Zum Beispiel können im Rahmen von Outdoor-Übungen gruppendynamische Prozesse erleb- und erfahrbar gemacht werden, so dass persönliche Reaktionsmuster unmittelbar sichtbar werden und nicht theoretisch erschlossen werden müssen.

Team-orientierung

3 *Ungenutzte Potenziale mobilisieren*

Trainingsmodul 2: „Grundlagen des strategischen Denkens"

Ganzheitlich, vernetzt und system- orientiert

Modul 2 und 3 bauen aufeinander auf und dienen dem Ausbau strategischer Managementkompetenzen. Das zweite Trainingsmodul beschäftigt sich mit den Grundlagen des strategischen Denkens. Die Vorteile einer „ganzheitlichen, vernetzten und systemorientierten Denke" werden herausgearbeitet und anhand praktischer Übungen demonstriert.

Strategie- entwicklung

Unterschiedliche Ansätze der Strategieentwicklung werden beleuchtet, um brauchbare Elemente für einen zum Unternehmen passenden Strategieentwicklungsprozess herauszufiltern. Die Funktion im Markt sowie Kunden- und Prozessorientierung sind wichtige Stichworte in diesem Trainingsmodul. Ein Phasenschema zur Strategieentwicklung wird vorgestellt und kritisch erörtert.

Trainingsmodul 3: „Systemische Strategieentwicklung: Methoden, Techniken, Anwendung"

Transfer ins eigene Unternehmen

Im dritten Trainingsmodul werden die in Modul 2 bereits erworbenen Kenntnisse und Erkenntnisse auf das Unternehmen angewendet. Das Phasenschema zur Strategieentwicklung erfährt in seiner Anwendung am Beispiel des eigenen Unternehmens seine Konkretisierung und seine weitergehende Ausgestaltung.

Instrumente

In Abhängigkeit vom Vorwissen des Top-Teams und von den Projektaufträgen im Rahmen der Projektarbeit werden ausgewählte Instrumente der Strategieentwicklung (zum Beispiel: Szenario-Technik, Portfolio-Konzept, Arbeit mit Systemmodellen, Vernetzungsanalyse, Ressourcenanalyse, Konkurrenzanalyse, Geschäftsprozessanalyse, Utopie-Übung, Phantasiereisen, Strategische Unternehmensbewertung, Substitutionsanalyse, Arbeit mit Beziehungsnetzen) vorgestellt, eingeübt und für den Strategiecheck und die Bearbeitung der Unternehmensstrategie nutzbar gemacht.

Trainingsmodul 4: „Führung und Kooperation in (abteilungs-übergreifenden) Konfliktsituationen"

Im vierten Trainingsmodul stehen der Umgang mit Konflikten und die Förderung der hierarchie- und bereichsübergreifenden Zusammenarbeit und damit ein weiterer Aspekt der Teamorientierung im Vordergrund. Das abteilungsübergreifende Verständnis soll gestärkt und die Teamfähigkeit zwischen Abteilungen und Vertriebseinheiten, Abteilungen und Abteilungen oder zwischen den Vertriebseinheiten verbessert werden.

Verhandlungssituationen mit divergierenden Zielen und Interessen der Verhandlungspartner und die konstruktive Gestaltung dieser Situationen bilden den Schwerpunkt des vierten Trainingsmoduls, in dem es darum geht, Konflikte vor dem Hintergrund einer prozess- und kundenorientierten Denkweise als Entwicklungschance zu begreifen. Die möglichen Wege der Konfliktbearbeitung werden besprochen und eingeübt.

Trainingsbegleitende Projektarbeit

Trainingsbegleitende Projektarbeit soll die Umsetzung der Trainingsinhalte fördern. Unmittelbar nach der Erarbeitung von Methoden, Techniken und Instrumenten der Strategieentwicklung im Rahmen der Trainingsveranstaltungen sollen die neu erworbenen Werkzeuge in der Praxis angewendet werden. Die Projektarbeit besteht in der Unterstützung der Unternehmensleitung bei ihren strategischen Überlegungen und dem Strategiecheck. Die Arbeit des TOP-Teams kann auf diese Weise auch optimal mit der Arbeit der Unternehmensleitung verknüpft werden, sofern dies gewünscht wird.

Nach Abschluss der Projektarbeit und des Strategie-Checks gibt die Unternehmensleitung eine Rückmeldung zur Qualität der Projektergebnisse und zum Verlauf der Projektarbeit aus ihrer Sicht. Die Zusammenarbeit zwischen Unternehmensleitung und dem TOP-Team wird einer abschließenden Bewertung unterzogen,

Konflikte und Zusammenarbeit

Prozess- und kundenorientierte Denkweise

Unterstützung der Unternehmensleitung

Bewertung der Zusammenarbeit

bevor dann die Weichen für die zukünftige Zusammenarbeit gestellt werden können.

Patenschaften

Umsetzungsorientiert und persönlich

Jedes Mitglied der Unternehmensleitung könnte eine Patenschaft für die Teilnehmer des TOP-Teams übernehmen. Im Rahmen dieser Patenschaft sollten zu jedem Trainingsmodul strukturierte Vor- und Nachbereitungsgespräche geführt werden. Die geplanten Gespräche sind umsetzungsorientiert und jeweils auf die persönliche Situation des Teilnehmers zugeschnitten.

Transfersicherung

Die Patenschaften dienen somit der Transfersicherung. Darüber hinaus liegt im intensiven Austausch zwischen Unternehmensleitung und Trainingsteilnehmern eine Möglichkeit, unterschiedliche Perspektiven auszutauschen und gegebenenfalls abzugleichen, so dass ein gemeinsam getragenes Werteverständnis entstehen kann.

Kurzreferate und Kamingespräche

Aktuelle Themen

Kurzreferate und Kamingespräche zu konkreten Unternehmensthemen fördern zusätzlich den intensiven, offenen und konstruktiven Dialog zwischen der Unternehmensleitung und den TOP-Team-Mitgliedern. Aktuelle Themen können so, zum Teil im informellen Rahmen eines Kamingesprächs, in die Trainingsarbeit eingesteuert werden oder diese flankierend begleiten. Die Umsetzung von Trainingsinhalten steht bei den Kamingesprächen im Vordergrund.

Trainingsbegleitendes Coaching

Individuelle Unterstützung

Zu den genannten Maßnahmen können zusätzlich trainingsbegleitende Coaching-Maßnahmen durchgeführt werden. Die Coaching-Maßnahmen beziehen sich auf das gesamte Trainingsspektrum und können von der eher sachorientierten Unterstützung in der Projektarbeit (zum Beispiel der Anwendung von Methoden im Rahmen des Strategie-Checks oder der Strategieentwicklung) bis hin zur Begleitung bei Themen der Persönlichkeitsentwicklung oder zur Unterstützung bei der Bearbeitung konkreter Fragestellungen im Verantwortungsbereich der Mitglieder des TOP-Teams reichen.

Wichtig: Mit dieser Entwicklungsmaßnahme kann die Zukunft des Unternehmens durch qualifizierte Führungskräfte, die ihre grundsätzliche Eignung für TOP-Positionen schon nachgewiesen haben, gesichert werden. Diese Maßnahme kann das personalpolitische Ziel, offene Führungspositionen intern besetzen zu können, unterstützen. Das Unternehmen bietet somit ambitionierten Führungskräften die Chance, sich innerhalb des Unternehmens auf die Übernahme von TOP-Positionen vorzubereiten. Nicht zuletzt wird durch diese Maßnahme das eigene Unternehmen nach innen und außen als Arbeitgeber für ehrgeizige und engagierte Führungskräfte attraktiv gemacht werden. Das TOP-Team führt gemeinsam mit der Unternehmensleitung den Strategie-Check durch und kann aktive Beiträge für den Strategieentwicklungsprozess leisten.

Ambitionierte Führungskräfte haben jede Chance

Die Inhalte einer Unternehmensstrategie

Eine solide Unternehmensstrategie ist das Ergebnis eines kreativen Entwicklungsprozesses.

Die Inhalte einer Unternehmensstrategie sind für jedes Unternehmen individuell auszugestalten. Diese Aussage geht von der Prämisse aus, dass sich ein Unternehmen von seinen Wettbewerbern differenzieren will durch ein unverwechselbares Alleinstellungsmerkmal. Wie das Unternehmen dorthin kommt, ist ein kreativer und visionärer Entwicklungsprozess, der folgende Elemente aufgreift:

Kreativer und visionärer Entwicklungsprozess

In der ersten allgemeinen Umfeldbetrachtung geht es darum, die wirtschaftlichen und politischen Zusammenhänge, Abhängigkei-

Politische und wirtschaftliche Vorgaben

ten und Chancen zu erkennen und deren Entwicklung für die Zukunft zu prognostizieren. Konkrete Beispiele für politische Vorgaben sind die Deregulierung von monopolisierten Märkten wie Telekommunikation und Energie, die Schaffung eines Euroland-Binnenmarktes und die Märkte im Osten und im Fernen Osten. Beispiele für wirtschaftliche Vorgaben sind Konjunkturprognosen und demografische Entwicklungen. Vor diesem Hintergrund formuliert das Unternehmen seine Mission, also die Beschreibung eines Grundselbstverständnisses.

Markt- und Wettbewerbs-szenarien

Das Unternehmen braucht ein klares Verständnis, wie es sich im Markt und gegenüber seinen Wettbewerbern positionieren will. In dieser Phase entstehen verschiedene Szenarien, die von optimistischen, pessimistischen und (nach eigenem Ermessen) wahrscheinlichen Grundannahmen arbeiten und aufzeigen, wo das Unternehmen in der Zukunft im Markt und zum Wettbewerb stehen kann. Die Konklusion ist dann eine attraktive Vision für die Zukunft. Ein zu entwickelndes Leitbild gibt darüber hinaus eine Orientierung auf dem Weg in die Zukunft, unabhängig davon, welches Szenario eintritt.

Auswirkungen der Strategie

Auf der Basis der Szenarien formuliert das Unternehmen die strategischen Aussagen für das Gesamtunternehmen und klärt die Auswirkungen auf die Kernperspektiven Kunden, interne Prozesse, Finanzen sowie Lernen und Entwickeln. Die Ergebnisse münden dann in einen für die nächsten Jahre verbindlichen, strategischen Rahmen.

Identifikation der Leistungs-treiber

Im nächsten Detaillierungsschritt geht es darum, was zum Ausfüllen des strategischen Rahmens getan werden muss. Das Ergebnis sind konkrete strategische Ziele und die Identifikation von Leistungstreibern. Diese Klarheit in der Verbindung des jeweiligen Ziels mit den Leistungstreibern ist eine wesentliche Grundlage für das Auffächern des Ziels in weitere Scorecards auf den nächsten Hierarchieebenen. Der Erfolg bei den Leistungstreibern bedeutet damit gleichzeitig den Erfolg für das Unternehmen.

Für die jeweiligen Leistungstreiber lassen sich geeignete Kennzahlen festlegen. Diese Kennzahlen bilden das Herzstück für die effektive Steuerung des Unternehmens.

Festlegung der Kennzahlen

Die strategischen Ziele bilden die oberste Ebene der Scorecards. Für die Detaillierung gibt es zwei Wege: Entweder lassen sich die Scorecards in der bestehenden Führungsorganisation weiter aufteilen, oder sie sind außerhalb der Organisation in strategischen Projekten umzusetzen. Im letzteren Fall ist die Scorecard gleichzeitig ein Bestandteil des Projektauftrags. Eine Mischform der Alternativen gibt es (aus Praktikabilitätsgründen) nicht. Tritt ein solcher Fall aber auf, sind die strategischen Ziele noch einmal zu überarbeiten.

Detaillierung der Scorecards

Die Umsetzung der Strategie muss überwacht werden, um im Sinne eines Frühwarnsystems flexibel und schnell reagieren zu können. Das Controllingsystem sollte so einfach wie möglich gehalten werden. Diese Einfachheit lässt sich erreichen, wenn die Leistungstreiber und deren Kennzahlen über die Führungsebenen immer weitergereicht werden. Diese Konsequenz bringt den größten Nutzen durch die Fokussierung auf eine überschaubare Anzahl von strategischen Zielen.

Controlling

Erfolgs-Tipp:

Die Inhalte einer Strategieentwicklung sind für jedes Unternehmen individuell zu bestimmen. Die wesentlichen Zwischenergebnisse sind Mission, Vision, Leitbild, strategischer Rahmen und strategische Ziele. Die Balanced Scorecard wird zu einem effektiven Frühwarnsystem, wenn das Unternehmen konsequent auf eine überschaubare Anzahl von strategischen Zielen und echten Leistungstreibern ausgerichtet wird und die Kennzahlen in einem pragmatischen Controllingsystem nachgehalten werden.

Checkliste: Strategie-Check

Die nachfolgende Checkliste soll helfen, die unterschiedlichen Sichtweisen von für das Unternehmen wichtigen Interessensvertretern aufzunehmen und abzuprüfen, ob die Strategie des Unternehmens schon in deren Sinne vollständig ist. Damit wäre eine Voraussetzung für die Einführung der Balanced Scorecard gegeben.

Strategische Planung

Ein Kennzeichen der strategischen Planung ist die Annahme, dass heute schon erkennbar ist (mit allen den Unwägbarkeiten), was in der Zukunft geschäftsentscheidend sein wird. Diese Zukunft ist maßgeblich beeinflusst durch die Bedürfnisse und die Werte der Hauptinteressensvertreter wie Aufsichtsrat, Anteilseigner, Mitarbeiter usw.

Interessensvertreter

Eine Aufgabe besteht darin, die Hoffnungen, die übergeordneten Ziele, das Streben und die unausgesprochenen Absichten der Interessensvertreter so in Unternehmensziele zu kleiden, dass diese das Potenzial und die Möglichkeiten für einen außerordentlichen Wertzuwachs sehen. Bei einer vollständigen Strategie wäre dann das Unternehmen in der Lage, seine Mission und seine Vision erfüllen zu können.

Bedürfnisse befriedigen

Die Bedürfnisse dieser Interessensvertreter, also derjenigen, die als Gruppe oder Einzelperson den Erfolg des Unternehmens fördern oder unterbinden können, sollten bekannt und verstanden sein, um daraus dann eine Strategie und unternehmensinterne Umsetzungsplanung abzuleiten. Ob diese Strategie schon alle Aspekte abdeckt, kann mit den nachfolgenden Prüfkriterien festgestellt werden.

Prüfkriterien: Strategie-Check

■ Beschreiben Sie, wie Sie einen Wertzuwachs schaffen wollen für den Interessensvertreter XY.

(Hinweis: Die Beschreibung sollte nicht mehr als eine Seite umfassen. Es sollten nicht mehr als fünf bis sechs Hauptinteressensvertreter identifiziert werden, weil kaum mehr als diese persönliches Interesse und direkte Einflussmöglichkeiten auf den Erfolg und Misserfolg des Unternehmens haben. Typisch beginnt solche Beschreibung mit: „Unser Unternehmensziel ist, einen Wertzuwachs für [Interessensvertreter 1] zu schaffen durch [Beschreibung des für den Interessensvertreter 1 zu schaffenden Wertzuwachs].")

■ Prüfen Sie Ihre Unternehmensziele ab:

– Versteht Ihr Unternehmen, dass der eigene Erfolg vom Grad abhängt, inwieweit es Wert in den Augen der Interessensvertreter schafft?

– Versteht Ihr Unternehmen, dass es sich im Wettstreit befindet um die Zeit, um die Energie und um das Geld der Interessensvertreter?

– Versteht Ihr Unternehmen, dass die Interessensvertreter daran messen, wie ihre emotionalen Erwartungen erfüllt werden, also die Hoffnungen, die übergeordneten Ziele, das Streben und die unausgesprochenen Absichten der Interessensvertreter geweckt und erfüllt werden?

■ Die Mission gibt den Handlungsrahmen für ein Unternehmen vor. Beantworten Sie folgende Fragen:

– In welchem Geschäftsfeld ist Ihr Unternehmen tätig?

– Was ist die aussagekräftigste Messgröße für die Leistungsfähigkeit Ihres Unternehmens?

■ Prüfen Sie die Mission Ihres Unternehmens:

– Ist die Mission klar und prägnant?

**Das sollten
Sie beachten!**

noch: Prüfkriterien: Strategie-Check

- – Gibt es eine klare Richtung für Handlungen vor?

- – Deckt sie den Kern Ihres Geschäfts ab?

- – Gibt sie eine Hilfestellung für die Ableitung von Handlungsoptionen?

■ Die Vision beschreibt die Zukunft, wenn die Mission erreicht ist und die Werte im Tagesgeschäft gelebt werden. Die Vision beantwortet folgende Fragen:

- – Welches Verhalten ist erlebbar?

- – Wie ist das Kommunikationsverhalten?

- – Welche Ergebnisse sollen erreicht werden?

- – Wie definieren die Hauptinteressensvertreter den Unternehmenserfolg?

- – Was sind die allgemeinen Unternehmensziele?

■ Prüfen sie die Vision Ihres Unternehmens:

- – Integriert die Vision alle Unternehmenssichten und beschreibt sie, ob und wann der „große Erfolg" erreicht ist?

- – Sind spezifische, für Dritte nachvollziehbare Erfolgsmerkmale in der Vision für konkrete Verhaltensweisen und Ergebnisse definiert?

- – Beinhaltet die Vision tatsächlich übergeordnete Ziele und beschreibt sie den Antrieb des eigenen Strebens?

- – Ist der Zeitplan für die Vision realistisch – weder zu kurz gegriffen, um die Vision zu verwirklichen, noch zu weit in der Ferne, so dass sie für die Gegenwart kaum Bedeutung hat?

- – Ist die Vision attraktiv und herausfordernd für das Unternehmen?

Lester C. Thurow
Die Reichtums Pyramide
300 Seiten
fest gebunden mit
Schutzumschlag
ISBN 3-89623-176-6
DM 78,-
ÖS 569,00 / SFr 71,00

„Thurows Analyse der Weltwirtschaft ist
erfrischend, hervorragend dargelegt und
provokativ."
The New York Times

ei gebleichtes Papier

Antwortkarte

**Metropolitan Verlag
Walhalla Fachverlag
Fit for Business**

Uhlandstraße 44
D-40237 Düsseldorf

Bitte
freimachen

INFORMATIONSANFORDERUNG

Schneller per Telefax 0211/680 20 82

Ich interessiere mich speziell für folgende Themenbereiche:

- ◯ Selbstmanagement, Motivation und Kommunikation
- ◯ Privater Vermögensaufbau: Geld, Börse, Steuern
- ◯ Vorsorge, Recht und Rat
- ◯ Berufswahl/Berufsorientierung: Weiterbildung
- ◯ Werben, Verkaufen, Multimedia
- ◯ Junge Selbständigkeit

Diese Karte entnahm ich dem Buch...

Bitte schicken Sie Informationen an meine Privatadresse:

oder an meine Firmenadresse/Dienstste

Name/Vorname	Firma
Straße	Name/Vorname
PLZ, Ort	Abteilung/Position
Telefon/Telefax	Straße
	PLZ, Ort
	Telefon/Telefax

Wir speichern Ihre Daten elektronisch.
Keine Weitergabe, kein Verkauf.

noch: Prüfkriterien: Strategie-Check

■ Das Leitbild basiert auf den Unternehmenswerten. Es definiert die Grundregeln für das Verhalten, das von jedem Mitarbeiter eingehalten und eingefordert wird. Das Leitbild unterstützt die Mission und beantwortet die folgenden Fragen:

– Welche Beziehungen intern und nach außen sind für das Unternehmen wichtig?

– Was sind die Hauptmerkmale der gewünschten Kommunikation und des Informationsaustausches?

– Was sind die ethischen Prinzipien, die verfolgt werden?

– Welche Standards an das gegenseitige Vertrauen und die Glaubwürdigkeit sind erwünscht?

■ Prüfen Sie das Leitbild Ihres Unternehmens:

– Bezieht sich das Leitbild auf grundlegende Werte des menschlichen Umgangs miteinander?

– Kann das Unternehmen auch in schwierigen Zeiten sich an dem Leitbild orientieren?

– Sind die Leitbildsätze lebendig und eingängig oder beschreiben sie triviale Einsichten?

– Ist jeder Unternehmenswert prägnant und klar beschrieben?

■ Der strategische Rahmen basiert auf den Werten des Unternehmens und dessen Kompetenzen. Der Rahmen sollte folgende Fragen beantworten:

– Strebt Ihr Unternehmen in erster Linie die Produkt- bzw. Technologieführerschaft im Markt an, also immer die neuesten Produkte zu attraktiven Marktpreisen mit kurzen Phasen der Produktüberarbeitung anzubieten?

***Das sollten
Sie beachten!***

noch: Prüfkriterien: Strategie-Check

– Will Ihr Unternehmen in erster Linie auf der operationalen Ebene überzeugen, zum Beispiel durch verbesserte Qualität, verkürzte Entwicklungszeiten, unkomplizierten Service und Kostenführerschaft?

– Ist der Fokus Ihres Unternehmens eher die konsequente Kundennähe durch konkretes Wissen um die Bedürfnisse des Kunden und seines Geschäfts, durch die Befriedigung der Kundenwünsche und den Aufbau persönlicher Geschäftsbeziehungen?

– Wie erreicht Ihr Unternehmen die stetig erforderlichen Neuerungen, um die Mission zu erfüllen?

– Welches sind die Kernkompetenzen und die attraktiven Werte des Unternehmens für unsere Kunden, die den Unterschied zu den Wettbewerbern ausmachen und schwierig zu imitieren sind?

– Was ist das Zielprodukt oder das Dienstleistungsangebot für den Markt?

– Welche geschäftsmäßigen Gewohnheiten, Einstellungen, Fähigkeiten und Wissen sind erforderlich?

– Welche Einrichtungen und Ausstattungen sind dafür notwendig?

– Was zeichnet das Unternehmen in den interpersonellen Beziehungen und in den Verbindungen zu anderen Unternehmen aus?

■ Prüfen Sie den strategischen Rahmen für Ihr Unternehmen:

– Ist der strategische Rahmen auf die Ressourcenverteilung abgestimmt und ausgerichtet?

– Entwickelt sich der Wertzuwachs für die Interessensvertreter überdurchschnittlich im Vergleich zu den Mitbewerbern?

noch: Prüfkriterien: Strategie-Check

– Ist der strategische Rahmen für die eigenen Führungskräfte und Mitarbeiter herausfordernd und tragbar?

– Sieht der strategische Rahmen die dynamische und kontinuierliche Entwicklung der Produkte, Dienstleistungen und Arbeitsabläufe in Hinblick auf Innovation und Zuwachs vor, während in der gleichen Zeit die laufenden Aufgaben erfüllt werden?

– Berücksichtigt der strategische Rahmen den Aufbau und die Anwendung des persönlichen und des Organisationswissens?

– Wird die Verbindung gehalten zwischen der strategischen Ausrichtung und der Unternehmenskultur? Ist die Führungskultur im Unternehmen so angelegt, dass die Führungsstruktur sich weiterentwickeln und an die strategischen Anforderungen anpassen kann?

– Besteht die Möglichkeit, Neues mit dem Ziel auszuprobieren, aus Fehlversuchen zu lernen und funktionierende Neuerungen beizubehalten?

– Sind die Ressourcen (Mitarbeiter, Einrichtungen und Ausstattungen) angemessen für den strategischen Rahmen?

■ Die strategischen Ziele sind abhängig von dem Realisierungszeitraum und den Vorgaben aus dem strategischen Rahmen. Sie sind eng verbunden mit allen Initiativen zur Umsetzung der Vision. Die strategischen Ziele beantworten folgende Fragen:

– Welche konkreten Ergebnisse sollen erreicht werden, um im Wettbewerb gut bestehen zu können?

– Wann sollen diese Ergebnisse erreicht sein?

*Das sollten
Sie beachten!*

noch: Prüfkriterien: Strategie-Check

■ Prüfen Sie die strategischen Ziele Ihres Unternehmens:

– Sind die strategischen Ziele messbar?

– Sind sie für das Unternehmen relevant?

– Sind sie herausfordernd?

– Sind sie positiv formuliert und attraktiv?

– Sind sie zahlenmäßig eng begrenzt auf die Ziele, die tatsächlich notwendig für den Unternehmenserfolg sind?

Erfolgs-Tipp:

Für die Einführung der Balanced Scorecard ist der Strategie-Check von zentraler Bedeutung. Je besser die Qualität der Strategie, desto einfacher ist es, die nachfolgenden Hierarchie-ebenen aktiv in die Umsetzung der Strategie einzubeziehen und persönliche Zielkarten für jeden Mitarbeiter zu definieren. So kann der Vorstand bzw. die Geschäftsführung die Unternehmensentwicklung flexibel steuern und die vorhandenen Ressourcen auf die gemeinsame Mission und Vision ausrichten.

4. LernLandKarten®

*Ideen verstehen
und mittragen*

Das Instrument der LernLandKarten® ermöglicht die schnelle und nachhaltige Implementierung der Grundlagen der Balanced Scorecard in Unternehmen (siehe auch Kapitel 4 ab Seite 207).

Ein bisschen Linksverkehr geht nicht. Selbst die beste Idee kann in einem Unternehmen nicht zur Wirkung kommen, wenn sie nicht von allen Mitarbeitern im gemeinsamen Sinne verstanden und mitgetragen wird. Die Balanced Scorecard ist eine solche Idee, alle Ziele und Energien auf eine gemeinsame Vision konsequent auszurichten.

Dafür reicht es erfahrungsgemäß nicht aus, die „neue Leitlinie" einfach zu verkünden. Die Mitarbeiter müssen vielmehr den Sinn selbst erkennen, was die Balanced Scorecard dem Unternehmen bringt – und nicht zuletzt auch den eigenen Nutzen.

Verkünden reicht nicht

Deshalb ist die Auseinandersetzung jedes Einzelnen mit dem Thema erforderlich – gerade in großen Unternehmen keine leichte Aufgabe. Gerade hierfür ist das Instrument der LernLandKarten® prädestiniert.

Aktive Auseinandersetzung

Wichtig: Die Management Partner MPuls GmbH hat das Instrument der LernLandKarten® entwickelt. Es eignet sich für die Einführung der Balanced Scorecard. Im Nachfolgenden wird die Methodik vorgestellt und die Umsetzung im Projekt erläutert. Ein Beispiel zeigt, wie mithilfe der LernLandKarten® sowohl Informationen transportiert als auch Lern- und Überzeugungsprozesse erfolgreich umgesetzt wurden.

Methodik der LernLandKarten®

Die Methodik der LernLandKarten® stützt sich auf drei Säulen: Vier-Phasen-Selbstüberzeugungsprozess, grafische Gestaltung und Kaskadensystem.

Der Vier-Phasen-Selbstüberzeugungsprozess

Eine extrem hohe Identifikation der Mitarbeiter mit dem Ergebnis der LernLandKarten® wird durch den Vier-Phasen-Selbstüberzeugungsprozess erreicht.

In den Jahren der Anwendung der LernLandKarten® in unterschiedlichen Branchen und in unternehmensspezifischen Verände-

Grundmodell

rungssituationen hat sich ein Grundmodell bewährt, das sich in den LernLandKarten® unmittelbar widerspiegelt.

Dieses Grundmodell besteht aus den vier Phasen:

- Anliegen verstehen

- Zusammenhänge verstehen

- Lernen, was zu gutem Handeln führt

- Handeln im eigenen Umfeld

Der Überzeugungsprozess als didaktisches Prinzip

Die Phasen greifen auf die Erkenntnisse aus der Erwachsenenbildung zurück und implizieren einen Selbstüberzeugungsprozess. Der Anspruch ist enorm. Immerhin sollen alle Mitarbeiter eines großen Unternehmens die Methode für sich anwenden und in einer Art Lernprozess zu einer eigenen Überzeugung gelangen.

Der lernende Erwachsene

Gleichzeitig unterstellt die Methode den erwachsenen und mündigen Mitarbeiter, der jede Art von Bevormundung und oberflächlichen Spielchen sowie Pseudo-Alternativen ablehnt. Dieser Maßstab erfordert eine hohe Professionalität in der Gestaltung des Lernprozesses, der zudem ohne Trainer, lediglich in Begleitung eines internen Prozessförderers hundertfach im Unternehmen auskommen soll. Mit anderen Worten: Jede beliebige Gruppe eines Unternehmens, bestehend aus fünf Mitarbeitern oder Führungskräften, soll erfolgreich den Überzeugungsprozess durchlaufen.

Lernprozess

Die Beigaben zu diesem Lernprozess sind

- Informationen, die zum Teil in Geschichten oder Metaphern verpackt sind,

- ausgeklügelte Fragestellungen, die zum Nachdenken anregen,

- Antwortalternativen, die diskutiert, ausgewählt, verworfen und ergänzt werden müssen.

Die einzige Bedingung, die an die Gruppe gestellt wird: Diskutiert gemeinsam und bildet euch eine gemeinsame Meinung, die im Rahmen der Möglichkeiten in den LernLandKarten® dokumentiert wird. Bei Unklarheiten, wie Informationen zu verstehen sind oder Fragestellungen gemeint sind, steht der Prozessförderer zur Verfügung, der gegebenenfalls auf ein Handbuch mit zusätzlichen Angaben zurückgreifen kann.

Wichtig: Den LernLandKarten® liegt ein aus vier Phasen bestehender Selbstüberzeugungsprozess zu Grunde. In kleinen Arbeitsgruppen diskutieren die Teilnehmer die auf die Unternehmenskultur abgestimmten LernLandKarten® und deren Inhalte. Dieser auf das Lernverhalten von Erwachsenen abgestimmte Lernprozess wird durch einen internen Prozessförderer aus dem Unternehmen unterstützt.

Diskussion und Konsens

Grafische Gestaltung

Auch bei LernLandKarten® gilt: Ein Bild sagt mehr als tausend Worte.

Die betriebliche Realität ist mit vielen Erfahrungen aus der Vergangenheit, Vorurteilen und Befindlichkeiten behaftet. Deshalb muss für den Selbstüberzeugungsprozess eine andere Realität gewählt werden (zum Beispiel: der Marktplatz, auf dem sich unterschiedliche Händler präsentieren und um die Gunst des Kunden werben). Diese andere Realität sollte grafisch und begrifflich aufgenommen werden.

Gleichzeitig müssen wesentliche Elemente aus dem Unternehmen in diese andere Realität transportiert werden (zum Beispiel gibt es auf dem Marktplatz Händler für Bankdienstleistungen). Über solche Bezugspunkte zur Realität muss sichergestellt werden, dass die Teilnehmer nicht sich in einer Scheinwelt verlieren und am Ende mit der Frage nach Hause gehen: Was hat das alles mit mir und meinem Arbeitsplatz zu tun?

Realitätsbezug

Anforderungen an die Grafiken

Für die Akzeptanz der LernLandKarten® spielt die handwerkliche Umsetzung der Grafiken ebenso eine Rolle. Die LernLandKarten® dürfen nicht Gemälde und nicht Comic sein, weder abstrakt noch konstruiert. Kurzum: Die Grafiken müssen stilisiert sein und „leben".

Bilder und Symbole

Viel Augenmerk muss auch auf die passenden Bilder und Symbole gelegt werden. Welche Assoziationen lösen sie aus? Unterstützen sie die Aussage? Sind sie korrekt dargestellt? Diese Fragen und viele Detailfragen sind zu klären bis hin zu Farbwahl, Papierbeschaffenheit und Gestaltung von Arbeitshilfsmitteln (zum Beispiel: vorgestanzte Antwortkärtchen usw.).

Wichtig: Das Instrument der LernLandKarten® muss auf die individuelle Unternehmenskultur abgestimmt sein: Dazu zählt die Begriffswelt aus dem Unternehmen (zum Beispiel werden für „Mitarbeiter" in Bergbau- und Telekommunikationsunternehmen andere Begriffe verwendet), die Berücksichtigung von Tabuthemen (zum Beispiel, wenn in der Vergangenheit das Thema Kennzahlen und Controlling überstrapaziert wurde und zu Aversionen führt) und die Passfähigkeit von Symbolen, Bildern und Rahmenhandlungen (zum Beispiel passt für ein Maschinenbauunternehmen nicht die Metapher einer virtuellen Welt). Die grafische Gestaltung der LernLandKarten® greift die individuelle Unternehmenskultur bei der Kommunikation auf.

Kaskadensystem

Mithilfe einer gut geführten Kaskade werden alle Mitarbeiter aktiv eingebunden.

Das Prinzip

In einer Kaskade wird derjenige, der einmal teilgenommen hat, Prozessförderer einer nächsten Gruppe. Die Teilnehmer der Gruppe übernehmen dann die Rolle des Prozessförderers in weiteren Gruppen. So werden schnell und flächendeckend alle Mitarbeiter im Unternehmen erreicht.

Jede Gruppe besteht aus vier Mitarbeitern. Je nach Unternehmenssituation und Ziel können es Mitarbeiter aus der gleichen Organisationsfamilie sein (homogene Gruppe) oder aus unterschiedlichen Unternehmenseinheiten (maximal heterogene Gruppe).

Gruppengröße

Der Prozessförderer hat organisatorische Aufgaben, wie zum Beispiel das Austeilen der LernLandKarten® und der Arbeitshilfsmittel. Bei Fragen zu Inhalten steht er zur Verfügung. Gerät die Diskussion ins Stocken oder haben die Teilnehmer sich in der Diskussion verloren, hilft der Prozessförderer durch Fragen. In diesem Punkt unterstützt ihn ein Handbuch, das entsprechende Hinweise enthält. Ansonsten kann er auch auf seine Erfahrungen zurückgreifen, die er beim Bearbeiten der LernLandKarten® gemacht hat.

Aufgabe des Prozessförderers

Dem Prozessförderer ist es untersagt, sich inhaltlich an den Diskussionen der Teilnehmer zu beteiligen und eigene Wertungen einzubringen. Jeder Vorstoß in diese Richtung wird von den Teilnehmern als Versuch der Manipulation verstanden und diskreditiert das Instrument der LernLandKarten® (zum Beispiel: „Die wissen eh schon, was am Ende rauskommen soll!").

Verbote für den Prozessförderer

Grundsätzlich können die LernLandKarten® in jedem Land eingesetzt werden. Allerdings sollte dieses bei der Entwicklung berücksichtigt werden, damit in der grafischen Umsetzung wie auch in den Sprachübersetzungen der hohe Professionalitätsanspruch eingehalten werden kann.

Grenzüber-schreitende Kaskade

Es gibt grundsätzlich zwei Wege für die Umsetzung. Entweder alle Mitarbeiter bearbeiten die LernLandKarten® in einer Großveranstaltung (in der Fabrikhalle am Band oder in angemieteten Räumlichkeiten). Dafür sind ausreichend viele Prozessförderer auszubilden, die unter Umständen auch mehrere Gruppen gleichzeitig betreuen können. Der andere Weg ist, dass nach einem ausgeklügelten System jeweils vier Mitarbeiter für zwei bis drei Stunden einen gemeinsamen Termin nutzen, um die LernLandKarten® durchzuarbeiten. Beide Varianten haben sich bewährt.

Umsetzung der Kaskade

Wichtig: Die Methodik der LernLandKarten® stützt sich auf den Vier-Phasen-Selbstüberzeugungsprozess, die grafische Gestaltung und das Kaskadensystem. Die Methodik ist auf die konkrete Unternehmenssituation und das Ziel abzustimmen.

Umsetzung der LernLandKarten®

Acht Phasen durchlaufen die erfolgreichen Projekte mit LernLand-Karten®.

Merkmale für den Start

Die Einführung der Balanced Scorecard ist eine typische Situation für den Einsatz von LernLandKarten®, bei der folgende Merkmale erfüllt werden:

- Thematisierung eines Anliegens, das wichtig ist und sehr viele in der Organisation betrifft.

- Klare Vorstellung auf der obersten Führungsebene und dem erweiterten Führungskreis über die gewollte Lösungsrichtung für das Anliegen.

- Die oberste Führungsebene will das Anliegen zum Anliegen aller machen und einen positiven Einstellungswandel auf breiter Basis erzielen.

Acht Projektphasen

Wenn diese Merkmale erfüllt sind, kann das Projekt gestartet werden. Folgende Phasen sind zeitlich, personell und budgettechnisch einzuplanen:

- Voraussetzungen schaffen.

- Botschaften und Ziele festlegen.

- LernLandKarten® konzipieren.

- LernLandKarten® testen.

- Durchführung planen.

- LernLandKarten® produzieren.

- Kaskadensystem durchführen.

- Follow-Up.

Voraussetzungen schaffen

Der erweiterte Führungskreis (als Auftraggeber und Projektträger) sollte zu Beginn in Präsentationen von Beispielen und in gemeinsamer Diskussion das Instrument der LernLandKarten® und dessen Möglichkeiten kennen lernen und die Frage klären, ob die LernLandKarten® unter den gegebenen Bedingungen förderlich sind. Wenn „Ja", grenzt der Führungskreis das Anliegen oder die zu kommunizierende Botschaft ein und beauftragt das Projekt.

Klären ob LernLandKarten® eingesetzt werden ...

Botschaften und Ziele festlegen

Ein interdisziplinär besetztes Team konkretisiert in der nächsten Phase die bereits eingegrenzten Inhalte. Es erfasst qualitativ die aktuelle Situation im Unternehmen und die Einstellung der Führungskräfte und Mitarbeiter zu den Inhalten. Die ersten Formulierungen der Botschaft überprüft und entwickelt das Team weiter. Dann folgt die Verabschiedung der Ziele und des konkreten Projektplans.

LernLandKarten® konzipieren

In der dritten Phase definiert das Projektteam die Zielgruppen und entwirft die LernLandKarten®: Die Architektur des Selbstüberzeugungsprozesses und der Prototyp einer testfähigen Version entstehen.

... und entworfen – speziell für das Unternehmen

LernLandKarten® testen

Nach der Testfreigabe des Prototyps überprüfen Testgruppen die logische Struktur und den Transfer der Inhalte. Das Projektteam notiert dabei jeden Fehler, jede Irritation der Testgruppe und jeden Verbesserungsvorschlag von den Teilnehmern. Nach der Auswertung der Tests überarbeitet das Projektteam die LernLandKarten® und bereitet weitere Testrunden vor. Am Ende der Testreihe steht der Multiplikationstest, bei dem jeder Teilnehmer der Testgruppe eine weitere Gruppe selbstständig anleitet. Nach der letzten Anpassung ist das Ergebnis ein fertiger „Selbstläufer".

Durchführung planen

Begleitmaterial zusammenstellen

In der fünften Phase wird das Begleitmaterial für die Prozessförderer entwickelt und zu einem Handbuch zusammengestellt. Das Projektteam benennt die Teilnehmer der Lerngruppen, stellt diese verbindlich zu Gruppen zusammen, organisiert die Multiplikation und bereitet die Logistik für die Multiplikation vor. Am Ende ist klar, wie die Durchführung erfolgen kann, was es an Aufwand für das Unternehmen bedeutet und wie es nach der Durchführung weitergeht.

LernLandKarten® produzieren

Professionell aufbereitete Grafiken

Der fertige „Selbstläufer" wird jetzt farblich, grafisch und drucktechnisch überarbeitet und an das Corporate Design des Unternehmens angepasst. Der überarbeitete „Selbstläufer" und das Begleitmaterial gehen in Druck und in die Herstellung der benötigten Auflagenhöhe. Das Ergebnis sind die einsatzbereiten LernLandKarten®.

Kaskadensystem durchführen

Das Projektteam informiert in der siebten Phase detailliert die internen Meinungsbildner und das Management über die Durchführung und gewinnt diese als Promotoren für das Kaskadensystem. Nach der Detailplanung der Multiplikation übernehmen die Prozessförderer der ersten Lerngruppe ihre Gruppen und schieben die flächendeckende Multiplikation an. Für jede Lerngruppe stehen die LernLandKarten® und das Begleitmaterial zur Verfügung. Jeder Prozessförderer erhält ein Handbuch, mit dem er seine Lerngruppe anleiten kann.

Follow-Up

Nach dieser Kommunikationsoffensive startet ein Prozess, der die Ergebnisse und Anregungen aufnehmen, weiterentwickeln und nachhalten muss. Dadurch gewinnt der angestoßene und in jedem Unternehmen individuell zu gestaltende Prozess an Kraft und Glaubwürdigkeit. Typische Maßnahmen aus dieser Phase sind: Maßnahmen und Projekte zentral zusammenführen und für alle transparent durchführen, Vorhaben des Managements visualisieren, Ergebnisse zeitnah kommunizieren und – wie im Falle der Einführung der Balanced Scorecard – Workshops zur Vereinbarung von Zielen, Maßnahmen und Kennzahlen durchführen.

*Projekt am
Laufen halten*

Wichtig: Durch dieses schrittweise Vorgehen entsteht aus der Kommunikationsoffensive und Aufbruchstimmung ein nachhaltiger Prozess, der tief greifende Verbesserungen möglich macht.

Interessantes Fallbeispiel: „Haspa-Joker"

Der Joker als Trumpfkarte, wie die Hamburger Sparkasse eine Offensive zur Kundenbindung startete und dabei auf die LernLandKarten® setzte.

Mit einem Marktanteil von rund 60 Prozent ist die Hamburger Sparkasse, kurz Haspa genannt, eindeutiger Marktführer im Privatkundengeschäft der Wirtschaftsmetropole im Norden der Bundesrepublik und die größte Sparkasse in Deutschland.

Im Rahmen des sich verschärfenden Wettbewerbs im Finanzdienstleistungssektor ist auch das herkömmliche Girokonto als Dreh- und Angelpunkt jeder Kundenbeziehung hart umkämpft. So

*Verschärfter
Wettbewerber*

üben beispielsweise die kostenlosen Girokonten mancher Wettbewerber einen spürbaren Druck auf den Markt aus. Darüber hinaus haben Direktbanken die klassischen Vertriebswege (Filialsystem) verlassen und vermarkten ihre Dienstleistungen aggressiv zu günstigen Konditionen.

Der Kunde wird immer kritischer und anspruchsvoller. Er ist heute zunehmender bereit, seine Bankverbindung zu wechseln.

Mehrwert-
strategie

In diesem sich ändernden Umfeld beschreitet die Haspa aktuell einen völlig neuen Weg: Statt sich dem Me-Too-Motto (es also genauso zu tun wie die Wettbewerber) phantasielos an der Preissenkungsspirale zu beteiligen, bietet sie ihren Kunden im Rahmen einer so genannten Mehrwertstrategie mehr Leistung, mehr Service und mehr Partnerschaft. Im Mittelpunkt dieses Konzepts stehen neue Service-Pakete rund um das Girokonto, die mit dem Namen Haspa-Joker beworben werden.

Service-Pakete

Neben den klassischen Bankdienstleistungen enthalten diese Pakete zahlreiche Zusatzleistungen aus den Bereichen Sicherheit, Reise, Freizeit und Service. Die Angebotspalette reicht von einer Guthabenverzinsung auf dem Girokonto über den Ersatz verlorener Flugtickets bis zu Sonderkonditionen im Ausland bei Mietwagen und Hotels.

Kunden-
bindung

Im Top-Paket kann der Kunde neben einem wöchentlichen Börseninformationsdienst sogar Auftrags- und Nachrichtenservice nutzen. Die Haspa ist damit die erste Bank in Deutschland gewesen, die dieses Instrument zur Kundenbindung einsetzt.

Starke Partner
für starke
Leistungen

Für die Erbringung dieser „bankfremden" Leistungen hat sich die Haspa zur Zusammenarbeit mit dem US-Unternehmen „Cendant Strategic Marketing GmbH" (deutscher Geschäftssitz ist in Hamburg) als kompetenten Partner entschieden. Cendant zählt zu den weltweit größten Unternehmen für strategische Kundenbindungsprogramme und betreut international mehr als 6 000 Finanzdienstleister sowie deren 73 Mio. Privatkunden.

Beinahe zwangsläufig stellte sich im Rahmen der Produkteinführung von Haspa-Joker die Frage, wie rund 3700 Mitarbeiter im
Vertrieb als tragende Säule des Verkaufserfolgs mit den Inhalten
und der Philosophie der neuen Service-Pakete vertraut zu machen
sind. Dabei galt es, vor allem folgende Ziele zu erreichen:

*Mitarbeiter als
Säule des Ver-
kaufserfolgs*

- Die Produktinnovation wird von allen Führungskräften und
  Mitarbeitern akzeptiert.

- Die Mitarbeiter sind mobilisiert. Eine Aufbruchstimmung ist
  erzeugt.

- Bei den Mitarbeitern ist eine hohe Verkaufskompetenz geschaffen.

- Viele Mitarbeiter haben in kürzester Zeit bei identischen
  Vermittlungsqualitäten das neue Produkt kennen gelernt.

- Alle Verkäufer haben sich mit den Vertriebszielen identifiziert.

Lässt man die Aufzählung auf sich wirken, wird sehr schnell deutlich, dass diese anspruchsvollen Ziele mit herkömmlichen Methoden der Informationsvermittlung nur schwer zu erreichen sind.

Deshalb entschied sich die Haspa für den innovativen Ansatz von
Management Partner MPuls GmbH: In einem Projektteam – zu-
sammengesetzt aus Vertretern von MPuls sowie Haspa-Mitarbei-
tern aus dem Markt- und Vertriebsbereich – wurden innerhalb von
rund sechs Monaten vier LernLandKarten® entwickelt.

*Innovativer
Ansatz*

Die vier LernLandKarten® im Format DIN A1 bauten thematisch aufeinander auf und wurden von den Teilnehmern in kleinen Arbeitsgruppen selbstständig bearbeitet. Ihr Aufbau für den Haspa-Joker:

- Im Rahmen der Einführungskarte geht es um die Wettbe-
  werbssituation am Hamburger Bankenmarkt im Allgemeinen sowie um den Giromarkt im Besonderen. Dabei werden
  vor allem die mit der Mehrwertstrategie verfolgten Ziele verdeutlicht.

*Einführungs-
karte*

Leistungen und Zuständig- keiten

- Die zweite Karte beschäftigt sich detailliert mit den angebotenen Bank- und Nichtbankleistungen. Zudem wird das Unternehmen Cendant vorgestellt und die Zuständigkeiten der beiden Kooperationspartner Cendant und Haspa herausgearbeitet.

Service und Akquise

- Das Thema der nächsten Karte: Welche Service-Pakete mit welchen Leistungen zu welchen Preisen gibt es? Außerdem lernen die Teilnehmer, potenzielle Joker-Kunden zu erkennen, und erarbeiten gemeinsam Ansätze zur Kundenakquise.

- Die letzte Karte schließlich gibt einen Überblick über den Umfang der Werbekampagne, die Verkaufsunterstützung und Incentives für den Kunden.

Kommunika- tionspyramide

Diese LernLandKarten® von MPuls waren Mittelpunkt einer strukturierten Kommunikationspyramide nach dem Schneeballsystem. Eingeführt wurde sie bei der Haspa im April 1999 im Rahmen eines Workshops für Führungskräfte der zweiten Ebene.

In Gruppen von drei bis fünf Teilnehmern setzten sich die Manager etwa drei Stunden intensiv mit den Inhalten der LernLandKarten® auseinander. Unterstützt wurde jede Gruppe dabei von einem Betreuer, der sich jedoch nicht an der inhaltlichen Diskussion beteiligte.

Multiplikations- effekt

In der Folge konnte jeder Teilnehmer in weiteren zentralen und dezentralen Veranstaltungen selbst als Betreuer von Workshopgruppen fungieren. Durch diesen Multiplikationseffekt wurden innerhalb von neun Arbeitstagen 3724 Mitarbeiterinnen und Mitarbeiter unter Begleitung von 815 Betreuern auf den Verkaufsstart vorbereitet.

Hoher Infor- mationsstand

In einer nachgeschalteten Mitarbeiterbefragung beurteilten 94 Prozent den Lernweg als „sehr positiv" und „positiv". Dadurch erreichte auch der Informationsstand über das neue Produkt mit fast 90 Prozent in der Einschätzung der Mitarbeiter ausgezeichnet hohe Werte.

Eine wichtige Basis für den Erfolg der Produkteinführung war damit geschaffen. Das Zusammenwirken der motivierten und gut geschulten Verkäufer mit einem professionellen, massiven Marktauftritt führte zum optimalen Verkaufserfolg.

Professioneller Auftritt am Markt

Seit dem 26. April 1999 wurden in rund 260 Filialen und Centern in Hamburg und im Umland die neuen Service-Pakete rund ums Girokonto verkauft. Bereits nach sechs Wochen haben sich 66567 Kunden entschieden, diese Serviceleistungen der Haspa in Anspruch zu nehmen. Damit ist die Haspa auf dem guten Weg, das primär angestrebte Ziel zu erreichen: die langfristige Bindung zufriedener Kunden an die Haspa.

Kunden- perspektive

Wichtig: Das Beispiel der Hamburger Sparkasse zeigt, wie mithilfe der LernLandKarten® sowohl Informationen transportiert als auch ein Lern- und Überzeugungsprozess umgesetzt werden kann. Für die Einführung der Balanced Scorecard braucht es genau diese Elemente als Voraussetzung.

5. Führungsworkshops

Bei der Einführung der Balanced Scorecard spielen die Führungsworkshops eine entscheidende Rolle.

Die Voraussetzungen für Führungsworkshops sind eine vollständige Unternehmensstrategie sowie eine unternehmensweit tragende Führungskultur, die auf die Grundwerte des kooperativen Führungsstils und des Führens mit Zielen setzt.

Strategie und Führungskultur

Erst dann macht es Sinn, die einzelnen Scorecards in Gruppenarbeiten mit den Führungskräften (Workshops) zu entwickeln und mit der übergeordneten Führungsebene zu vereinbaren. Dieser Prozess ist entscheidend für die erfolgreiche Einführung der Balanced Scorecard. Wie ein solcher Workshop gestaltet werden könnte, ist weiter unten beschrieben.

Kommunikation

Ein statisches, EDV-gestütztes Controlling-System wird in der Regel nicht alle benötigten Entscheidungsdaten bereitstellen können. So sollte bei der Einführung der Balanced Scorecard eher in eine durchgängige, hierarchieübergreifende Kommunikation investiert werden als in die Perfektionierung eines Controllingsystems. Welche Instrumente für die Kommunikation genutzt werden können, ist weiter unten beschrieben.

Wichtig: Die in Führungsworkshops entwickelten Scorecards verschwinden schnell in den Schubladen und werden dort vergessen, wenn der Fortschritt in der Zielerreichung, kritische Wirkungszusammenhänge zwischen Scorecards und veränderte Umweltbedingungen nicht kommuniziert und thematisiert werden. Die Kommunikation ist ein Erfolgsfaktor für die erfolgreiche Einführung der Balanced Scorecard. Das Beispiel der Ostseesparkasse zeigt, wie in den Phasen der Einführung der Balanced Scorecard die Führungsworkshops und die Kommunikationsinstrumente eingesetzt wurden.

Workshop-Konzept

Der Workshop bildet den organisatorischen Rahmen für einen unternehmensindividuell zu gestaltenden Entwicklungsprozess der Balanced Scorecards. Besonderes Augenmerk gilt dem Vereinbarungsprozess, den Projektscorecards und den in der Hierarchie weiter zu detaillierenden Scorecards.

Regel-kommunikation

In vielen Unternehmen gibt es regelmäßige Treffen mit den Teilnehmern einer Führungsebene und ihrem Vorgesetzten, wie zum Beispiel Planungsrunden, Abteilungsbesprechungen, wöchentliche Gruppentreffen und Ähnliches.

Workshops etablieren

Zur Einführung der Balanced Scorecard sollten diese bereits etablierten Treffen genutzt werden. Die Organisationsfamilien, in denen diese Treffen noch nicht stattfinden, sollten gesondert auf die Einführung vorbereitet werden. Dazu zählen umfangreiche Informationen vor dem Treffen und die Verpflichtung zur permanenten Einrichtung eines solchen Treffens. Siehe hierzu auch die anderen beschriebenen Instrumente zur Einführung der Balanced Scorecard.

Zu dem ersten Führungsworkshop sollte ca. zwei Wochen vorher eingeladen werden. Dazu gehört, die Teilnehmer über das Ziel der Veranstaltung, den Ablauf und den organisatorischen Rahmen zu informieren.

Einladung

Für die Vorbereitung der Teilnehmer sollte (je nach Führungsebene detailliert) die Unternehmensstrategie sowie die bereits vereinbarten oder vorgegebenen Ziele der übergeordneten Ebene mitgeteilt werden. In diesem Rahmen sollen die Führungskräfte ihre Ziele entwerfen und zusätzliche, relevante Themen zusammenstellen.

Abhängig von der Sicherheit im Umgang mit Kennzahlen, sollten die Teilnehmer selbst geeignete Kennzahlen und Zielkorridore für ihre Balanced Scorecard entwickeln. Dabei sollte Wert gelegt werden auf die Identifikation von Leistungstreibern und auf Messverfahren, die entweder durch das bestehende Controllingsystem unterstützt werden oder durch eigene Aufschreibungen leicht zu kontrollieren sind.

Scorecards entwerfen

Gute Erfahrungen wurden mit Formularen in der Vorbereitungsphase gemacht, in denen die wesentlichen Anforderungen und Merkmale notiert werden können. Während des Workshops können dann alle Teilnehmer auf die Informationen zugreifen.

Die erste Phase des Workshops ist der Einführung in das Thema gewidmet sowie der Information über die wesentlichen Ergebnisse, zum Beispiel aus anderen Führungsworkshops, aus dem Markt oder aus dem Vorstand bzw. aus der Geschäftsführung.

Workshop-Startphase

Am Ende der ersten Phase ist die Systematik der Balanced Scorecard bekannt und das Ziel des Führungsworkshops vereinbart. Diese Phase dauert je nach Umfang der vorzustellenden Ergebnisse zwischen 20 und 90 Minuten.

Grundlagen bekannt

Scorecards abgleichen

In der zweiten Phase werden die Zielentwürfe der Teilnehmer und die zusätzlichen Themen gegenseitig vorgestellt. Während der Vorstellung werden Überschneidungen, unpräzise Formulierungen in den Zielen, unterschiedliche Detaillierungsgrade und Zielkollisionen sichtbar.

Die zweite Phase sollte durch einen neutralen Moderator begleitet werden. Er hat insbesondere die Aufgabe, Interessenskonflikte sichtbar zu machen und konstruktiv lösen zu helfen sowie bei der Formulierung und Abstimmung von Zielen methodische und inhaltliche Orientierung (im Sinne der Systematik Oberziel, Ziel und Maßnahme) zu geben.

Gemeinsames Zielverständnis

Die zweite Phase kann über mehrere Workshops hinweg dauern, je nach Komplexität der Themen, nach Erfahrung der Teilnehmer mit Zielvereinbarungsprozessen und nach Entscheidungsfreude. Das Ergebnis ist ein gemeinsames Verständnis zu abgestimmten Zielen. Ein weiteres Ergebnis kann sein, dass übergeordnete Ziele angepasst werden müssen.

Plausibilitäts- prüfung

Für die Prüfung der Ziele auf ihre Plausibilität hat sich bewährt, konkrete Maßnahmen abzuleiten. Sind diese Maßnahmen durch die Führungskraft oder ihre Mitarbeiter realisierbar und liegen die Maßnahmen im Verantwortungsbereich der Führungskraft, so sind die Ziele plausibel.

Welche Maßnahmen später tatsächlich zur Erreichung des Ziels führen, ist entweder das Ergebnis eines Zielvereinbarungsprozesses der Führungskraft mit ihren Mitarbeitern, oder die Führungskraft führt selbst zu bearbeitende Maßnahmen durch.

Definition von Projekten

Bei den Zielen, die nicht die Plausibilitätsprüfung bestanden haben, handelt es sich entweder um Ziele, die projektmäßig bearbeitet werden können oder die neu zu formulieren sind. In beiden Fällen ist eine erneute Diskussion im Kreis der beteiligten Führungskräfte empfehlenswert bzw. notwendig.

In der dritten Phase werden die Kennzahlen definiert und konkrete Zielkorridore vereinbart. Hilfreich sind hier ein Pool an Kennzahlen und Vermerke, welche der Kennzahlen im Unternehmen bereits erfasst bzw. zur Verfügung gestellt werden können.

Kennzahlen und Zielkorridore

Da die konkreten Zielkorridore für die einzelnen Kennzahlen zum Teil abhängig sind von den Vorschlägen der nachgeordneten Mitarbeiterebenen, kann zwischen Phase zwei und drei eine mehrtägige Unterbrechung liegen. In dieser Phase werden in den jeweiligen Führungsworkshops die konkreten Zahlen vorgeschlagen und „nach oben" gereicht. Falls hier aber ein zeitlicher Verzug zu erwarten ist, kann auch mit vorläufigen Zahlen die Phase drei abgeschlossen werden.

Das Ergebnis der Phase drei sind die konkreten Scorecards je Teilnehmer des Führungsworkshops. Sie sind zwischen dem Teilnehmer und seiner Führungskraft vereinbart. Jeder Teilnehmer weiß, welche Ziele mit wem vereinbart wurden.

Da bei einigen Kennzahlen und Zielkorridoren ein direkter Bezug zum Vergütungssystem besteht, kann in diesen Fällen darauf verzichtet werden, die Kennzahlen und Zielkorridore den anderen Teilnehmern des Führungsworkshops bekannt zu geben.

Vergütungssystem

Bei der Durchführung der Führungsworkshops ist insgesamt darauf zu achten, dass die Workshops einer Führungsebene wie auch über das gesamte Unternehmen hinweg unmittelbar in einem sehr engen inhaltlichen und zeitlichen Zusammenhang stehen.

Zusammenhänge berücksichtigen

Aus der Erfahrung heraus sollten die Führungsworkshops in einem Zeitraum von ein bis zwei Monaten im Unternehmen durchgeführt sein und auf allen Ebenen jeder Mitarbeiter eine persönlich mit ihm vereinbarte Zielkarte haben.

In der Praxis zeigt sich, dass dieses Bild ein Ideal ist. Die Gründe dafür können unter anderem sein:

Barrieren und Bremser

- Das Management legt Prioritäten fest, in welchen Organisationsbereichen Scorecards vereinbart werden sollen.

- Die Scorecards werden auf den oberen Führungsebenen eingeführt, weil dort der Vorstand oder die Geschäftsführung die Notwendigkeit sehen.

- Viele Führungskräfte tun sich mit Zielformulierungen in der Lernperspektive schwer, so dass in Servicebereichen, in der Forschung und Entwicklung sowie im Marketing keine Ziele im Sinne der Balanced Scorecard vereinbart werden.

- Der Zielvereinbarungsprozess und das Jahresendgeschäft fallen terminlich zusammen, so dass kaum Zeit bleibt, die Ziele abzustimmen und eine gewichtete Zielkarte für jeden Mitarbeiter zu vereinbaren.

Führungskultur

Um den vollen Nutzen aus der Einführung der Balanced Scorecard zu ziehen, sollte sehr genau geprüft werden, ob die Führungskultur bereits dieses Instrument unterstützt und wie es sich zeitlich und organisatorisch am günstigsten in den Unternehmensalltag integrieren lässt. Empfehlenswert ist, auch in diesem Fall die Einführung als Projekt aufzusetzen, mit direkter Anbindung an die oberste Führungsebene.

Balanced Scorecard ist Chefsache

Erfolgs-Tipp:

Die Führungsworkshops durchlaufen drei Phasen. In der ersten Phase werden die Grundlagen für die gemeinsame Arbeit geschaffen. In der zweiten Phase diskutieren und entwickeln die Teilnehmer die vorbereiteten Zielentwürfe weiter und stimmen diese inhaltlich ab. In der dritten Phase vereinbart jeder Teilnehmer seine konkrete Zielkarte mit seiner Führungskraft. Wegen der hohen inhaltlichen und zeitlichen Vernetzung mit anderen Führungsworkshops sollte die Einführung der Balanced Scorecard zur Chefsache erklärt werden.

Kommunikation

Die Methode der Balanced Scorecard stellt umfangreiche Anforderungen an die Kommunikationskompetenz aller Beteiligten.

Soll die Balanced Scorecard als Frühwarnsystem dienen, braucht es den ständigen Austausch über Ziele, Leistungstreiber, Kennzahlen und die Erfüllungsgrade im Unternehmen. Denn jede Änderung im Unternehmensumfeld, im Markt, in der Organisation und in den Arbeitsabläufen hat unmittelbar Einfluss auf einen oder mehrere Scorecardbesitzer und deren Aussicht, ihre Ziele zu erreichen.

Sobald also eine tief greifende Veränderung eintritt, müssen die Scorecards und ggf. die übergeordnete Scorecard angepasst werden. Allein die Definition von „tief greifend" und deren Relevanz für die persönliche Scorecard ist Stoff genug für ein intensiven Austausch zwischen der Führungskraft und ihrem Mitarbeiter.

Tiefgreifende Veränderung

Die Führungskraft braucht hierfür Kenntnisse und Erfahrungen in konstruktiven und motivierenden Führungsgesprächen wie Zielvereinbarungsgesprächen, Ziel-Ergebnis-Gesprächen und Fördergesprächen. In diesen Gesprächen entscheidet sich, ob sich der Mitarbeiter mit den Zielen (weiterhin) identifiziert (Zugmotivation) oder diese als Vorgaben abarbeitet (Druckmotivation).

Führungs-gespräche

In der Praxis zeigt sich, dass die Transparenz in den Zielen und die scheinbare Objektivität der Kennzahlen in vielen Unternehmen zu verhärteten Diskussionen führt oder das erzielte Ergebnis ohne (positive oder negative) Konsequenzen bleibt.

Transparenz und Objektivität

Durch spezielle Kommunikations- und Führungstrainings lassen sich hierfür die Grundlagen schaffen. Empfehlenswert ist die Beschreibung einer verbindlichen Grundlage, zum Beispiel in Form von Führungsgrundsätzen und Kommunikationsspielregeln.

Sind diese Grundlagen vorhanden, sollten möglichst viele Kommunikationsinstrumente genutzt werden, um Kennzahlen mit Leben zu füllen und den Wettkampfgeist im Unternehmen zu wecken. Im

Kommunika-tions-instrumente

Nachfolgenden ist eine Liste von Instrumenten in loser Reihenfolge aufgeführt, die einen Beitrag zur Förderung der Kommunikation und zum Dialog über die Scorecards liefern können. Welche Instrumente in der Praxis zum Einsatz kommen, hängt von der Kommunikationskultur und der professionellen Anwendung im Unternehmen ab.

Preis-
ausschreiben

„Wer weiß, wie hoch die Anzahl neu gewonnener Kunden ist oder wie viele Produktionsteile fehlerfrei die Fertigung verlassen?" Das können Fragen sein, um das Thema Kennzahlen in Verbindung mit einem Preisausschreiben spielerisch im Unternehmen in das Bewusstsein zu rücken. Das Instrument fördert den Wettkampfgedanken und den sportlichen Umgang mit Kennzahlen.

Flugblatt

Im Gegensatz zu Rundschreiben und üblichen, geschäftlichen Informationen vermittelt ein Flugblatt das Gefühl von Dringlichkeit, Aktualität und Brisanz. Da es für die Unternehmenskommunikation unüblich ist, dass Informationen jedem Mitarbeiter beim Betreten des Firmengeländes persönlich übergeben werden, erweckt diese Form eine hohe Aufmerksamkeit. Alle Mitarbeiter werden angesprochen, wachgerüttelt und für die Bedeutung der eigenen Scorecard für das Gesamtunternehmen sensibilisiert.

Mitarbeiter-
zeitung

In einigen Unternehmen existieren Mitarbeiterzeitungen. Das Thema Kennzahlen eignet sich, um über Erfolge zu berichten und über die Hintergründe von verfehlten Zielen zu berichten. Ist die Unternehmenskultur so weit entwickelt, dass über Erfolge und Maßnahmen zur Neuausrichtung nach Misserfolgen offen berichtet wird, spürt der Leser die Flexibilität und Innovationskraft des Unternehmens. Die Führungskräfte und Mitarbeiter akzeptieren die Kennzahlen als Frühwarnsystem für das Unternehmen.

Schwarzes Brett

Im Rahmen der Einführung von Gruppenarbeit in der Fertigung, in der Umsetzung von kontinuierlichen Verbesserungsprozessen (KVP) und bei der Arbeit mit Kanban-Systemen werden wichtige Informationen und ausgewählte Kennzahlen visualisiert. Dies erfolgt auf so genannten „schwarzen Brettern", Schautafeln oder digitalen Displays und ist ausbaubar bis zu Informationsinseln mit leicht bedienbaren Computereinheiten. Diese Art der Aufbereitung der Kennzahlen vermittelt im gesamten Unternehmen das Gefühl, dass die Kennzahlen zum Tagesgeschäft gehören und für die unmittelbar Betroffenen wichtige Informationen beinhalten.

Ersetzt man das geschriebene Wort durch die Sprache, ergänzt durch Reportagen und Interviews, so erhält man das Business-TV für die Mitarbeiter. Auch hier lassen sich Erfolge feiern und durch kritische Reportagen den Nutzen von Kennzahlen und die Bedeutung als Frühwarnsystem herausheben. Die vier Perspektiven der Balanced Scorecard geben darüber hinaus die Möglichkeit, über die gleichen Sachverhalte aus den unterschiedlichen Perspektiven zu berichten.

Business-TV mit Interaktion

In jedem Unternehmen werden in unterschiedlichen Durchführungsvarianten Betriebsversammlungen durchgeführt und über wesentliche Kennzahlen (konkret oder allgemein formuliert) berichtet. Zusätzlich besteht die Möglichkeit, ausgewählte Mitarbeiter um einen persönlichen Rück- und Ausblick in Bezug auf ihre individuellen Scorecards zu bitten und damit das Kennzahlensystem mit Leben zu füllen.

Betriebsversammlungen

Zunehmend werden offene Diskussionsforen in den Unternehmen eingerichtet und zu häufig gestellten Fragen (Frequent-Asked-Questions) Antworten zugänglich gemacht. Gerade in der Einführungsphase der Balanced Scorecard können über dieses Instrument Fragen, Ängste, Kritik und Unsicherheiten in der Anwendung aufgenommen und geeignete Maßnahmen eingeleitet werden.

Frequent-Asked-Questions

Auch nach der Einführung der Balanced Scorecard sollten in speziellen Zukunftskonferenzen und -werkstätten Strategie, Ziele, Leistungtreiber, Früh- und Spätindikatoren hinterfragt werden, wenn es darum geht, den Blick in die Zukunft zu schärfen und Klarheit für den Weg zu schaffen.

Zukunftskonferenzen und -werkstätten

Info-Märkte

Ein anderer Weg, um die Diskussion über Kennzahlen zu fördern und aktuell zu informieren, ist die Durchführung von Info-Märkten. Ähnlich wie auf einem Markt wandern die Teilnehmer von Informationsstand zu Informationsstand. In einem vorgegebenen Zeitrhythmus informieren die Standleiter über das Thema und die Kennzahlen ihres Standes, beantworten Fragen und nehmen Anregungen der Zuhörer auf.

Workshops

In der Anfangsphase können strukturierte Workshops hilfreich sein, die durch einen internen Moderator geleitet werden. Thema des Workshops ist die aktuelle Information über den Stand der Zielerreichungen, über besondere Schwierigkeiten und über Abstimmungsbedürfnisse. Am Ende sind eine gemeinsame Informationsbasis geschaffen und konkrete Maßnahmen vereinbart.

Führungs-kräfteforum

Die Workshops sollten auf allen Führungsebenen durchgeführt werden. Die Veranstaltungsform ist ggf. in Richtung Forum zu wechseln, wenn die Information und Diskussion im Vordergrund steht. Dies wird häufiger der Fall sein, je höher die teilnehmenden Führungsebenen sind.

Business Theater

Das Business Theater eröffnet die Chance, aktuelle Probleme mit der Scorecard schauspielerisch aufzubereiten und Lösungsansätze anzubieten. Die unterhaltsame Form fördert das Vertrauen, auch im Tagesgeschäft zu passenden Lösungen zu kommen.

Trouble Shooting Workshops

Wenn Scorecards dramatisch vom vereinbarten Zielkorridor abweichen, sollten Trouble Shooting Workshops eingesetzt werden. Neben den üblichen Maßnahmen, die in solchen Fällen einzuleiten sind, sollte das Zielsystem überprüft werden: „Sind weitere Ziele und Scorecardinhaber betroffen?", „Sind Annahmen oder Szenarien zu korrigieren?" Durch dieses Vorgehen können die emotionalen Reaktionen der nicht unmittelbar Betroffenen aufgenommen werden und in das überarbeitete Zielsystem einfließen.

Erfolgs-Tipp:

Die Balanced Scorecard ist kein Zahlenfriedhof von Kennzahlen, sondern ein lebendiges Instrument, das zum Wettstreit für gemeinsame Ziele anspornt und zur Diskussion über Wege und Erfolge anregt. Die Balanced Scorecard stellt gerade deswegen hohe Anforderungen an die Kommunikationskompetenz eines Unternehmens. Um diese Kompetenz weiter aufzubauen und die Kommunikation über die Scorecards zu fördern, gibt es eine Vielzahl von Instrumenten, die für jedes Unternehmen individuell zusammenzustellen sind.

Interessantes Fallbeispiel: „Diamant des Nordens"

Die Ostseesparkasse Rostock hat mit der Balanced Scorecard-Methode das aus fünf Sparkassen gebildete Institut auf Erfolgskurs gebracht.

Führen mit Zielen

Nach der Fusion aus fünf Sparkassen hat die Ostseesparkasse durch Führungstrainings und Coachings eine gemeinsame Führungskultur geschaffen. Sie basiert auf dem Grundgedanken des kooperativen Führungsstils und des Führens mit Zielen. Seither vereinbarten die Führungskräfte mindestens einmal im Jahr konkrete Ziele nach einer unternehmensweit einheitlichen Systematik.

Sinn und Zweck

Die Systematik sah zudem im Rahmen der Zielvereinbarung mit dem Mitarbeiter vor, den Sinn und Zweck des Ziels zu vermitteln. Somit ergab sich die Notwendigkeit, den Führungskräften und Mitarbeitern die Vision und das Leitbild der Ostseesparkasse und ihre Strategie zu vermitteln.

Kommunikation des Leitbildes

Der Vorstand verständigte sich auf eine klare Vision für die Ostseesparkasse und entwickelte ein Leitbild. Für die Kommunikation des Leitbildes wählte der Vorstand einen außergewöhnlichen und erfolgreichen Weg. Für den Vorstand war der Prozess der Entstehung des Leitbildes nämlich so wertvoll, dass das Prinzip auf das gesamte Unternehmen angewandt wurde.

Prozess-Workshops

Jeweils persönlich stellten die Vorstände in fünf bis acht dreistündigen Prozess-Workshops mit je 30 Mitarbeitern den Entwurf des Leitbildes vor. Unter Anleitung eines internen Moderators entwickelten die Mitarbeiter den Leitbildentwurf weiter. Die endgültige Fassung verabschiedete dann der Vorstand.

Event

Es war das erste Mal – so der Vorstand –, dass eine Aufbruchstimmung und der Mut zu Veränderungen im gesamten Haus zu spüren war, als die Vision „Wir wollen der Diamant des Nordens werden" und des gemeinsam entwickelten Leitbilds während eines Events in der Stadthalle Rostock vorgestellt wurden. An ihr nahmen alle 1000 Mitarbeiter der Sparkasse teil.

Identifikation mit Unternehmenszielen

Im nächsten Schritt wurde das Thema Unternehmensziele angegangen. Dabei sollte sichergestellt sein, dass die Führungskräfte sich mit den Unternehmenszielen identifizieren und auch ihr Wissen einbringen. Dazu steckte der Vorstand den Rahmen für die Strategie der Ostseesparkasse ab und gab erste Ideen für mögliche Ziele an die Führungskräfte mit dem Auftrag weiter, schlüssige Unternehmensziele zu entwickeln.

Vier Perspektiven

In mehreren Workshops erarbeiteten die Führungskräfte Vorschläge für die strategischen Unternehmensziele in der Systematik der Balanced Scorecard zu den Perspektiven

- Finanzwirtschaft (finanzielle Perspektive)

- Kundenorientierung (Kundenperspektive)

- Führung, Kommunikation und Innovation (Potenzialperspektive)

- Betriebsinterne Abläufe (Prozessperspektive)

Führungsworkshops

In vier Gruppen entwarfen die Führungskräfte dann die einzelnen Scorecards, also die strategischen Unternehmensziele, die Messgrößen, die möglichen Zielwerte und die Umsetzungsmaßnahmen. Jede Gruppe arbeitete die Scorecards abwechselnd unter Leitung eines externen Moderators weiter aus und konkretisierte die Maßnahmen.

Neben den Vorschlägen für ein Zielsystem aus verschiedenen Zielkarten brachte das Vorgehen auch wertvolle Impulse auf der emotionalen Ebene: Die Führungskräfte sind sich bei den Gruppenarbeiten ihrer Mitverantwortung für die Unternehmensziele bewusst geworden. Sie fühlen sich als Führungsteam und haben ein gemeinsames Verständnis zur Zukunft der Ostseesparkasse Rostock.

Mitverantwortung und Teambildung

Auf die Gruppenarbeiten folgte ein zweitägiger Ziel-Workshop mit dem Vorstand und den vier Gruppen. Am ersten Tag stellten die Führungskräfte ihre Scorecards vor. Am gleichen Abend entschied der Vorstand über die Scorecards, die kurz- und mittelfristig umgesetzt werden sollten, und genehmigte die erforderlichen Finanzmittel und Personalkapazitäten.

Ziel-Workshop

Am zweiten Tag wurden zu jeder ausgewählten Zielkarte (Scorecard) jeweils ein konkretes Projekt definiert und die Projektleiter aus dem Führungsteam berufen. Dadurch reduzierte sich die Anzahl der bis dahin in Größe und Bedeutung unterschiedlichen 99 Projekte auf überschaubare 18 strategische Vorhaben.

Projektscorecards

Diese Art von Ziel-Workshops wiederholt die Ostseesparkasse alljährlich zur Anpassung von Zielen und Projekten an das aktuelle Marktgeschehen. Darüber hinaus führte die Sparkasse – auf Basis der Systematik der Balanced Scorecard – ein EDV-gestütztes Controllingsystem für die Unternehmenssteuerung ein.

Jährlicher Turnus

Parallel zur Einführung der Balanced Scorecard wurden die Führungskräfte sowie Projektmitarbeiter trainiert und ein ganzheitliches Projektsteuerungssystem etabliert. Sinn dieser Maßnahme war, die Mitarbeiter in den Umgestaltungsprozess einzubeziehen, ihre Motivation zu stärken, starres Abteilungsdenken durch zielorientiertes Denken zu ersetzen sowie brachliegende kreative Potenziale der Mitarbeiter zu erschließen.

Ganzheitliches Projektsteuerungssystem

Erfreulicher Trend

Bedingt durch die Bündelung der Kräfte in den Projekten sowie die bessere Identifikation der Mitarbeiter mit dem Unternehmen, entwickelte sich das Betriebsergebnis entgegen dem allgemeinen Trend im Sparkassensektor in den letzten Jahren erfreulich.

Wichtig: Mit der Balanced Scorecard hat die Ostseesparkasse eine verbindliche Ordnung ihrer Ziele sowie Transparenz über den Weg zu diesen Zielen erreicht. In Führungsworkshops erarbeiteten die Führungskräfte gemeinsam die Unternehmensziele und identifizierten sich mit den Ergebnissen. Die Scorecards wurden entweder in Projekten umgesetzt oder in der Regelorganisation weiter heruntergebrochen bis auf Mitarbeiterebene. Die Grundlage dafür bildete neben den Kenntnissen über die Methode der Balanced Scorecard eine gemeinsame Führungskultur. Diese war das Ergebnis eines unternehmensweiten Trainings in den Themen kooperativer Führungsstil und Führen mit Zielen.

6. Real Time Strategic Change Process

Hinter dem Real Time Strategic Change Process verbirgt sich eine Methode, mit der die unternehmensweite, tiefgreifende Verbesserung (Change) wesentlich beschleunigt wird.

Neue Wege der Zusammenarbeit

Die Ford Motor Company in Detroit arbeitete als Erste mit der Methode des Real Time Strategic Change Process. Der Anstoß kam damals durch den stellvertretenden Geschäftsführer eines Geschäftsbereichs (Derversified Products Organization), der auf allen Ebenen über alle Funktionen hinweg neue Wege der Zusammenarbeit einforderte, um wieder einen erfolgreichen Kurs einzuschlagen.

Eine Gruppe von internen und externen Beratern wurde beauftragt, die Manager möglichst schnell zu Akteuren zu entwickeln, die gemeinsam denken und handeln. Nach näherer Analyse der Ausgangslage schlug die Gruppe eine neue „Seminarform" vor, um den erforderlichen Paradigmenwechsel zu erreichen. In diesem fünftägigen Seminar sollten 60 bis 150 Teilnehmer lernen, ihren Arbeitsplatz und ihre Tätigkeit als Manager aus einer neuen Perspektive zu betrachten.

Ford startete den Prozess mit Vertretern aus jeder Organisationseinheit und den oberen vier bis fünf Führungsebenen. Anschließend folgten in jedem Werk und jeder Standortverwaltung ähnliche Veranstaltungen, in denen der begonnene Prozess fortgesetzt wurde.

Multiplikation

Das fünftägige Seminar bildete die Grundlage für die Weiterentwicklung der Methode und ihrer Anwendung in den unterschiedlichsten Veränderungssituationen, wie zum Beispiel Strategieentwicklung, Total Quality Management, Fusionen und Beteiligungen, kultureller Wandel sowie neue Formen der Zusammenarbeit und des Umgangs miteinander.

Weiterentwicklung

Im Nachfolgenden wird beschrieben:

- Die Methodik des Real Time Strategic Change Process für die Einführung der Balanced Scorecard

- Die Rollen der Beteiligten

- Das Beispiel von einem Energieversorgungsunternehmen

Wichtig: Die Ford Company führte als Erste einen Real Time Strategic Change Process durch. Über alle Unternehmensebenen und -bereiche fanden bis zu fünftägige „Seminare" mit jeweils bis zu 150 Teilnehmern statt, um einen Paradigmenwechsel im Unternehmen zu erzielen und wieder nach vorne zu orientieren.

Methodik des Real Time Strategic Change-Prozesses

Der Methodik liegen vier Modell- bzw. Basistheorien zu Grunde. Sie wirken in den neun Phasen des Real Time Strategic Change Process und beschleunigen die unternehmensweiten, tief greifenden Verbesserungen.

Vier Modelle und Basistheorien

Vier Modelle und Basistheorien bilden die Grundlage für die Großveranstaltung im Real Time Strategic Change Process.

Arbeiten in Teams

Ein wesentliches Element dieses Veränderungsprozesses ist die Entwicklung von großen, unternehmensweit wirkenden Teams wie auch von kleineren, funktionsübergreifenden Arbeitsgruppen. Die Basistheorie dafür liefert Jack Gibbs (1970).

In seiner Theorie über Teamentwicklung geht er von drei Hauptelementen aus, die sowohl auf der persönlichen Ebene wie auch im Team wirken: Teamzugehörigkeit, Steuerung und Zielinformation. Jede Gruppe weist diese Elemente auf. Wenn die Elemente eindeutig im Team definiert sind, so ist die Teamentwicklung am effektivsten.

Team-zugehörigkeit

Die Teamzugehörigkeit ist abhängig von der Akzeptanz des jeweiligen Individuums in der Gruppe. Die Akzeptanz steigt, wenn die Gruppenmitglieder offen zu ihren Stimmungen, Werten und Überzeugungen stehen und sie in das Team einbringen.

Steuerung

Nach der Klärung der Gruppenzugehörigkeit ist die Art und Weise der Steuerung und damit verbunden die Zusammenarbeit im Team ein zentrales Thema. In dieser Phase klärt die Gruppe die Beiträge jedes Mitglieds für die Gruppe, die Machtfrage und die Führungsverantwortung.

Zielinformation

Wenn die Gruppe die Teamzugehörigkeit und die Steuerung für sich transparent hat, wendet sich die Gruppe der Zielfrage zu. Das Kernstück in dieser Teamentwicklungsphase ist die Integration der Individualziele und der Gruppenziele.

„Schleifen" in der Team-entwicklung

Zu unterschiedlichen Zeiten beschäftigt sich das Team wiederholt mit Fragen zur Teamzugehörigkeit, zur Steuerung sowie mit den Zielen. Diese „Schleifen" steigern die Fähigkeit des Teams, effektiv und effizient zusammenzuarbeiten.

Ein weiteres Modell, das im Real Time Strategic Change Process zur Anwendung kommt, stammt von Gleicher, der folgende Formel aufgestellt hat: U x V x E > W

Formel nach Gleicher

Bei Gleichers Formel steht **„U"** für die Unzufriedenheit im Unternehmen mit der bestehenden Situation, **„V"** für eine Vision, was möglich wäre, und **„E"** für die ersten Schritte, die gegangen worden sind, um die Vision zu erreichen. Erst wenn U, V und E größer sind als der Widerstand (**„W"**) wird sich etwas verändern.

U x V x E > W

In der Praxis bedeutet das konkret: Wenn entweder U, V oder E fast ist, also zum Beispiel keine große Unzufriedenheit mit der aktuellen Situation besteht oder keine Vision für die Zukunft vorhanden ist oder keiner sich für die Zukunft engagiert, dann ist auch das Produkt UxVxE fast Null. Damit wäre jede Veränderung zum Scheitern verurteilt, weil der Widerstand noch zu groß ist. Anfängliche Erfolge werden dann zurückgeführt auf die vorher bestehende Situation.

Widerstand

In einem unternehmensweiten Bemühen muss deshalb erreicht werden, einer signifikante Anzahl von Führungskräften und Mitarbeitern eine gemeinsame Sicht von U, V und E zu vermitteln sowie sich auf die Inhalte dieser Elemente zu verständigen. Erst dann kann die Veränderung greifen. Aus diesem Grund wird im Real Time Strategic Change Process mit so vielen Teilnehmern an U, V und E gearbeitet.

Veränderung

Die dritte Theorie stammt von Dannemiller (1988), der aus den Überlegungen von Weber (1947) zur Bürokratie in Unternehmen und Taylor (1915) zur Arbeitsteilung die Arthritic-Organisationstheorie aufgestellt hat. Sie besagt im Kern, dass ein Unternehmen mit zunehmender Lebensdauer nicht mehr flexibel oder anpassungsfähig ist, sei es in Bezug auf die Erfordernisse von den internen Arbeitsabläufen oder aufgrund der Umweltveränderungen (im Markt usw.). Als Ursachen dafür nennt Dannemiller die Ausbildung von klaren Bereichsgrenzen und Verantwortlichkeiten (horizontal),

Arthritic-Organisations-theorie

verbunden mit der vertikalen Spezialisierung innerhalb dieser Bereichsgrenzen.

Entscheidende (Ge-)Lenkstellen einbeziehen

Damit ergeben sich horizontal wie vertikal über das gesamte Unternehmen neuralgische Punkte, die auf jede Art der Veränderung empfindlich reagieren oder Widerstand leisten. Dannemiller nutzt hier das Bild von Entzündungen an entscheidenden (Ge-)Lenkstellen (Arthritic). Aus diesem Grund setzt der Real Time Strategic Change Process darauf, das ganze Unternehmen einzubeziehen. Damit besteht die Möglichkeit, den Informationsfluss zu verbessern, die Fokussierung im Unternehmen zu verändern und Antwort- bzw. Entscheidungszeiten zu reduzieren.

Strategie-Planungsmodell

Das vierte Modell ist ein Strategie-Planungsmodell. Es beschreibt, wie eine Strategie entwickelt werden kann, die alle Erwartungen der am Unternehmen interessierten Gruppen einbezieht. In Großveranstaltungen wird relativ viel Zeit darauf verwendet, die Erwartungen der Hauptgruppen zu klären. Damit verbunden lernen die Teilnehmer, aus den unterschiedlichen Perspektiven auf das Unternehmen zu schauen und die Strategie an deren Erwartungen abzuprüfen.

Wichtig: Eine Strategie, die unter diesem Gesichtspunkt im Rahmen einer Großveranstaltung erarbeitet wird, ist damit repräsentativ. Die Ausrichtung auf eine konkrete, gemeinsame Zukunft unterstützt die Umsetzung der Strategie in die Praxis. Diese Ausrichtung wird erreicht, wenn die anwesenden Teilnehmer der Großveranstaltung (kritische Masse im Unternehmen) konkrete Maßnahmen erarbeiten, wie die Unternehmensziele und strategischen Positionen erreicht werden sollen.

Die neun Phasen des Real Time Strategic Change Process

Jede der neun Phasen im Real Time Strategic Change Process ist auf die individuelle Unternehmenssituation abzustimmen.

Die nachfolgende Beschreibung stellt die Phasen als linear und sequentiell dar. Dies erfolgt aus Gründen der Vereinfachung. Wie später das Praxisbeispiel zeigen wird, laufen die Phasen zum Teil parallel. Die Inhalte und Maßnahmen sind viel stärker voneinander abhängig, als es das Phasenmodell an dieser Stelle suggeriert.

Phasenmodell

- Auftragsklärung für den Veränderungsprozess mit dem Führungsteam

Für die Umsetzung des Real Time Strategic Change Process wird ein verantwortliches Beratungsteam eingesetzt, das durch ein Führungsteam gesteuert wird. In der ersten Phase klärt das Beratungsteam die Arbeitsbeziehung mit dem Führungsteam. Anschließend vereinbaren die Teams den jeweiligen Beitrag zum Prozess, die gegenseitigen Erwartungen, die Rolle jedes Teams und die zu erledigenden Aufgaben.

Auftrag klären

- Einbindung des Führungsteams in den Themen Prozessorientierung, Verantwortung und Verpflichtung für den Prozess

In der zweiten Phase nimmt das Beratungsteam die Mitglieder des Führungsteams persönlich in die Pflicht für die Durchführung des Veränderungsprozesses. Beide Teams erarbeiten konkrete Kennzahlen, an denen sie den Erfolg der Veränderungsbemühungen messen wollen. Sie entwickeln einen ersten Projektplan zu den Maßnahmen, wie sie in das Unternehmen hinein wirken wollen. Dazu werden die Rollen jedes Mitglieds und der Teams detailliert.

Führungsteams einbinden

Die wichtigsten Entscheidungen, die in unterschiedlichen Phasen vielleicht getroffen werden müssen, werden identifiziert. Bei Bedarf unterstützt der Vorstandsvorsitzende oder der Geschäftsführer diese Phase und stattet das Führungsteam mit entsprechenden Kompetenzen und Verantwortungen aus.

■ Entwicklung eines Umsetzungsplans für den Veränderungsprozess

Umsetzungs-
plan entwickeln

In der dritten Phase entwirft das Führungsteam einen ersten
Umsetzungsplan, der dann in der Großveranstaltung präsentiert und dann mit den Anmerkungen der Teilnehmer
überarbeitet wird. Der Umsetzungsplan kann noch während der Großveranstaltung fertig gestellt werden. Das Ein-
verständnis der Teilnehmer hilft, die Führung für den Veränderungsprozess zu etablieren und die Zustimmung zum
Umsetzungsplan einzuholen, die diesen realisieren sollen.

■ Design der Großveranstaltung des Real Time Strategic
Change Process

Geplante
Ergebnisse
der Groß-
veranstaltung
formulieren

Das Führungsteam beruft Mitarbeiter in ein Designteam in
der vierten Phase. Die Mitglieder des Designteams repräsen-
tieren die Teilnehmer der Großveranstaltung. Das Designteam unterstützt das Beratungsteam bei der Fokussierung
der Großveranstaltung auf die aktuelle, spezifische Unternehmenssituation und liefert die hierfür erforderlichen
Daten. Gemeinsam werden die Grenzen abgeklärt und die
geplanten, konkreten Ergebnisse der Großveranstaltung
formuliert.

Anschließend entwickeln das Design- und das Beratungsteam den Ablauf für die Großveranstaltung, der allen Erwartungen und Bedürfnissen möglichst nahe kommt. Die
Redner werden festgelegt, und das Designteam übernimmt
die unterstützenden Aufgaben, wie zum Beispiel Marketing
für die Großveranstaltung, Redner einladen und Ausarbeitung der Sitzordnung nach Funktion und Person.

■ Planungsrunde für die Großveranstaltung

Logistik und
Organisation
planen

In dieser Phase wird ein Team bestellt, das für die Logistik
und Organisation der Großveranstaltung verantwortlich ist
(Logistikteam). Dazu gehören zum einen die Auswahl des

Tagungsortes, Mahlzeiten, Pausenregelungen, Anfahrt- und Parkmöglichkeiten sowie die Bereitstellung von Material, wie zum Beispiel Flipchartpapier, Stellwände, Stifte und Post-its für die Verwendung an den für acht bis zehn Personen vorgesehenen Tischen.

■ Nachbereitungsplanung der Großveranstaltung

Einige Teilnehmer der Großveranstaltung mögen meinen, nach der Großveranstaltung habe sich alles auf einmal verändert. Sie wären enttäuscht. Deshalb hat das Führungsteam bereits in der zweiten Phase mögliche Maßnahmen definiert, wie es nach der Großveranstaltung weitergehen könnte. In dieser sechsten Phase arbeitet das Führungsteam gemeinsam mit dem Designteam und dem Beratungsteam an dem Thema weiter. Auf Basis der in den anderen Phasen gewonnenen Erkenntnisse werden Maßnahmen verworfen oder konkretisiert sowie neue Maßnahmen entwickelt, die wie folgt aussehen können:

Maßnahmen für „Danach"

_ Arbeitsgruppen vorsehen, die Maßnahmenpläne aus der Großveranstaltung weiterbearbeiten und umsetzen

_ Kommunikation und Multiplikation der Informationen aus der Großveranstaltung planen

_ Trainingspläne aufstellen, um interne Mitarbeiter im Design und der Begleitung von Großveranstaltungen zu unterweisen

_ Potenzielle Umsetzungsstrategien identifizieren, die das Führungsteam oder andere Gruppen in die Lage versetzen, den Veränderungsprozess weiter voranzutreiben

Die endgültige Festlegung dieser Maßnahmen erfolgt während oder nach der Großveranstaltung. Gleichwohl ergibt sich die Auswahl und Konkretisierung der Maßnahmen erst in der Großveranstaltung.

■ Generalprobe für die Großveranstaltung

In der siebten Phase, die in der Regel einen Tag vor der Großveranstaltung terminiert ist, wird noch mal geprüft, ob alle auf die Großveranstaltung hinreichend eingestimmt und bereit sind, zum Beispiel die Führungskräfte, die Teammitglieder, das Beratungsteam, die Redner, die Teilnehmer usw. Diese letzte Abstimmung ist erforderlich, damit die Großveranstaltung zum Erfolg werden kann.

An diesem Tag gleicht zum Beispiel das Führungsteam seine Aufgaben und Rollen in dem Prozess noch mal ab, die Redner werden für ihren Vortrag gecoacht, das Beratungsteam verständigt sich auf seine Rolle und Festlegungen für die Großveranstaltung, der Tagungsraum wird eingerichtet, das Material kontrolliert und verteilt, die Lautsprecheranlage überprüft, die Präsentationsmedien ausprobiert und die Pausenregelungen mit dem Katering-Service abgestimmt.

■ Durchführung der Großveranstaltung

Jedes
Teammitglied
übernimmt
seine Rolle

In dieser Phase begleitet das Beratungsteam die Veranstaltung. Jedes Teammitglied übernimmt verschiedene Rollen, wie die Moderation von Arbeitsphasen in der Großveranstaltung, Betreuer der Redner, Teilnehmer und Führungskräfte sowie Designer von Arbeitsschritten und Helfer im Logistikteam.

■ Nachbereitung der Großveranstaltung und Umsetzung der Maßnahmen im Veränderungsprozess

In der neunten und letzten Phase übernimmt das Führungsteam die Verantwortung für die Umsetzung der Maßnahmen sowie für die Überwachung und Steuerung des Veränderungsprozesses. Das Beratungsteam stellt die Maßnahmenpläne, Zuständigkeiten und Verantwortlichkeiten sowie die ersten Schritte bereits in der Großveranstaltung vor, sorgt für die klare Zuordnung und begleitet die Umsetzung.

Erfolgs-Tipp:

Der Real Time Strategic Change Process fokussiert sich in einer Großveranstaltung, die eine große Initialwirkung für das Unternehmen bedeuten kann. Dazu sind neun Phasen für das Vorgehen hilfreich. Hierbei sollten die folgenden Punkte hinreichend in dem Prozess berücksichtigt werden: Zum Beispiel wesentliche Modell- und Basistheorien der Gestaltung von Veränderungsprozessen, Teamentwicklung und dem Lernverhalten von Erwachsenen sowie Elemente der Motivation, Ausstattung mit Kompetenzen, Risikoabschätzungen und gemeinsame Informationsbasis. Das Ziel muss klar formuliert und ein konkretes Bild von den möglichen Ergebnissen vorhanden sein.

Rollen der Beteiligten

Die wesentliche Voraussetzung für den Erfolg des Real Time Strategic Change Process ist die professionelle Vorbereitung durch Teams mit klaren Rollen und Aufgaben.

In den neun Phasen des Real Time Strategic Change Process sind folgende vier Teams aktiv: Führungsteam, Beratungsteam, Designteam, Logistikteam. Die Rollen und Aufgaben der Teams und der Teilnehmer der Großveranstaltung und des Veränderungsprozesses sind wie folgt:

Führungsteam

Die oberste Führungsebene muss in die Lage versetzt werden, den Veränderungsprozess zu steuern. Dazu wird aus dieser Ebene ein Führungsteam zusammengestellt (und gecoacht), das folgende Aufgaben und Rollen wahrnimmt.

*Das sollten
Sie wissen!*

Aufgaben und Rollen des Führungsteams

- Das Führungsteam übernimmt die Steuerung des Gesamt-
  prozesses, wie zum Beispiel für die Einführung der Balanced Scorecard, für die Strategieentwicklung, für die Reorganisation der Auf- und Ablauforganisation oder für den
  kulturellen Wandel

- Überwacht, überprüft und steuert die unternehmensweite
  Beteiligung der Mitarbeiter als Teilnehmer

- Identifiziert und hinterlegt organisatorische Maßnahmen
  für die Entfaltung der Leistungspotenziale und der Teilnehmer

- Stellt das Beratungsteam zusammen und unterstützt es in
  seinen Bemühungen

- Klärt die strategische Ausrichtung und die zulässigen Op-
  tionen für die Unternehmensentwicklung

- Trainiert sich und andere darin, die Möglichkeiten aus der
  Veränderung zu sehen und zu nutzen

- Genehmigt und implementiert die Vereinbarungen aus der
  Großveranstaltung

Beratungsteam

*Wesentliche
Impulse für den
Veränderungs-
prozess*

Das Beratungsteam ist das Herz und das Gehirn des Veränderungsprozesses. Von ihm gehen die wesentlichen Impulse aus, und
zu ihm gehen alle Informationen für und über den Prozess. Konkret hat das Beratungsteam folgende Rollen und Aufgaben.

www.metropolitan.de

Aufgaben und Rollen des Beratungsteams

- Entwirft den Umsetzungsplan für das Führungsteam

- Dokumentiert den aktuellen Stand des Prozesses so weit, dass andere Teams ausreichend informiert werden können

- Formuliert Möglichkeiten für das Vorgehen und den Fokus für die Großveranstaltung

- Informiert sich über vergleichbare Prozesse bei Dritten (Benchmarking) und dokumentiert die Erkenntnisse

- Schafft das Bewusstsein in der Organisation für den Prozess, für die daraus resultierende neue Organisation, für die Umsetzung und für mögliche Barrieren und Hürden, die genommen werden müssen

- Informiert die anderen Teams und Interessenvertreter, die nicht an der Umsetzungsplanung beteiligt waren, über die Formel „U x V x E > W" (das Produkt aus Unzufriedenheit, Vision und ersten Schritten ist größer als der Widerstand) und ihren tieferen Sinn, über das bisherige Vorgehen, den aktuellen Stand und die nächsten Schritte

- Fordert Anregungen von den nicht Beteiligten ein, um sie bei den weiteren Überlegungen und bei Entscheidungen bei jeder Großveranstaltung berücksichtigen zu können

- Entwickelt Kosten-Nutzen-Analysen für die neuen Lösungen

- Erstellt alternative Umsetzungspläne für die Phasenverläufe, für die Arbeitsblöcke, für unvorhergesehene Abweichungen und unterschiedliche Prioritätensetzungen

- Identifiziert die Chancen im Prozess und leitet daraus die Prioritäten ab

- Entwickelt Gedankenmodelle und ungewöhnliche Ideen

noch: Aufgaben und Rollen des Beratungsteams

für die Großveranstaltung, die von den Teilnehmern diskutiert werden und helfen sollen, „über den Tellerrand hi-
nauszuschauen"

- Organisiert die Umsetzung der Maßnahmenpläne aus der
Großveranstaltung und beteiligt sich daran

- Lernt, aktiv Veränderungsprozesse voranzutreiben, und
vermittelt dieses Wissen an Dritte

- Erhält die erforderlichen Entscheidungen von den Haupt-
interessensgruppen und bringt sie in die Umsetzung der
Maßnahmenpläne aus der Großveranstaltung ein

- Stellt sicher, dass der endgültige Entwurf des Prozesses und
dessen Organisation zum Unternehmen, zu der Vision, zu
den Unternehmenswerten und Leitlinien konform ist

Die Zusammensetzung des Beratungsteams ist maximal gemischt
und umfasst 8 bis 15 Mitarbeiter, die zu 25 Prozent bis zu 100 Prozent ihrer Arbeitszeit freigestellt sind. Die Mitglieder des Beratungsteams werden nach folgenden Kriterien ausgewählt:

- Fundiertes Wissen aus dem Kerngeschäft des Unternehmens

- Erfahrene und fähige Leistungsträger

- Gutes Ansehen bei den Kollegen und bei den Führungskräften im Unternehmen

- Ausgeprägtes kreatives oder kritisches Denkvermögen

- Bereitschaft, neue Wege zu gehen

- Fähigkeit, auch über den Tellerrand zu schauen

- Steht zur eigenen Meinung und kann sie argumentativ ver-
teidigen

- Glaubwürdig nach den im Unternehmen geltenden Maß-
  stäben

- Repräsentiert eine über Bereichsgrenzen hinweg geltende
  Meinung oder Denkrichtung im Unternehmen

Designteam

Das Designteam hat zwischen 6 und 30 Teilnehmern. Diese stellen
einen „Mikrokosmos" des Unternehmens dar, also einen repräsen-
tativen Querschnitt für die Teile des Unternehmens, die auch an
der Großveranstaltung teilnehmen werden.

Zusammen-
setzung des
Designteams

Ein typisches Designteam könnte wie folgt besetzt sein: 60 Prozent
sind Mitarbeiter, die bis dato nicht in den Prozess eingebunden
waren, 20 Prozent des Teams haben sich ausführlich mit dem Prozess beschäftigt, und 20 Prozent des Designteams sind Vertreter
aus den anderen Teams.

Logistikteam

Das Logistikteam ist hinter den Kulissen für den reibungslosen Ablauf der Großveranstaltung verantwortlich. Die Mitglieder sind oftmals interne Berater, Trainer und interessierte Mitarbeiter, die mehr
über den Prozess erfahren wollen, aber nicht an der Großveranstaltung teilnehmen.

Zusammen-
setzung des
Logistikteams

Als Faustregel gilt: Für 30 bis 40 Teilnehmer sollte ein Mitarbeiter in
das Logistikteam berufen werden.

Ein Logistikexperte aus dem Logistikteam wird der „Veranstal-
tungsdirektor" für die Großveranstaltung. Zusammen mit seinem
Team hat er folgende Aufgaben:

- Stellt sicher, dass alles und jeder zur richtigen Zeit am richtigen Platz ist

- Zeichnet verantwortlich für das Material, für die Raumausstattung, für den Empfang der Teilnehmer, für die Begleitung von Untergruppen zu gesonderten Arbeitsräumen, Mitschriften auf Flipcharts und Stellwände, für die Verteilung von Teilnehmerunterlagen, für die Bedienung der Mikrophone während Zurufabfragen und Diskussionen sowie für alle Arrangements und Aktivitäten, die zum Gelingen der Großveranstaltung beitragen

- Begleitet die Generalprobe und die Großveranstaltung

Die Mitglieder des Logistikteams sollten folgende Kriterien erfüllen: Teamfähigkeit, „Gleicher unter Gleichen"-Verständnis, aktiver Zuhörer, steht zu seiner Aufgabe und kann sich selbst organisieren, Fähigkeit zur gleichzeitigen Bearbeitung von verschiedenen Aufgaben, Flexibilität und Bereitschaft, überdurchschnittlich viel Zeit zu investieren.

*Teilnehmer der Großveranstaltung und des
Veränderungsprozesses*

**Vertrauen muss
aufgebaut
werden!**

Die meisten Teilnehmer begegnen dem Veränderungsprozess mit Argwohn und Zynismus, weil sie schon einige Fehlstarts erlebt haben und viele Veränderungsbemühungen als nutzlos empfunden haben. Das Vertrauen muss erst aufgebaut werden.

Der erste Schritt dafür ist, eine gemeinsame Informationsbasis in der Großveranstaltung zu schaffen. Während der Großveranstaltung wächst das Vertrauen durch das gemeinsame Erleben der unternehmensweiten Zusammenarbeit an einem Thema und durch das gemeinsame Eingehen neuer Risiken (für das Neue). Die Teilnehmer legen nach und nach ihre Vorbehalte ab und werden ausgeglichener als Person, als Team, als Unternehmen.

Die volle Wirkung der Großveranstaltung ist spürbar, wenn die Teilnehmer mit Kollegen zusammenarbeiten, mit denen sie normalerweise nicht zusammentreffen. Sie tauschen ihre Hoffnungen,

Zweifel, Ängste und Ideen ungefiltert aus, hören sich gegenseitig zu und verpflichten sich gemeinsam auf den Veränderungsprozess.

Erfahrungsbericht eines Energieversorgers

Als Peco Energy sich entschied, den Bereich Human Resources zu reorganisieren, bat sie Experten um ihren Rat – sie befragte die Mitarbeiter.

Die Deregulierung des Energiesektors hatte in den letzten Jahren zu einer Vielzahl von Änderungen in den Geschäftsprozessen geführt, um den Übergang vom regionalen Monopolisten hin zu einem leistungsfähigen und innovativen Unternehmen zu vollziehen.

Deregulierung des Energie-sektors

Um den neuen Marktverhältnissen und den neuen Anforderungen an den Bereich Human Resources durch die oberste Führungsebene gerecht zu werden, wurden die Leistungspalette des Bereichs und die Leistungserstellung überprüft sowie überlegt, wie der Service für die verschiedenen Kunden verbessert werden kann.

Nach dieser Überprüfung entschied sich Peco Energy, den Bereich Human Resources neu zu organisieren. Davon waren insgesamt 7200 Mitarbeiter betroffen, ebenso die Kunden des Bereichs und alle wichtigen Arbeitsabläufe im Bereich Human Resources.

Reorganisation Human Resources

Die neue Organisation sollte die Arbeitsabläufe verschlanken, die Kosten senken und mehr Verantwortung an die Mitarbeiter, an die Führungskräfte und an die Geschäftsbereiche übertragen.

Dabei unterstellte Peco Energy, dass das Wissen und das Können für die Umsetzung dieser Veränderungen im Unternehmen vorhanden ist. Deshalb wurde die Methode des Real Time Strategic Change Process ausgewählt, um dadurch die unternehmensweit vorhandene Intelligenz der Mitarbeiter für eine erfolgreiche Reorganisation zu nutzen.

Einbindung der Mitarbeiter

*Mitarbeiter aus
dem gesamten
Unternehmen*

Zeitweise waren über 200 Mitarbeiter von jeder Hierarchieebene und aus jeder Funktion im Bereich Human Resources sowie weitere Betroffene aus anderen Teilen des Unternehmens damit beschäftigt, Informationen zusammenzutragen, Ideen auszutauschen, zu diskutieren und Maßnahmen festzulegen.

Durch die Beteiligung der Mitarbeiter von allen Ebenen entstanden die Mission, die Vision, das Leitbild, die Arbeitsabläufe und Organisationsstrukturen neu. Wie Peco Energy dorthin gekommen ist, beschreiben die nachfolgenden Ausführungen:

*Schwerfällige
Verwaltung*

Der Bereich Human Resources war gekennzeichnet durch eine schwerfällige Verwaltung und werteverzehrende Tätigkeiten, wie zum Beispiel verteilen und weiterleiten von Aufgaben, nutzlose Berichte, Aktualisierung von Informationen, die niemand brauchte, und endlose Diskussionen über das richtige Vorgehen und den Entscheidungsspielraum. Hinzu kam ein Informationssystem, das über die Zeit überaltet, benutzerunfreundlich und unflexibel geworden war, was zur Folge hatte, dass die Nutzung zentralisiert und der Informationszugriff eingeschränkt wurde.

*Zukünftige
Anforderungen*

Im Gegensatz dazu erforderte die Zukunft neue Arbeitsabläufe und die Abschaffung überflüssiger Arbeiten. Zudem musste der Bereich mehr strategisch orientiert handeln und beratend tätig sein. Also rasch auf veränderte Marktbedingungen reagieren können sowie den Führungskräften und Mitarbeitern helfen, erfolgreicher an ihrem Arbeitsplatz zu sein.

*Neues Rollen-
verständnis*

Um das Bild der Zukunft zu realisieren, musste auf allen Ebenen ein neues Rollenverständnis geschaffen werden, ein neues Denken (als Berater) etabliert und eine neue Arbeitspraxis im Bereich Human Resources eingeführt werden.

Im November 1995 wurden die ersten Schritte dazu unternommen. Ein Beratungsteam, bestehend aus 20 Mitarbeitern und Führungskräften aus der Linie des Bereichs Human Resources, sammelte Informationen zu Reengineering von Unternehmensberatern sowie von Unternehmen mit großen Human Resources Bereichen, wie zum Beispiel IBM und DuPont.

Die Ergebnisse bestätigten, dass die Reorganisation des Bereichs erforderlich ist. Hierzu wurde ein Vorgehen gewählt, das vier aufeinander aufbauende Großveranstaltungen beinhaltete zu den Themen: Vision, Reorganisation der Arbeitsabläufe, Entwurf der Organisationsstruktur und Status quo. Die Großveranstaltungen wurden in einem Zeitraum von sechs Monaten durchgeführt.

Vier Großveranstaltungen

Zur Vorbereitung der Großveranstaltungen waren viele Aufgaben zu erledigen. Dazu gehörte zum Beispiel die Auswahl der einzuladenden Mitarbeiter und die geeignete Platzzuteilung für jeden Teilnehmer, um die personellen Voraussetzungen für kritische und konstruktive Diskussionen zu schaffen. An jeder Großveranstaltung nahmen jeweils ungefähr 200 Mitarbeiter teil, die unterschiedliche Hierarchieebenen und Perspektiven repräsentierten.

Einige Mitarbeiter nahmen an allen Großveranstaltungen teil, während 60 bis 70 Teilnehmer neu zu den Veranstaltungen hinzukamen. Die Teilnehmer verteilten sich auf Tische mit jeweils acht Personen. Jeder Tisch repräsentierte einen Mikrokosmos des Unternehmens. Das unterstützte die rege Diskussion von Problemen, Unzufriedenheiten und Lösungen.

Rollierende Mitarbeiterbeteiligung

Externe Redner stellten weitreichende Ideen für das Human Resource Management vor, berichteten über Umsetzungserfolge, Vorbedingungen und geeignete Systeme. Die Beiträge sorgten dafür, dass neue Ideen in die Großveranstaltungen kamen und die Ausrichtung auf die Zukunft beibehalten wurde. Die Beiträge spornten die Teilnehmer an, etwas anderes, besseres für den Bereich Human Resources zu entwickeln.

Externe Redner

Der Geschäftsführer und der Bereichsleiter Human Resources nahmen ebenfalls an den Großveranstaltungen teil, als Teilnehmer oder als Beobachter. Sie signalisierten ihre Unterstützung für den Prozess durch ihre Anwesenheit und hörten sich sowohl die Äuße-

Einbindung Top-Management

rungen zur Unzufriedenheit mit der gegenwärtigen Situation wie die zukünftigen Möglichkeiten für einen neuen Bereich Human Resources an.

Kommunikation ins Unternehmen

Mitarbeiter, die nicht an den Großveranstaltungen teilnahmen, wurden über Videos, Informationsblätter, Memos und Fax informiert. Sie hatten die Möglichkeit, ihre Ideen und Meinungen dann für die nächste Großveranstaltung einzubringen.

Multiplikation der Erkenntnisse

Die Teilnehmer der Großveranstaltung übernahmen die Aufgabe von Promotoren mit der Aufgabe, ihr Wissen und ihre Erfahrungen an die Kollegen weiterzugeben und über den Prozess zu informieren. So waren ein substantieller Anteil der Mitarbeiter direkt oder indirekt an der Gestaltung der Zukunft des Bereichs Human Resources, dessen Arbeitsabläufe, und dessen neuen Leistungsangeboten beteiligt.

Im Detail liefen die vier Großveranstaltungen Vision, Reorganisation der Arbeitsabläufe, Entwurf der Organisationsstruktur und Status quo wie folgt ab:

Großveranstaltung „Vision"

Mission und Vision

Die erste Großveranstaltung war so konzipiert, dass die Teilnehmer Aussagen zur Mission und Vision des Bereichs Human Resources entwickeln konnten. Dazu bereitete das Beratungsteam Teilnehmerunterlagen vor zu den bestehenden Arbeitsabläufen, zum Beispiel für Mitarbeiterverbindungen, Personalausstattung, Auslastung, Beschäftigungssicherheit, Kompensationen und Training.

Bestandsaufnahme der Prozesse

Die Teilnehmer hatten die Gelegenheit, die Arbeitsabläufe zu bewerten: Welche laufen gut, welche nicht, und welche sind für das Erreichen der Mission kritisch?

Redner von DuPont und Houston Light and Power diskutierten die Herausforderungen in ihren Unternehmen beim Rollenwechsel ihrer Bereiche für Human Resources und wie sie vorgegangen sind.

Zusätzlich sprachen Führungskräfte von Peco Energy über ihre Erwartungen an den Bereich Human Resources und was sie als Leistungsangebot für erforderlich hielten, um ihre Ziele zu erreichen.

Am Ende der erfolgreichen, dreitägigen Großveranstaltung lagen Entwürfe zur Mission, zur Vision und zum Leitbild vor. Diese Aussagen halfen den Teilnehmern der folgenden Großveranstaltungen bei dem Entwurf des Bereichs Human Resources und gaben klar die Richtung in die Zukunft vor.

Klare Richtung in die Zukunft

Wichtig: Der Geschäftsführer von Peco Energy und der Bereichsleiter bestätigten am Ende der Großveranstaltung die Richtung der Ergebnisse. Sie bekräftigten, dass unmittelbar auf den Ergebnissen der Großveranstaltungen aufbauend die Reorganisation erfolgt.

Großveranstaltung „Reorganisation der Arbeitsabläufe"

Die zweite Großveranstaltung fand einen Monat später statt. Das Ziel war eine einfache, flexible und innovative Human Ressources, Arbeitsabläufe zu entwickeln, die sich an der Mission, an der Vision und an dem Leitbild orientieren.

Einfach, flexibel, innovativ

Das Beratungsteam bereitete für die kritischen Arbeitsabläufe, die in der ersten Großveranstaltung so bewertet worden waren, alternative Modelle vor. Die Modelle betrafen Mitarbeiterauswahl und -besetzung, Entgeltsystem, Karriereplanung, Richtlinienkompetenzen und Entlassungsverfahren. Die Originalprozesse und die Modelle wurden vorgestellt und bearbeitet.

Drei Diskussionsteilnehmer präsentierten ihre Sicht und eigene Erfahrungen mit Reorganisationsprozessen sowie ihre Empfehlungen für die Gestaltung der Hauptarbeitsabläufe. Zur Diskussion wurde ein Human Ressource Berater eingeladen sowie der stellvertretende Geschäftsführer und der Leiter des Bereichs Information.

Stimmen von Dritten

Die Großveranstaltung war schwierig. Viele Teilnehmer fühlten sich gehetzt und überfordert durch die Menge an Informationen.

Neue Arbeitsabläufe

Gleichwohl standen zum Ende der Großveranstaltung die Entwürfe für die kritischen Arbeitsabläufe.

Wichtig: Die Entwürfe der Arbeitsabläufe wurden noch während der Veranstaltung von den zuständigen Führungskräften bestätigt. Damit war die Grundlage für signifikant andere Wege in der Human Ressource Arbeit geschaffen.

Großveranstaltung „Entwurf der Organisationsstruktur"

Zentralisierung oder - Integration?

Zwei Monate später folgte die dritte Großveranstaltung. Das Thema war, wo die Human Resources Arbeit erbracht werden sollte, im Bereich oder außerhalb der Linienfunktionen? Die Linienfunktion konnte hierbei der Mitarbeiter, der Gruppenleiter, die Führungskraft oder der stellvertretende Leiter eines Geschäftsbereichs sein. Ausgeschlossen war, dass kleine Human Resources Gruppen an die Linienfunktionen als dezentrale Einheiten angehängt werden.

Um das Ziel zu erreichen, strategische Partner für die anderen Geschäftsbereiche zu werden, entwickelten die Teilnehmer über 100 Maßnahmen im Bereich Human Resources. Einige Maßnahmen betrafen Empfehlungen für die Zentralisierung bzw. Dezentralisierung bestimmter Aufgabenbereiche.

Ideen von außen

In die Diskussion brachten Redner von Texas Instruments, IBM/ISSC und einer Landesbank ihre Erfahrungen aus der Neuausrichtung des Human Resources Bereichs ein und skizzierten ihr Bild von einer effektiven Organisationsstruktur im Bereich Human Resources.

Neue Organisationsstruktur und Call-Center

Die Teilnehmer erarbeiteten Empfehlungen für eine neue Organisationsstruktur. In diesem Zusammenhang forderten die Teilnehmer eine passende Technologie, die die Funktionalität des Bereichs Human Resources unterstützt.

Wichtig: Viele der bisher im Bereich Human Resources angesiedelten Aufgabenbereiche wurden in die Linienfunktionen übertragen. Parallel dazu sollte ein Call-Center als zentrale Anlaufstelle im Bereich Human Resources für Routinefragen eingerichtet werden, um die effiziente Bearbeitung aller Vorgänge sicherzustellen bzw. zu unterstützen.

Großveranstaltung „Status quo"

Die vierte Großveranstaltung diente dazu, den bisherigen Fortschritt in der Umsetzung der neuen Arbeitsabläufe und Organisationsstruktur festzustellen und die nächsten Schritte abzuleiten. Ein Hauptziel der Veranstaltung war, Wege zu finden, im gesamten Unternehmen die Unterstützung und Zustimmung der Mitarbeiter und der Führungskräfte für den Veränderungsprozess zu erhalten bzw. auszubauen.

Unterstützung erhalten

Das Beratungsteam präsentierte einen ersten Entwurf für das Call-Center und griff dabei die entwickelten Rahmenbedingungen und bearbeiteten Inhalte aus den ersten drei Großveranstaltungen auf. Dann wurden die Folgen, Anforderungen und Hindernisse beim Betrieb des geplanten Call-Centers diskutiert.

Entwurf für das Call-Center

Michael Beer von der Harvard Business School kommentierte auf der Großveranstaltung den Fortschritt des gesamten Projekts und ging auf die Herausforderungen ein, denen sich die Industrieunternehmen im Bereich Human Resources stellen müssen. Er forderte die Führungskräfte auf, mehr prozessorientiert zu denken und Human Resources Aufgaben zu übernehmen. Aus seiner Sicht ist dies der einzige Weg, um zu Höchstleistungen zu kommen.

Appell an die Führungskräfte

Wichtig: Die Ergebnisse der zweitägigen Großveranstaltung waren ein detaillierter Realisierungsplan für das Call-Center, konkrete begleitende Maßnahmen für jeden Geschäftsbereich und eine umfassende Liste mit Aufgaben, die noch zu erledigen waren, einschließlich der Themen wie Anforderungen an Trainings- und Kommunikationspläne.

Neuausrichtung des Bereichs Human Resources

Zusammenfassung

Die Klugheit von fast 800 Mitarbeitern in den vier Großveranstaltungen war wegweisend für die Neuausrichtung des Bereichs Human Resources. Die Arbeitsabläufe sind neu gestaltet und schlanker. Vom aufgabenorientierten, funktional organisierten Bereich hat sich jetzt die Prozessorientierung durchgesetzt, die durch geeignete Informationstechnologie unterstützt wird.

Viele der bisherigen Aufgaben werden durch das Call-Center abgedeckt und entlasten die Mitarbeiter im Bereich Human Resources. So haben sie den Freiraum, ihre strategische, beratende Rolle auszufüllen.

Wichtig: Der neue Bereich Human Resources erlaubt es den Mitarbeitern und Führungskräften, effizienter zu arbeiten und für die Bereichsmitarbeiter wertvolle Unterstützung im Thema Human Resources anzubieten. Die Neuorganisation hilft Peco Energy, wettbewerbsfähiger im deregulierten Energiemarkt zu werden. Bei der Neuorganisation setzte Peco Energy auf den Real Time Strategic Change Prozess, in dessen Rahmen vier Großveranstaltungen unter Beteiligung von insgesamt 800 Mitarbeitern und Führungskräften durchgeführt wurden.

Umsetzungs-Hilfen für die betriebliche Praxis

4

Umsetzungs-Hilfen

1. Was Sie *vorher* wissen sollten

> Wenn du deine Türen vor jedem Irrtum verschließt, wird die Wahrheit ausgeschlossen bleiben. (R. Tagore)

Allgemein-
gültige Aspekte

Gibt es eine Balanced Scorecard (BSC), die für Unternehmen einer Branche gilt oder die zumindest allgemeingültige Aspekte enthält, an der man sich in der Praxis ausrichten kann? Bis zu einem gewissen Grad gibt es Allgemeingültiges. Es gibt keine BSC, die für eine Branche oder einen Markt verbindlich wäre. Das liegt daran, dass die BSC speziell für jedes Untenehmen, dessen besondere Probleme und dessen individueller Strategie entwickelt wird. Folgende allgemeine Aussagen sollten für jede BSC gelten: Die BSC ist mehr als ein Kennzahlensystem, sie ist

- eine Methode zur Erarbeitung der Mission, Vision, Strategien und Ziele eines Unternehmens,

- ein Kommunikationsanlass und der Anstoß zur Erlangung einer Kommunikationskultur im Unternehmen,

- ein Informationssystem, um allen Beteiligten die Zusammenhänge verständlich aufzuzeigen und sie zur Kommunikation anzuregen,

- ein Führungssystem zur strategischen Führung mittels Kennzahlen, Vergleichen, Maßnahmen und Aktionsplänen in direkter und dauerhafter Kommunikation mit den Beteiligten.

Jedes BSC ist
ein Unikat

Achtung: Bitte halten Sie sich davon ab, eine Ihnen bekannte BSC als Vorbild Ihres Unternehmens zu nehmen. Sie würden nur eine leere Hülle erhalten, die nicht von Leben gefüllt werden kann. Die besondere Bedeutung der BSC liegt in dem initiierten Veränderungs- und Entwicklungsprozess, der mit der Einführung angestoßen wird. Die begleitend notwendigen und auftretenden Lernprozesse integrieren die BSC und somit auch die zu Grunde liegenden Strategien und Ziele in allen Verantwortungsbereichen.

Wichtig: Wagen Sie die Einführung der BSC nie ohne externe Hilfe.

Aus den Prämissen der vorausgegangenen Sätze erkennen Sie, dass eine BSC niemals fertig ist. Eine einmal erarbeitete BSC gibt nur die Informationen wieder, die zum Zeitpunkt der Erarbeitung gültig waren. Diese Informationen können jedoch schnell veralten, was zu einer flexiblen Anpassung der BSC führen kann. Ebenso wird die Diskussion zu einem Anpassungsdruck Bottom up führen. Stellen Sie sich also stets die Frage, wie Sie die Veränderungen der wirtschaftlichen, gesellschaftlichen und staatlichen Rahmenbedingungen in Ihre BSC einbinden.

Ständiges Lernen und Verändern sollte für Sie selbstverständlich sein

---

Die entscheidenden Fragen

Wenn Sie an die Einführung der BSC herangehen, stellen Sie sich folgende Fragen:

- Wer ergreift die Initiative und treibt den Prozess voran?

- Wer soll der „Architekt" der BSC sein?

  Für beide Fragen sollten Sie einen professionellen internen oder externen Veränderungsmanager beauftragen, der die BSC kennt.

- Womit fangen wir an?

- Wie weit sollte der Prozess auf welcher Hierarchieebene getrieben werden?

- Wie viel Zeit ist erforderlich?

Das sollten Sie wissen

Was macht ein Veränderungsmanager?

Der Veränderungsmanager

Der Wille zum Einsatz der BSC muss vom obersten Manager oder Managementforum ausgehen. Hier muss jedoch nicht die treibende Kraft liegen, wohl aber die Energie, die erforderlich ist, um die BSC erfolgreich einzuführen und ihr das notwendige Gewicht und die notwendige Bedeutung beizumessen.

Professionelles Veränderungsmanagement bedeutet Detailarbeit

Erfolgs-Tipp:

Sie benötigen für die Detailarbeit einen professionellen Veränderungsmanager, der in der Lage ist, die notwendigen Teamarbeiten zu moderieren, zu koordinieren und zu dokumentieren. Ein Manager, der im Tagesgeschäft eingebunden ist, kann diese Arbeit nicht zusätzlich leisten, selbst wenn er das notwendige Methodenwissen und -können hätte. Es geht darum, die Prozesse in Gang zu bringen, sie am Leben zu erhalten, neue Impulse zu geben, Entscheidungen zu treffen, Ergebnisse zu dokumentieren und zu verkaufen. Natürlich geht es auch darum, sämtlich notwendige Koordinationsarbeit zu leisten und die alltägliche Arbeit mit der BSC zu organisieren.

Dazu gehört auch die Oberaufsicht über die dazu notwendigerweise durchzuführenden Qualifikations- und Trainingsmaßnahmen. Unabdingbar ist für den Veränderungsmanager zudem der tägliche Kontakt zu obersten Unternehmensleitung und entsprechende Kompetenzen und Unterstützung.

Was macht ein Controller?

Der Controller als Zukunftsmanager

Die BSC ist eine Methode, die in ihren Bestandteilen aus dem Controlling kommt. Kennzahlen sind das tägliche Arbeitsinstrument des Controllers. Die BSC bietet ein ideales Betätigungsfeld von dem Controller, der sich bereits vom „Kontrollieren" verabschiedet hat. Die BSC verlangt einen Controller, der sich nicht nur in der

Rolle des Berichterstatters über die Vergangenheit sieht, sondern ein Zukunftsmanager ist, der mithilfe von Kennzahlen Zukunftsorientierung und Motivation vermittelt. Er muss eine entsprechende Vertrauenskultur leben. Seine Rolle wandelt sich zu der eines internen Beraters, als Katalyt für den Zusammenhalt der Mitarbeiter seines Unternehmens und Wegbereiter für eine vertrauensbasierende Organisationskultur.

Es ist der Herr des Kennzahlensystems, das gut ausgewählte und miteinander verknüpfte Kennzahlen als Orientierungsrahmen zur Verfügung stellt, um eigenverantwortliches und kreatives Handeln der Führungskräfte und Mitarbeiter zu fördern. Seine Rolle ist die des Leistungstreibers, als unentbehrlicher Partner für den Veränderungsmanager die zweite Führungsspitze im Veränderungsprozess der BSC:

Der Controller als Herr des Kennzahlensystems

Der Controller benötigt hierzu jedoch vor allem soziale und verkäuferische Kompetenzen. Er selbst muss die Kommunikation im Unternehmen fördern und pflegen, muss auf andere Menschen zugehen und zuhören können. Kompliziertes sollte er nutzenorientiert und einfach darstellen bzw. verkaufen können. Als zweite Führungsspitze im Veränderungsprozess sollte er sich voll verantwortlich fühlen, Vordenker und Vorbild sein in der Umsetzung der Vision durch praktikables, operatives Handeln.

Wichtig: Die BSC kann nur so gut sein, wie Veränderungsmanagement und Controlling der neuen Form Hand in Hand arbeiten. Hier liegt die Verantwortung,

Veränderungsmanager und Controller sollten Hand in Hand arbeiten!

- einprägsame, anspruchsvolle und präzise formulierte Ziele für alle Verantwortungsbereiche des Unternehmens zu erhalten.

- die aus der Vision abgeleiteten Strategien durch Erarbeitung eines Kennzahlensystems für alle Beteiligten eindeutig und begreifbar zu gestalten.

- die strategischen Prozesse so zu analysieren, dass die passenden Kennzahlen und Leistungstreiber die Ergebniserreichung ermöglichen.

- die Kennzahlen und Leistungstreiber in einem Kennzahlensystem so zu kombinieren, dass die Ausrichtung auf die Hauptziele immer erhalten bleibt.

- Maßnahmen und Aktionspläne zu erstellen und im operativen Budget zu verankern.

- die BSC-Top-Down über alle Verantwortungsbereiche zu tragen und die strategische Verknüpfung der Ebenen zu koordinieren.

- für alle Mitarbeiter im Unternehmen Zielvereinbarungen zu erhalten, die nachvollziehbar sind und sich im System der BSC wiederfinden als Wertschöpfungsbeitrag zur Unternehmenszielerreichung.

- ein Informationsmanagement zu gestalten, das alle Kennzahlen just in time zur Verfügung stellt, ein Berichts- und Auswertungssystem unterhält, über den Stand der Entwicklung jeden informiert.

Was macht ein Architekt?

Der Architekt als Coach und Supervisor

Dazu wird jemand benötigt, der die BSC entsprechend den spezifischen Bedingungen des Unternehmens konstruiert und den beiden Führungsspitzen im Veränderungsprozess als Coach und Supervisor zur Verfügung steht. Er ist der absolute Spezialist, der den Rohbau erstellt und dann den Baumeistern über Kommunikation, Motivation und Zielorientierung die Möglichkeit gibt, das Haus perfekt und geschmackvoll auszubauen.

www.metropolitan.de

Was machen Sie?

Hüten Sie sich bitte davor, nicht hiermit, sondern mit der Erarbeitung oder Umgestaltung Ihres Kennzahlensystems anzufangen. Lösen Sie sich bitte von dem Vorhandenen und Vergangenen und behalten Sie den Kopf frei für die Zukunft. Die genau formulierten Aussagen zur Mission, Vision und zur Strategie sollten die Basis für Ihr neues Kennzahlensystem sein, nicht das Vorhandene oder Vergangene. Sie haben ja auch immer die Möglichkeit, im Nachhinein Ihre Aussagen zu verändern.

Womit beginnen?

Erst wenn dieser Prozess abgeschlossen ist, wenden Sie sich bitte dem Kennzahlenthema zu. Hier besteht die Gefahr, dass Sie, von der Vergangenheit geprägt, sich zu stark den so genannten Spätindikatoren zuwenden, die Ergebnisse der Vergangenheit wiedergeben. Das Problem liegt darin, dass wir zuwenig geübt sind, prozessual zu denken. Wir denken in Anfangs- und Endpunkten. Wenn Sie über Kennzahlen strategisch führen wollen, bleibt Ihnen nichts anderes übrig, als die Prozesse, die Entwicklungen zu analysieren, deren Eigenschaften durch die gewählten Kennzahlen dargestellt werden sollen. Sie benötigen eine Vorstellung davon, was heute zu tun ist. In dieser Denkweise werden Sie Ihre Frühindikatoren oder Leistungstreiber identifizieren.

2. LernLandKarten® aktiv einsetzen

Jede Hierarchieebene, jede Abteilung, jede Gruppe, jeder Mitarbeiter soll eine eigene BSC erhalten, die über individuelle Zielvereinbarungen, die am Ziel der hierarchisch nächsthöheren Einheit und am Unternehmensziel ausgerichtet den Wertschöpfungsbeitrag definiert. Die Umsetzung dieser Forderung sollte vor allem in großen Unternehmen durch entsprechend geschulte Führungskräfte als Multiplikatoren im so genannten Schneeballsystem Top-Down erfolgen. Als gutes System eignen sich die so genannten LernLandKarten® (siehe Seite 152).

Für jeden Verantwortungsbereich eine BSC

Gestaltung von Veränderungsprozessen mit LernLand Karten®

Zur erfolgreichen Gestaltung des Veränderungsprozesses, den die BSC mit sich bringt, hat sich die Beachtung folgender Punkte als zielbringend herausgestellt:

■ Strategische und organisatorische Ausrichtung

   – Gewinnfelder

   – Strukturelle Ausrichtung

   – Prozessorganisation

■ Ausbildung des/der Veränderungsmanager/s

   – Coaching der 1. Ebene

   – Führungskräfte-Workshops

   – Coaching und Supervision on the job

■ Aktivierung der Mitarbeiter

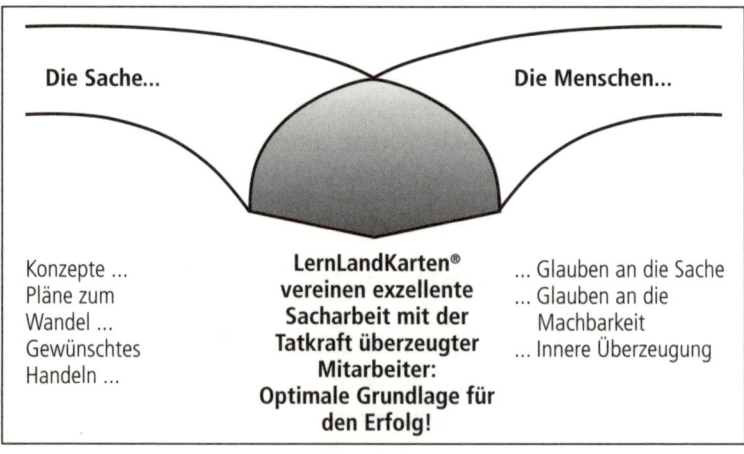

Die Sache...   **Die Menschen...**

Konzepte ...
Pläne zum
Wandel ...
Gewünschtes
Handeln ...

**LernLandKarten®
vereinen exzellente
Sacharbeit mit der
Tatkraft überzeugter
Mitarbeiter:
Optimale Grundlage für
den Erfolg!**

... Glauben an die Sache
... Glauben an die
    Machbarkeit
... Innere Überzeugung

Die Erfolgs-grundlage muss stimmen

Das Anliegen der LernLandKarten® ist die Gestaltung eines Veränderungsprozesses mit hoher Durchschlagskraft und gleichzeitig hohem Veränderungstempo. Dabei wird die sachliche Ebene mit der der teilnehmenden Menschen so verknüpft, dass eine optimale Erfolgsgrundlage im Menschen geschaffen wird.

Erster Schritt: Wer verändern will, muss Bereitschaft zum Lernen aufbauen

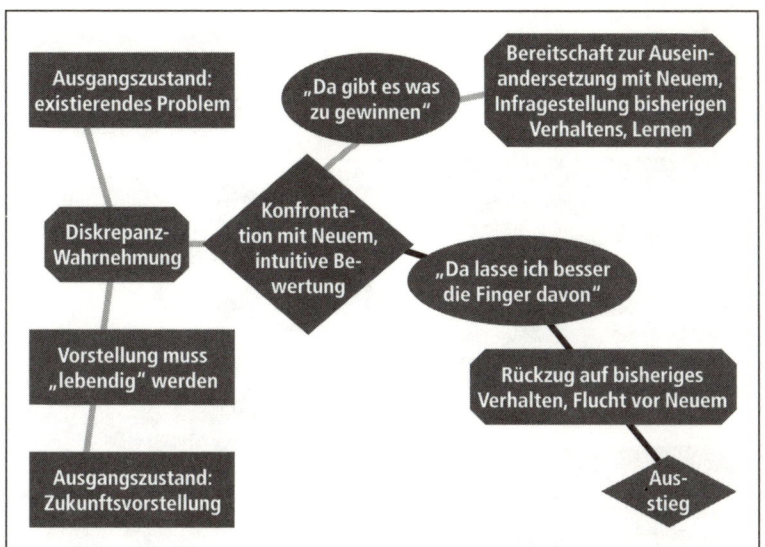

Der Ausgangszustand ist immer ein existierendes Problem oder eine Fragestellung und zugleich ein fixe Zukunftsvorstellung. Für jeden Veränderungsprozess ist die Bereitschaft zum Lernen der Beteiligten eine elementare Voraussetzung, die jedoch durch Diskrepanzen in der Wahrnehmung gestört oder nicht vorhanden sein kann. Die intendierte Zukunftsvorstellung muss in der Wahrnehmung der Beteiligten lebendig werden.

Lernbereitschaft ist Voraussetzung

Die Konfrontation mit Neuem führt bei den Beteiligten automatisch zu einer intuitiven Bewertung, die entweder Bereitschaft hervorruft oder den mentalen Rückzug einleitet. Die Form, wie diese Konfrontation durchgeführt wird, ist von entscheidender Bedeutung. Da hier Emotionen eine entscheidende Rolle spielen, ist darauf besonders einzugehen.

Emotionen haben starken Einfluss

Zweiter Schritt: Wer Bereitschaft geweckt hat, muss Zusammenhänge bieten und Chancen aufzeigen

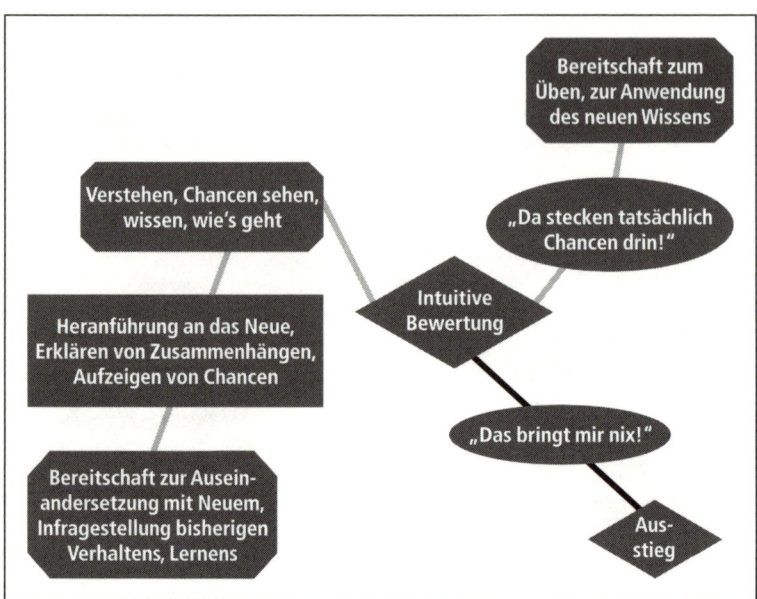

Nur Übung macht den Meister!

Ist die Bereitschaft zur Auseinandersetzung mit Neuem hervorgerufen und damit auch die Auseinandersetzung mit Vergangenem erreicht, müssen die Beteiligten systematisch an das Neue, dessen Inhalte, dessen Verknüpfungen und die damit vorhanden Chancen herangeführt werden. In diesem Kontext ist es wichtig, Raum für Wissenserwerb und Erkenntniserwerb (Übung) einzuräumen, nur dann kann eine intuitive Bewertung erfolgen, die im Sinne der Sache positiv ausfällt und die Anwendung neuen Verhaltens oder neues Wissens ermöglicht.

www.metropolitan.de

Dritter Schritt: Wer üben will, muss angeleitet werden, um Erfolgserlebnisse zu bekommen

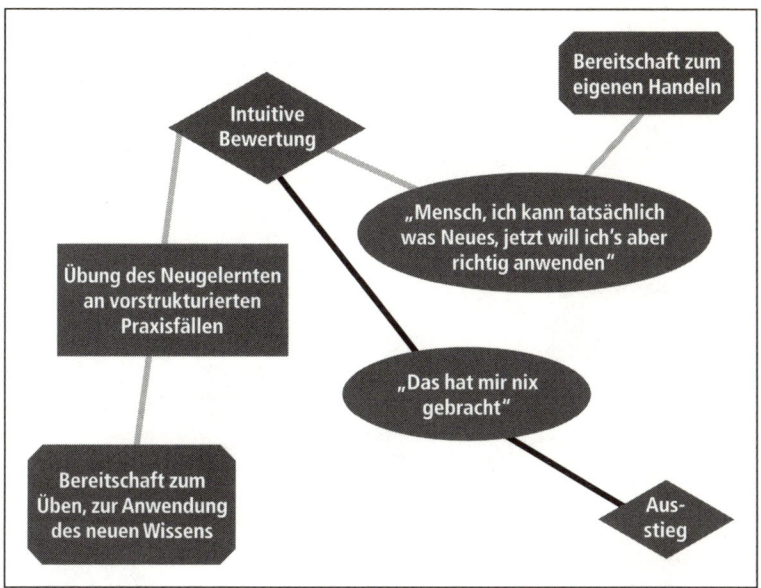

Neues Verhalten und die Anwendung neuen Wissens setzt nicht nur voraus, dass Bereitschaft dazu vorhanden ist, sondern auch, dass genügend Raum für das Üben eingeräumt wird. Diese Übung wird wiederum zu einer intuitiven Bewertung durch die Beteiligten führen, die unbedingt positiv ausfallen muss, soll die Verankerung in der Praxis wirklich Erfolg zeigen.

*Übungs-
Freiräume
schaffen*

*Vierter Schritt: Wer selbst handeln will und soll, muss dürfen –
und Unterstützung bekommen*

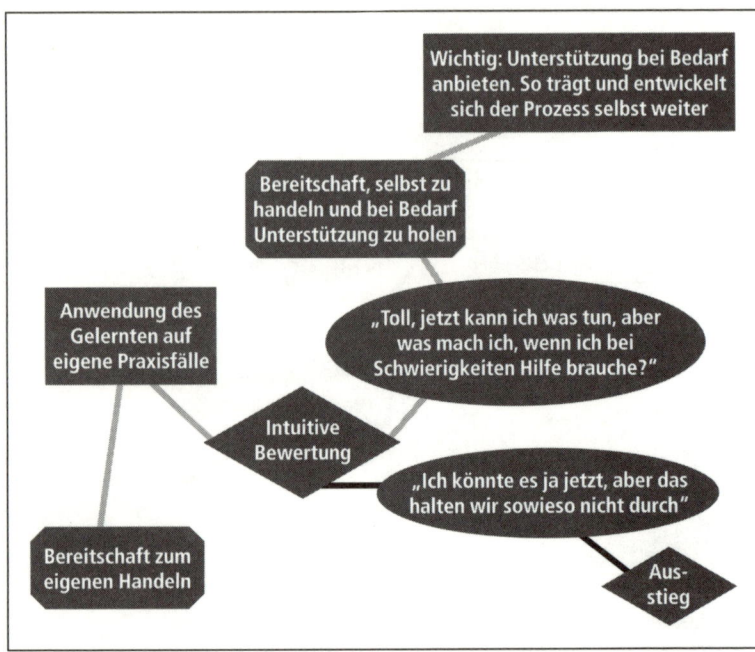

**Kontinuierliche
Unterstützung
muss sein**

Sind die Übungen abgeschlossen, wird sich eine Erprobungsphase
auf eigene Fälle der Praxis anschließen, wenn dazu die Bereitschaft
durch die vorangegangenen Phasen erfolgreich aufgebaut wurde.
Auch in dieser Phase erfolgt eine intuitive Bewertung, weshalb hier
die Begleitung durch einen Coach oder zumindest die Bereitschaft
eines Supervisors angebracht ist. Diese Unterstützung muss der
Beteiligte ohne große Formalitäten anfordern können. Zur dauer-
haften Umsetzung des neuen Verhaltens oder Wissens gehört
dann letztlich aber auch die Vollmacht, es tun zu dürfen.

Didaktisches Grundprinzip der LernLandKarten®

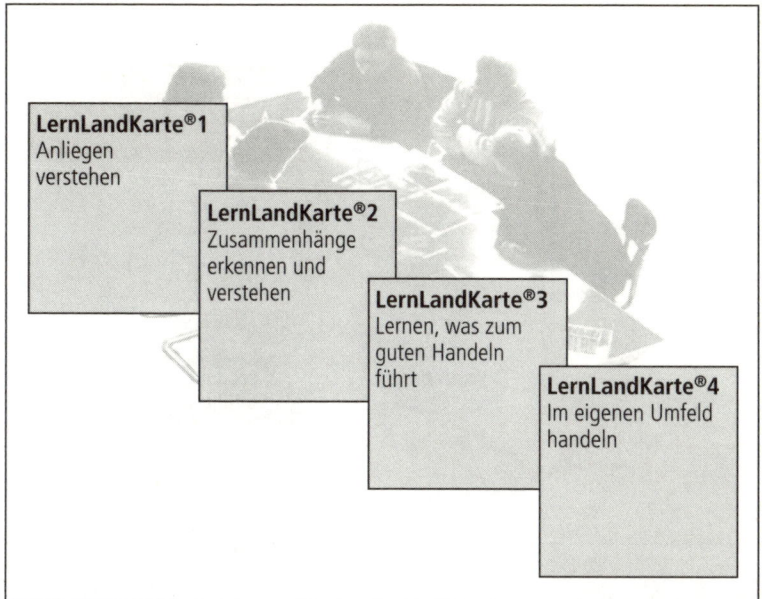

Die LernLandKarten® führen die Teilnehmer systematisch durch das Thema – vom Allgemeinen hin zum konkreten Handeln am Arbeitsplatz. Alle LernLandKarten® sind maßgeschneidert. Anschließen sollte sich eine Betreuung, die durch die eigene Führungskraft oder Coaches erfolgen kann.

Inhaltliche Flexibilität der LernLandKarten®

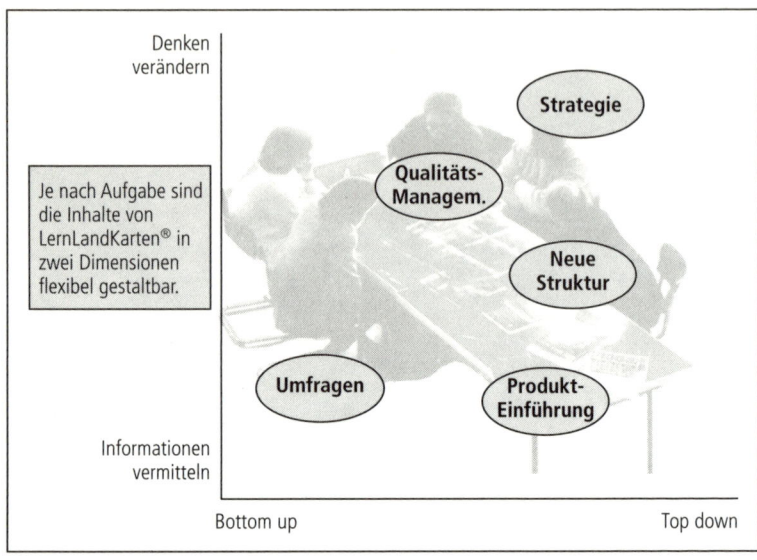

Breitgefächerte Einsatzmöglichkeiten der LernLandKarten®

Der Einsatz der LernLandKarten ist dabei sehr breit möglich. Je nachdem, in welcher Richtung die Veränderung vermittelt werden sollen, Bottom up oder Top down, und was erreicht werden soll, vom Vermitteln von Informationen bis hin zum Verändern von Denken, ist der Einsatz denkbar für:

- Umfragen

- Produkteinführungen

- Umsetzen neuer Strukturen

- Ausbildung von Qualitätsmanagern

- Umsetzung von Strategien

- Vermittlung von Veränderungswissen

Das Kaskaden-Prinzip

LernLandKarten® werden in 5er-Gruppen in etwa drei bis vier Stunden bearbeitet.

Gruppen bestehen aus vier Teilnehmern und einem Betreuer.
Jeder, der einmal teilgenommen hat, kann Betreuer der nächsten Gruppe werden: Das ermöglicht eine schnelle Kaskade!

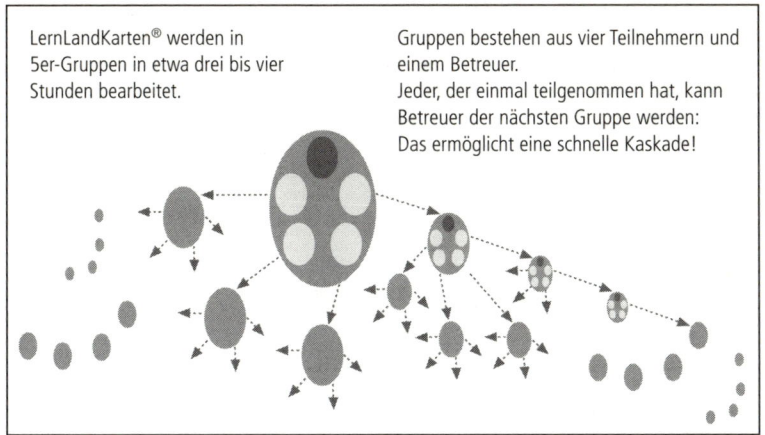

Durch das Kaskadenprinzip wird eine schnelle Durchdringung der Mitarbeiterschaft im positiven Sinne eines „Schneeballsystems" erreicht.

Kaskade: Der schnelle Weg zu allen Mitarbeitern					
Level 1	20	40	100	200	500	1 000
Level 2	75	150	350	750	1 800	3 500
Level 3	280	550	1 200	2 800	7 000	12 000
Level 4	1 100	2 000	4 500	11 000	25 000	45 000
Level 5	4 200	7 500	17 000	42 000	90 000	150 000
Level 6	15 000	28 000	65 000	150 000	330 000	500 000

Flexibilität bei der Implementierung

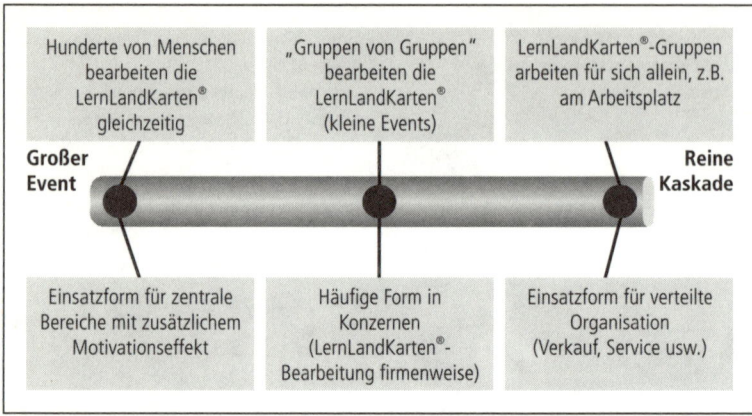

Durch die Multiplikation erhalten Sie von Durchführungslevel zu Durchführungslevel eine höhere Durchdringung, je nachdem, mit wie viel Teilnehmern Sie im Level 1 anfangen. Insofern ist der Einsatz von großen Events wie auch die reine Kaskade über den Start in Kleingruppen oder auch Mischformen möglich.

Lassen Sie sich überzeugen!

Hauptvorteile von LernLandKarten®

- Alle Beteiligten gewinnen ein klares, einheitliches Verständnis.

- Einstellung und Verhalten verändern sich.

- Jeder lernt, wie er an seinem spezifischen Arbeitsplatz ab sofort besser (im Sinne der Sache) handeln kann.

- Intensive Auseinandersetzung durch die Arbeit in Vierer-Gruppen sichert Wirkung über den Tag hinaus.

- Keine ausgebildeten, externen Trainer erforderlich.

- Große und größte Organisationen können in sehr kurzer Zeit durchdrungen werden.

- Der Inhalt bleibt derselbe durch den gesamten Kommunikationsprozess – der „Stille-Post-Effekt" ist ausgeschlossen.

LernLandKarten® – ein Muster

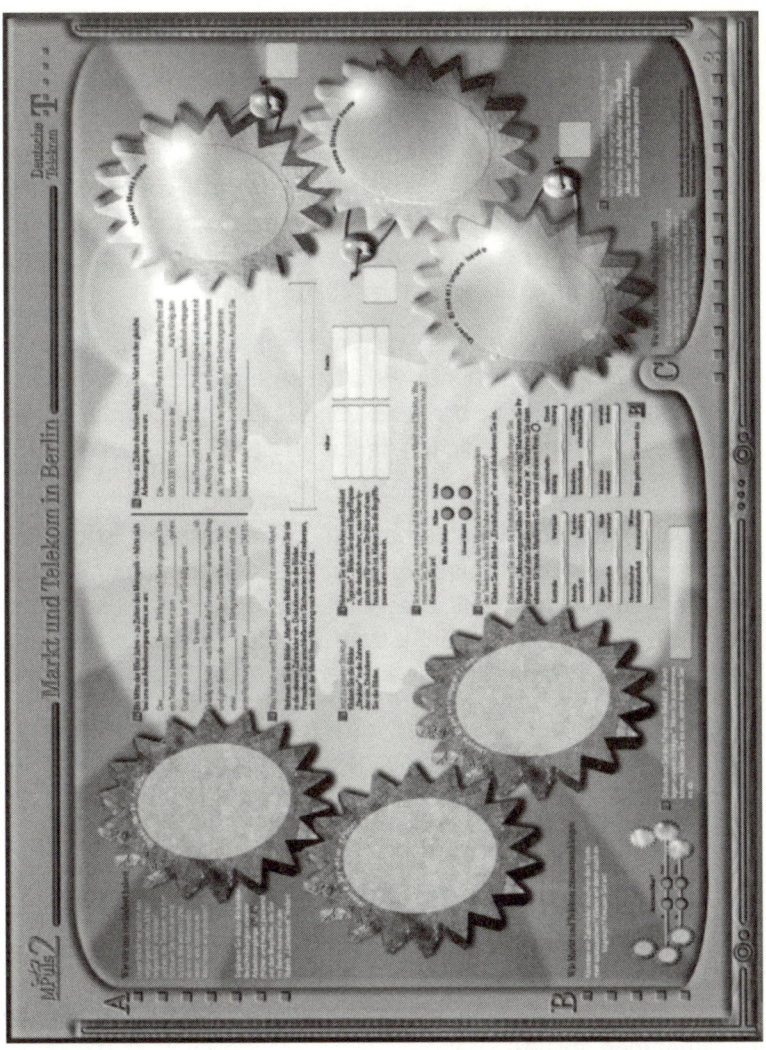

Durch dieses Instrument erreichen Sie sowohl die Bereitschaft der Mitarbeiter als auch die Vermittlung des notwendigen Wissens, um erfolgreich mit der BSC zu arbeiten.

3. Zeitdruck ist der größte Fehler!

Wie viel Zeit sollte man sich nehmen?

Zeitdruck ist der größte Fehler, den Sie bei der Installation der BSC machen können. Der Prozess soll Denkprozesse auslösen, Verhalten verändern, Beziehungen bilden und beeinflussen. Die ablaufenden Prozesse benötigen zum einen Raum für den Wissenserwerb – zum Beispiel über Lernlandkarten –, für die Erkenntnisbildung – zum Beispiel über Infomärkte oder Workshops – und Zeit für die Festigung eines Klimas des Vertrauens, das Bedingung für eine offene Kommunikation in der Zukunft ist.

Zu langes Zögern bringt aber auch nichts. Es gilt das richtige zeitliche Maß zu finden, es hängt – wir haben bereits darüber gesprochen – davon ab, welche Voraussetzungen im Unternehmen schon bestehen. Die Frage, die sich stellt, lautet: Ist das Unternehmen reif für die BSC-Einführung?

Sind alle Voraussetzungen vorhanden oder geschaffen, erfolgt die Implementierungsphase. Erprobung und Einführung über alle Ebenen benötigen weitere Zeit. Die Ausdehnung dieser Phase richtet sich nach der Größe und den Strukturen des Unternehmens und der gewählten Methode (LernLandKarten oder Workshops).

Wichtig: Insgesamt sollten Sie von einem Implementierungszeitraum von ein bis zwei Jahren ausgehen; die nachhaltige Verankerung der BSC im Unternehmensalltag sollte das Ergebnis sein.

4. Ihr Fahrplan zur Balanced Scorecard-Implementierung

Plan zur Einführung

Sie erhalten hier einen Fahrplan, wie die Einführung der BSC im Unternehmen ablaufen könnte. Selbstverständlich ist er zeitlich an die Gegebenheiten anzupassen.

www.metropolitan.de

Modul	Thema	Wer	Inhalte
Ihr Fahrplan – auf einen Blick			
1	Survey	Externe Berater Führungskräfte	Umfeld- und Organisationssurvey Voraussetzungen für die BSC-Einführung
2	Workshop Vision und Strategie	Externe Berater 1. + 2. FK-Ebene	Überarbeitung von Mission, Vision und Strategien; Festlegung grundsätzlicher Kennzahlen
3	Einführungs- workshop Grundwissen BSC	Externe Berater 1. + 2. FK-Ebene	Führungskräfte werden mit den Grundgedanken der BSC vertraut gemacht
4	Einzel- interviews	Externe Berater 1. + 2. FK-Ebene	Mit den Führungskräften werden in vertraulichem Rahmen Einzelgespräche über einzelne Aspekte und individuelle Fragestellungen geführt.
5	Auswahl des Veränderungs- managers und des Chef-Controllers	Externe Berater 1. + 2. FK-Ebene	Auswahlverfahren für beide Positionen
6	Feedback- Seminar	Externe Berater 1. + 2. FK-Ebene	Ergebnisse des bisherigen Prozesses werden diskutiert und erste Entscheidungen getroffen
7	Know-how- Transfer Gestaltung des BSC-Prozesses	Externe Trainer 1. + 2. FK-Ebene	Schulung des Veränderungs- managers und einiger Führungskräfte als „BSC-Beauftragte"

Gehen Sie bitte Schritt für Schritt vor!

Gehen Sie bitte Schritt für Schritt vor!

noch: Ihr Fahrplan – auf einen Blick

Modul	Thema	Wer	Inhalte
8	BSC-Arbeitsgruppen	Externe Moderatoren	Konkretisierung der bisher festgelegten BSC-Inhalte für die 2. Ebene; Pilotveranstaltung für die weiteren Ebenen
9	Seminar	Externe Trainer Alle Führungskräfte	Schulung über die Durchführung des BSC-Prozesses auf Abteilungs- und Mitarbeiterebene
10	Auswertungsworkshop	Externe Trainer Alle Führungskräfte	Präsentation der bisherigen Ergebnisse und Entscheidung zur flächendeckenden Umsetzung
11	Infomärkte und Mitarbeiterevent	Externe Berater Alle Mitarbeiter	Information über Mission, Vision, Strategien, Ziele und Vorgehensweisen; Raum für Diskussionen
12	Workshop Umsetzung	Externe Berater Alle Führungskräfte	Herunterbrechen von strategischen Zielen für die eigene Strukturebene, Erarbeitung von eigenen Kennzahlen; Verknüpfung mit dem operativem Budget
13	Festlegung von Kennzahlen und Zielvereinbarungen	Externe Berater 1. + 2. FK-Ebene	Festbindung der Kennzahlen und Ziele im Management-Informations-System
14	Workshop Berichtssysteme	Externe Berater Chef-Controller Ausgewählte Führungskräfte	Anpassung des Berichtswesens an die BSC

noch: Ihr Fahrplan – auf einen Blick

Modul	Thema	Wer	Inhalte
15	Periodische Rückkopplung-Workshops	Externe Berater 1. + 2. FK-Ebene	Zusammenfassen der Feedbacks und ggf. Überarbeitung der Vorgehensweisen, Kennzahlen, Ziele und Strategien
16	Periodische Mitarbeiterinformation BSC-Zeitung	Veränderungs-Manager Alle Mitarbeiter	Regelmäßige Informationen über Erfolge, Misserfolge, Vorgehensweisen, Kennzahlen usw.

Gehen Sie bitte Schritt für Schritt vor!

5. Balanced Scorecard-Implementierung am Beispiel

Im Folgenden sehen Sie, wie eine Balanced Scorecard-Implementierung (BSC) aussehen kann.

Beispiel einer BSC-Einführung

Vereinbarung und Ausrichtung von Mitarbeiterzielen auf eine Gesamtbankstrategie mit Hilfe der Balanced Scorecard-Methode

Das Motto ist: Das Führen mit Zielen ist das Vermitteln von Träumen und Visionen und das Gewähren von Handlungsfreiheiten.

Zielvereinbarungen mithilfe der Balanced Scorecard-Methode sollen

- alle Mitarbeiter für eine Vision begeistern,

- die Unternehmensstrategie für alle Mitarbeiter verständlich und greifbar machen,

- individuelle Handlungsanweisungen und Zielvereinbarungen mit einer hohen Identifikation der Betroffenen sichern,

- die messbare Erreichung einer Strategie garantieren.

Jede Stufe definiert den Handlungsrahmen für die folgende Ebene

Zielekaskade

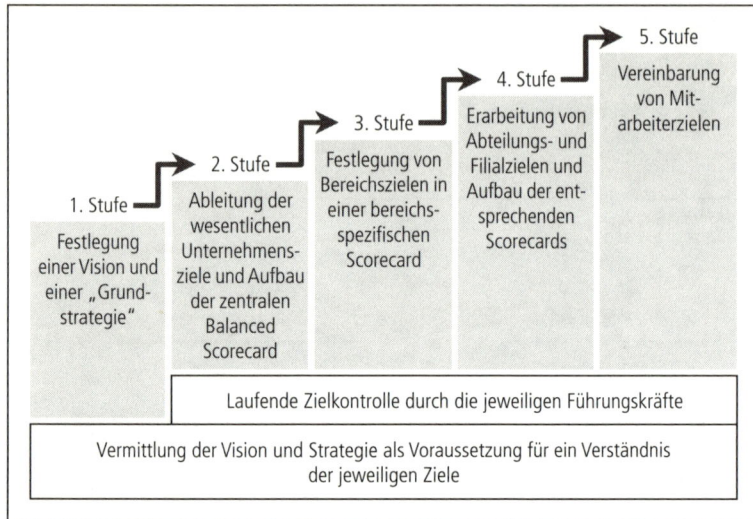

Im Rahmen einer Zielekaskade werden alle Organisationseinheiten mithilfe der Balanced Scorecard auf eine Vision und Grundstrategie ausgerichtet. Die LernLandKarten® sichern in einem Vier-Phasen-Selbstüberzeugungsprozess ein Höchstmaß an Identifikation mit den persönlichen Zielen bei allen Mitarbeitern.

Zielekaskade

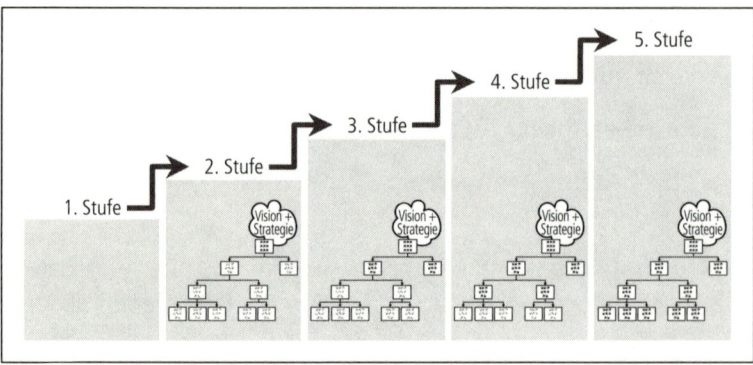

www.metropolitan.de

Wichtigste Grundlage ist eine formulierte Vision und Strategie

Methodisch:
- Einstiegssurvey mit Vorstand, Führungskräften und Mitarbeitern zur Analyse der Ausgangslage
- Moderierter Vorstandsworkshop, eventuell zusammen mit dem Aufsichtsrat/ Verwaltungsrat
- Markt- und Trendstudien

1. Stufe

- Festlegung einer Vision und Ableitung der Strategie
- Identifikation des strategischen Handlungsbedarfs

Eine Vision
- vermittelt ein griffiges Bild
- bietet eine Orientierung
- ist für das gesamte Unternehmen gültig
- weckt eine positive Assoziation
- ist langfristig gültig

Die Strategie
- hat eine Vision zur Grundlage und konkretisiert diese
- berücksichtigt Stärken, Schwächen und Umfelder der Bank
- ist mittelfristig gültig
- hat handlungsweisenden Charakter und liefert Ansätze zur Operationalisierung

Strategischer Handlungsbedarf
ist bei Aufgaben gegeben, die eine wesentliche Grundlage für die Umsetzung der Strategie bilden

Die Balanced Scorecard dient zur Messbarkeit der Strategie

Methodisch:
- Moderierte Workshops ...
  ... zur Erarbeitung der Grundperspektiven
  ... zur Festlegung von Treibern, Kennzahlen und Zielgrößen
- LernLandKarten®
  ... zur Vermittlung der Balanced Scorecard-Methode an die Führungskräfte der ersten Ebene
  ... zur Begeisterung für Vision und Strategie
- Training und Coaching ...
  ... zum Führen mit Zielvereinbarungen

2. Stufe

Ableitung der wesentlichen Unternehmensziele und Aufbau der zentralen Balanced Scorecard

Darstellung der Unternehmensziele
mithilfe der zentralen Scorecard.
Diese enthält
- die wesentlichen Perspektiven für die erfolgreiche Umsetzung einer Strategie, z.B.
  - Finanzen
  - Kunden
  - Prozesse
  - Mitarbeiter
- die zentralen Treiber, die diese Perspektiven im Sinne der Strategie beeinflussen
- Kennzahlen zur Messung dieser Treiber
- Zielgrößen für die Kennzahlen, die nach einer festgelegten Periode erreicht werden sollen

Jede hierarchische Stufe entwickelt ihre eigene Scorecard in Zusammenarbeit mit der ihr vorgesetzten Stufe

Methodisch:
- Moderierte Workshops ...
  ... zur Erarbeitung der bereichs-/abteilungsspezifischen Treiber, Kennzahlen und Zielgrößen
  ... zur Aufstellung der spezifischen Scorecards

- LernLandKarten®
  ... zur Vermittlung der Balanced Scorecard-Methode und ihrer Ziele
  ... zur Begeisterung für Vision und Strategie

- Training und Coaching ...
  ... zum Führen mit Zielvereinbarungen

4. Stufe

Erarbeitung von Abteilungs- und Filialzielen und Aufbau der entsprechenden Scorecards

3. Stufe

Festlegung von Bereichszielen in einer bereichsspezifischen Scorecard

Die bereichs-/abteilungsspezifische Scorecard ...

... ist eine Vereinbarung und keine Anordnung zwischen Führungskraft und Mitarbeiter
... steht zwingend in einer Mittel-Zweck-Beziehung zur zentralen Scorecard des Unternehmens
... berücksichtigt spezifische individuelle Möglichkeiten des Bereiches bzw. der Abteilung
... kann eigene Treiber, Kennzahlen und Zielgrößen enthalten

Jeder Mitarbeiter erhält eine auf die Strategie abgestimmte persönliche Zielvereinbarung

Methodisch:
- Führungsgespräche ...
  ... zur Vereinbarung individueller Ziele

- LernLandKarten®
  ... zur Vermittlung der Balanced Scorecard-Methode und ihrer Ziele
  ... zur Begeisterung für Vision und Strategie

- Training und Coaching ...
  ... zur Vermittlung von Fachinhalten
  ... zur Vermittlung von Vertriebskompetenz
  ... zur Vermittlung des Servicegedankens

5. Stufe

Vereinbarung von Mitarbeiterzielen

Jeder Mitarbeiter ...

... ist für die Vision und die Strategie begeistert
... kennt seine persönlichen Ziele und deren Bedeutung für die Sparkasse
... identifiziert sich mit den Zielen
... hat die Möglichkeit und die
... Fähigkeiten, diese zu erreichen

„And the result is –"

Ergebnis:

Alle Mitarbeiter
ziehen an
einem Strang,
um eine
Vision zu
verwirklichen

Wichtig: Unterstützt werden sollte der Prozess durch

- die Einführung einer leistungsabhängigen Entlohnung zur Unterstützung der Mitarbeitermotivation,

- eine gezielte Karriereplanung und Personalentwicklung,

- eine Überprüfung der Vertriebsausrichtung,

- einen Check der zentralen Leistungsprozesse, die einen wesentlichen Teil der Wertschöpfung sichern.

Ein Umsetzungsbeispiel

Das folgende Beispiel zeigt, wie ein Strategieentwicklungsprozess (SEP) mithilfe der Balanced Scorecard gestaltet werden kann.

Im Rahmen des Beispiels sind auf der ersten Stufe verschiedene Annahmen zu treffen.

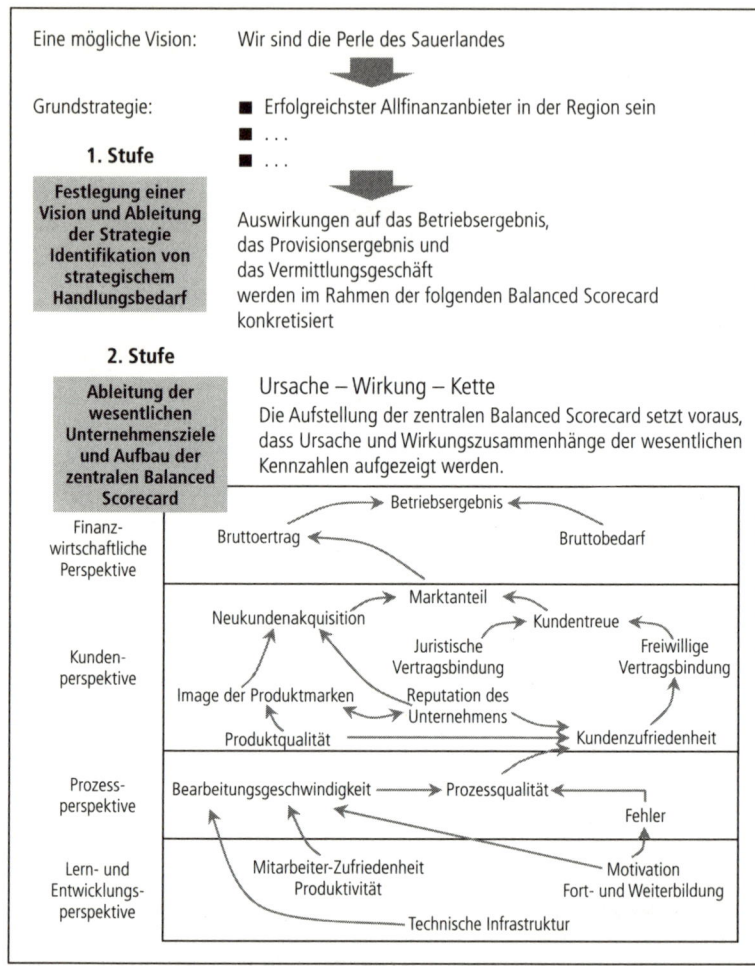

Eine mögliche Vision: Wir sind die Perle des Sauerlandes

Grundstrategie:
- Erfolgreichster Allfinanzanbieter in der Region sein
- . . .
- . . .

1. Stufe

Festlegung einer Vision und Ableitung der Strategie Identifikation von strategischem Handlungsbedarf

Auswirkungen auf das Betriebsergebnis, das Provisionsergebnis und das Vermittlungsgeschäft werden im Rahmen der folgenden Balanced Scorecard konkretisiert

2. Stufe

Ableitung der wesentlichen Unternehmensziele und Aufbau der zentralen Balanced Scorecard

Ursache – Wirkung – Kette
Die Aufstellung der zentralen Balanced Scorecard setzt voraus, dass Ursache und Wirkungszusammenhänge der wesentlichen Kennzahlen aufgezeigt werden.

Finanzwirtschaftliche Perspektive: Betriebsergebnis, Bruttoertrag, Bruttobedarf

Kundenperspektive: Marktanteil, Neukundenakquisition, Kundentreue, Juristische Vertragsbindung, Freiwillige Vertragsbindung, Image der Produktmarken, Reputation des Unternehmens, Produktqualität, Kundenzufriedenheit

Prozessperspektive: Bearbeitungsgeschwindigkeit, Prozessqualität, Fehler

Lern- und Entwicklungsperspektive: Mitarbeiter-Zufriedenheit, Produktivität, Motivation, Fort- und Weiterbildung, Technische Infrastruktur

Die zentrale Scorecard legt Messgrößen, Zielgrößen und erste zentrale Maßnahmen fest, die eine Strategie messbar widerspiegeln.

2. Stufe				
Ableitung der wesentlichen Unternehmensziele und Aufbau der zentralen Balanced Scorecard	**Zentrale Scorecard (Vorstand und 1. Führungsebene)**			
	Strategische Ziele	**Messgrößen**	**Zielgröße**	**Aktion/Maßnahme**
Finanzwirtschaftliche Perspektive	Höhere Ertragskraft	Betriebsergebnis DBS	>Verbands Ø VJ mind. +5%	Zinsneutrales Ergebnis ⇨ Bedeutung kommunizieren
	Wachstum	Veränderung DBS in %	>Verbands Ø VJ mind. +5%	
Kundenperspektive	Marktführerschaft halten	Marktanteil	Marktanteil ±0	Stärken/Schwächen und Umfeldanalyse
	Gewinnung neuer Kunden	Anzahl aktiver Kunden ab 1.1.	+5%	Vertriebskonzept optimieren
	Kundentreue erhöhen	Ø Geschäftsbeziehungsdauer	+10%	Kundenbindungsprogramm initiieren
	Reputation als fortschrittliches Unternehmen	Kundenwahrnehmung im Wettbewerb	+20%	Erhöhung, Werbe-Budget beschließen
Interne Prozessperspektive	Prozessqualität erhöhen	Entschuldigungsschreiben/Kulanzen	−30%	Projekt zur Prozessneugestaltung
	Innovative Produkte	Neue Produkte	+10%	Bonussystem ausarbeiten
	Technologieführerschaft	Investitionen neue Technologien	+20%	Investitionsbudgets für verschiedene Abteilungen erhöhen
Lern- und Entwicklungsperspektive	Produktivität	KVG je MA	+8%	
	Motivation	Mitarbeiterzufriedenheit	+5%	Klarstellen und zeigen, dass MA das wichtige Asset sind
	Kreativität	Anzahl Verbesserungsvorschläge	+20%	Neue Honorierung ⇨ Entscheidung
	Qualifikation	Investitionen Aus- und Weiterbildung	+10%	Weiterbildungsbudget erhöhen

Beim Runterbrechen der zentralen Balanced Scorecard sind bereichsspezifische Scorecards mit individuellen Zielen festzulegen.

3. Stufe Festlegung von Bereichs- zielen in einer bereichs- spezifischen Scorecard	Balanced Scorecard des Geschäftsfelds Privatkunden			
	Strategische Ziele	**Messgrößen**	**Zielgröße**	**Aktion/Maßnahme**
Finanzwirt- schaftliche Perspektive	Provisionsertrag Verbund steigern	Provisions- erträge aus Verbund	+12%	Fortbildungsmaß- nahmen für MA
	Erhöhung der Kundeneinlagen	Kundeneinlagen	+5%	Attraktivere Konditionen mehr Info für Kunden
Kunden- perspektive	Marktführerschaft ausbauen	Marktanteil	+2%	
	Die E-Bank für Privatkunden	Anzahl E-Bank- Kunden	+15%	Attraktivere Konditionen Werbung, Internetauftritt verbessern
Interne Prozess- perspektive	Schnelle Bearbeitung	Durchlaufzeiten	−10%	Konzept UB umsetzen
	Angebot WP-Produkte erhöhen	Anzahl neuer Fonds	+20%	Neue Anbieter dieser Produkte eruieren, Weiterbildung der MA forcieren
	Alle Filialen mit Geldkarten- und Internet-Terminal ausrüsten	Anzahl GKA, INT	+20% p.a.	Ressourcenkonzentra- tion (statt neuer Teppiche alle 2 Jahre)
Lern- und Ent- wicklungs- perspektive	Produktivität			
	Geringe Fluktuation	Kündigungen PKB	−5%	Frühzeitiges Gegensteuern durch Wahrnehmung in MA- Gesprächen
				Potential klären Kompetenz erhöhen
	Aus- und Weiterbildung	Nutzung Seminarangebot	+10%	Bei Jahresgesprächen als Muss einführen

Bis auf Filialebene sollten die spezifischen relevanten Auswirkungen auf die verschiedenen Perspektiven dargelegt werden.

4. Stufe

Erarbeitung von Abteilungs- u. Filialzielen und Aufbau der entsprechenden Scorecards

	Scorecard der Filiale Stadtmitte Privatkundengeschäft			
	Strategische Ziele	Messgrößen	Zielgröße	Aktion/Maßnahme
Finanzwirtschaftliche Perspektive	Bauspargeschäft LBS ausbauen	Abgeschlossene Bausparsumme	+15%	Unterstützung der PKB durch Spezialisten
	Erhöhung der Kundeneinlagen	Kundeneinlagen in Mio. DM	+8%	Gezielte Kundenansprache
Kundenperspektive	Filiale mit höchster Kundenfrequenz im F.-Gebiet	Kundenfrequenz	+5%	Sonderaktionen, Einladungen zu Beratungsgesprächen
	Kundentreue erhöhen	Kündigungen	−10%	Bonusprogramm forcieren
	Anteil Kunden mit E-Komponente oder nur Homebanking	Kunden mit E-Konto	+15%	Vorgabe/Controlling der PKV über Beratungsgespräche
Interne Prozessperspektive	Zeitnahe Bearbeitung und Weiterleitung	Liegezeiten	−10%	Postfrequenz erhöhen
	Doppelarbeit aufgrund von Fehlern verringern	Rücklauf von Kreditakten	−20%	Antragsformulare überprüfen
	Geringe Ausfallzeiten	Laufzeit/Monat	+20h	Wartungsverträge optimieren
	Optimale optische Präsentation v. Prospekten gewährleisten	Anzahl Prospekte	+20%	Antwortkarten in Prospekte
Lern- und Entwicklungsperspektive	Kompetenzaufbau Anlagegeschäft	Anzahl der qualifizierten WP-Berater	+5%	Ausbildungsplan starten

Die Zielvereinbarung entspricht einer persönlichen Scorecard des Mitarbeiters und dient damit der Strategieumsetzung.

5. Stufe Vereinbarung von Mitarbeiter-Zielen	**Zielvereinbarung Mitarbeiter Max Mustermann Privatkundenbetreuer**			
	Strategische Ziele	**Messgrößen**	**Zielgröße**	**Aktion/Maßnahme**
Finanzwirtschaftliche Perspektive	Höhere Stückzahl BSV abschließen	Anzahl BSV	+25	An Fortbildungsmaßnahmen teilnehmen, Coaching
	Höhere Stückzahl Sparzertifikate abschließen	Anzahl Kontoeröffnungen	+50	
Kundenperspektive	Kundentreue erhöhen	Anzahl Gespräche	Alle gekündigten Kontoverbindungen	Kündigungsgespräch mit Kunden führen
Interne Prozessperspektive	Aggressives Anbieten von WP-Produkten	Kundenkontakte im Sinne WP/Monat	+20	Fortbildung, Coaching
Lern- und Entwicklungsperspektive	Produktwissen Anlagegeschäft verbessern	Seminartage/Jahr	+5	Vorbereitung auf Seminare

6. Methoden, die Sie unterstützen – auf einen Blick

LernLandKarten® sind eine moderne Methode zur aktiven Einbindung vieler Mitarbeiter:

■ Der Vier-Phasen-Selbstüberzeugungsprozess sichert eine extrem hohe Identifikation der Mitarbeiter mit den verein-barten Zielen und der kom-munizierten Strategie.

Anliegen verstehen

Zusammen-hänge verstehen

Lernen, was zu gutem Handeln führt

Handeln im eigenen Umfeld

■ Die grafische Gestaltung greift die individuelle Unternehmens-kultur bei der Kommunikation auf.

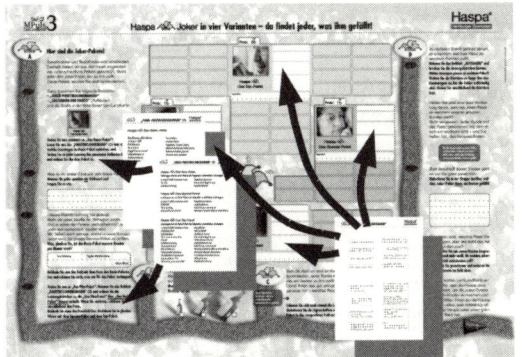

■ Mithilfe einer geführten Kaskade werden alle Mitarbeiter aktiv ein-gebunden.

Die Kaskade

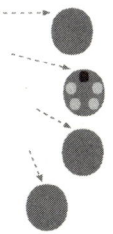

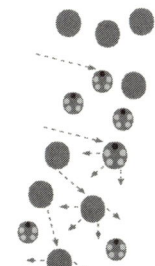

Kaskadenstufe 1
Führungskräfte-
Workshop I

Kaskadenstufe 2
Führungskräfte-
Workshop II

Kaskadenstufe 3
Filial-/Center-
Workshop I

Filial-/Center-
Workshop II

7. Ihre zehn Gebote für einen Scorecard-Erfolg

10 Gebote für Ihren Erfolg

Die zehn wichtigsten Grundregeln für die Arbeit mit der BSC auf einen Blick

1. Arbeiten Sie im Team – siehe Seite 135.

2. Es geht nur TOP-Down – siehe Seite 165.

3. Teilen Sie Mission und Vision mit Ihren Mitarbeitern – siehe Seite 125.

4. Sind Ihre Strategien für KOPF und BAUCH? – siehe Seite 122.

5. Sind Ihre Ziele anspruchsvoll und realistisch? – siehe Seite 221.

6. Nutzen Sie ausschließlich strategisch bedingte Kennzahlen – siehe Seite 42.

7. Verknüpfen Sie Kennzahlen mit Verantwortung und Budgets – siehe Seite 36.

8. Steuern Sie mit Vertrauen, fordern Sie Feedback und reagieren Sie auf Veränderungen – siehe Seite 35.

9. Passt Ihre BSC auf eine Seite? – siehe Seite 227 ff..

10. Verbinden Sie Ihre Unternehmens-BSC ggf. mit Konzern-BSC und finden Sie Ihre eigene Handschrift – siehe Seite 42 ff..

Literaturhinweise

Blixt, A./Dannemiller, K.: Real Time Strategic Change: A Consultant Guide to Large Scale Meetings. Ann Arbor, MI: Dannemiller Tyson Associates

Dannemiller, K./Tolchinsky P./James, S.: Collaborating for Change: Whole-Scale Change, Berrett-Koehler Communications, Inc.

Enkelmann, Nikolaus B.: Das Enkelmann-Seminar: Power-Training, Düsseldorf/Berlin

Hammond, John S./Keeney, Ralph L./Raiffa, Howard: Smart Choices, Düsseldorf/Berlin

MP-Briefe, Management Partner GmbH: Ausgaben II/97, I/99, II/99, III/99, V/2000 (1999, 2000)

Kaschub, William J.: Employees Redesign HR. In: Human Resource Performance

Katz, R. L.: Skills of an effective administrator. In: Harvard Business Review 52, No. 5, S. 90 ff.

Pietschmann, B. P./Vahs, D.: Einführung in die Betriebswirtschaftslehre, Stuttgart

Pietschmann, B. P.: Sitzungsverhalten von Managern, Wiesbaden

Pietschmann, B. P.: Das Personal – Zeitschrift für HR-Manager Heft 3/2000

Pietschmann, B. P.: Change-Management: Das Management von Veränderungen auf dem Weg von Zentralisierung zu Dezentralisierung. In: Behme, W., Roth, A. (Hrsg.): Organisation und Steuerung von dezentralen Einheiten, Wiesbaden

Rothwell, W. J. (Editor): Real-Time Strategic-Change Technology: Speeding Up System-Wide Change. In: Practicing Organization Development, Pfeiffer&Company, San Diego, CA

Scheuss, Ralph W.: Crazy Business, Düsseldorf/Berlin

Steinmann, H./Schreyögg, G.: Management – Grundlagen der Unternehmensführung, Wiesbaden

Studie Management Partner GmbH: Erfolgsfaktoren des Veränderungsmanagements, Stuttgart

Wunderer, R.: Führung und Zusammenarbeit, Stuttgart

Weiterführende Informationen:

Software-Lösungen für die Balanced Scorecard:
http://home.t-online.de/home/friedag/bscsoft.htm

Balanced Scorecard wirtschaftliche Perspektive:
http://www.tse-hamburg.de/Papers/Management/BSCOEC.html

Informationsportal zur Balanced Scorecard:
http://www.balanced.scorecard.de

Stichwortverzeichnis

www.metropolitan.de